DIREITOS HUMANOS
EM TEMPOS DE BARBÁRIE
questionar o presente para garantir o futuro

Coordenadora do Conselho Editorial de Serviço Social
Maria Liduína de Oliveira e Silva

Conselho Editorial de Serviço Social
Ademir Alves da Silva
Elaine Rossetti Behring
Ivete Simionatto
Maria Lucia Silva Barroco

Dados Internacionais de Catalogação na Publicação (CIP)
(Câmara Brasileira do Livro, SP, Brasil)

Direitos humanos em tempos de barbárie : questionar o presente para garantir o futuro / Renato Francisco dos Santos Paula (org.). São Paulo : Cortez, 2022.

Vários autores.
ISBN 978-65-5555-241-6

1. Direitos humanos 2. Direitos humanos - Brasil 3. Economia 4. Previdência social 5. Proteção social 6. Serviço social I. Paula, Renato Francisco dos Santos.

22-103421   CDD-361.614

Índices para catálogo sistemático:

1. Direitos humanos : Bem-estar social 361.614

Maria Alice Ferreira - Bibliotecária - CRB-8/7964

Renato Francisco dos Santos Paula
(Org.)

DIREITOS HUMANOS
EM TEMPOS DE BARBÁRIE
questionar o presente para garantir o futuro

Apoio

DIREITOS HUMANOS EM TEMPOS DE BARBÁRIE: QUESTIONAR O PRESENTE PARA
GARANTIR O FUTURO
Renato Francisco dos Santos Paula (Org.)

Capa: de Sign Arte Visual
Preparação de originais: Jaci Dantas de Oliveira
Revisão: Ana Paula Ribeiro
Editora assistente: Priscila F. Augusto
Diagramação: Linea Editora
Coordenação editorial: Danilo A. Q. Morales
Assessoria editorial: Maria Liduína
Direção editorial: Miriam Cortez

Direitos para esta edição
CORTEZ EDITORA
R. Monte Alegre, 1074 — Perdizes
05014-001 — São Paulo-SP
Tel.: +55 11 3864 0111
cortez@cortezeditora.com.br
www.cortezeditora.com.br

Impresso no Brasil – abril de 2022

Sumário

PARTE I

Direitos Humanos e Proteção Social

PARTE II
Direitos Humanos e Seguranças Econômico-sociais

Andrea Almeida Torres:
uma vida dedicada à luta em defesa
dos Direitos Humanos

Heloisa Gonçalves Alexandre
Maria Liduína de Oliveira e Silva
Priscila Fernanda Gonçalves Cardoso
Renato Francisco dos Santos Paula

> *... E ela se foi pra cantar*
> *Para além do luar*
> *Onde moram as estrelas*
> *A gente fica a lembrar*
> *Vendo o céu clarear*
> *Na esperança de vê-la, sabiá*
> *Sabiá*
> *Que falta faz tua alegria*
> *Sem você, meu canto agora é só*
> *Melancolia*
> *Canta, meu sabiá, voa, meu sabiá*
> *Adeus, meu sabiá, até um dia*

(*Um ser de luz* — João Nogueira e Paulo César Pinheiro)

Resistência, afeto, samba, sorriso e direitos humanos, essas são as palavras mais lidas em todas as belas femenagens/homenagens feitas a essa doce e guerreira mulher. Andrea Almeida Torres nos inspirou a ser resistência e afeto como ela, através de sua luta pela vida e pelos Direitos Humanos. Déia, Dedé ou simplesmente Dé (como muitas/os carinhosamente a chamavam) nos ensinou a ser alegria e encanto, com seu bom humor e sua batucada bamba, quando abria sua "maleta" cheia de surpresas percussionistas, sempre disposta a batucar e cantar.

Em agosto de 2019 o Serviço Social brasileiro sofreu uma perda inestimável em termos do estudo da criminologia crítica na profissão e seus desdobramentos em relação aos sujeitos encarcerados, e o mundo perdeu um ser humano incrível. Andrea contribuiu grandemente e de forma sempre crítica para debates nem sempre tão fáceis em relação a uma das expressões da "questão social" que é o encarceramento em massa no país e sua interface com os direitos humanos.

Seu compromisso com essa temática tem início muito antes de sua entrada no Serviço Social. Compromisso que se traduzia em ações via grupo de jovens da Igreja Católica e, posteriormente, na Pastoral Carcerária. Inquieta, indignada lutadora, Andrea foi traçando um caminho de ações e reflexões dentro do Serviço Social desde os idos dos anos 1990, quando concluiu sua graduação na PUC-SP, em 1995.

Desbravou áreas ainda pouco conhecidas pelas/os assistentes sociais, passando por diferentes experiências profissionais, que foram desde o programa de proteção a testemunhas até a implantação do projeto Clareou, no atendimento a egressos do sistema prisional. Sistematizou suas experiências, no adensamento de seus estudos no mestrado (2001) e doutorado (2005) também na PUC-SP, refletindo e produzindo conhecimento crítico sobre o sistema prisional e os direitos humanos.

De forma muito leve e traquejo admirável, trouxe o debate dos direitos humanos e do abolicionismo penal para a profissão, tendo como horizonte a perspectiva emancipatória embasada na tradição marxista, algo que sempre lhe foi muito caro. Travando embates importantes e sempre trazendo a crítica reflexiva, Andrea ensinou a todas/os que cruzaram seu caminho, tanto em sala de aula, debates, textos e grupo de estudo, quanto no cotidiano da vida, como falar de coisas complexas com firmeza, embasamento e criticidade, sem perder o humor e a generosidade.

Militante engajada, esteve sempre presente contribuindo com as entidades da categoria das/os assistentes sociais. Foi conselheira do Conselho Regional de Serviço Social (CRESS-SP), compôs a comissão permanente de ética desse Conselho, esteve presente em várias etapas do projeto "Ética em Movimento", integrou o grupo temático de pesquisa "Ética e Direitos Humanos" da Associação Brasileira de Ensino e Pesquisa em Serviço Social (ABEPSS) e esteve presente em diversos debates, palestras, eventos da categoria no Brasil e no exterior.

Lutou contra o conservadorismo, o racismo, a homofobia, o machismo, sempre de maneira forte e doce, pois, como defensora de valores emancipatórios, amante da arte e do ser humano, buscava a construção de uma sociedade em que todas/os pudessem viver plenamente sua humanidade. Esteve presente nas ruas, nos presídios, nas universidades, organizações da categoria, movimentos sociais e partidos políticos do campo progressista.

Encontrou-se na docência, profissão a qual exerceu por duas décadas deixando sua marca em várias faculdades do Estado de São Paulo, entre elas UNISA, FASM, Faculdade Mauá e FMU, na qual exerceu o cargo de coordenação.

Nos últimos nove anos, viveu o "sonho" de ser docente em uma universidade pública federal — Unifesp-SP na cidade de Santos-SP. Ao chegar em 2010 já percebeu que o "sonho" exigiria lutas e resistência, e foi o que fez participando ativamente da vida da Universidade, nas atividades acadêmicas e políticas no campus, na gestão e na docência, na graduação em Serviço Social e na pós-graduação em Serviço Social e Políticas Sociais.

Sua luta contra todas as formas de opressão, violação de direitos e o apoio às/aos estudantes foi incansável por todos os lugares por onde passou. Seu vínculo com as/os estudantes foi construído à base de muito respeito, empatia, admiração e afeto; não à toa, pudemos ver a grande e linda onda de homenagens/femenagens de assistentes sociais e estudantes que tiveram a honra de tê-la conhecido em seus processos de formação.

Deixa, como legado, sua história de resistência e afeto, lembranças carinhosas de momentos especiais com muitos/as amigos/as, a contribuição inestimável no debate do sistema prisional e a luta pelos direitos humanos. O Grupo de Estudos, Pesquisa e Extensão em sociedade punitiva, justiça criminal e Direitos Humanos — GEPEX-DH, por ela criado em 2011, ganha agora seu nome, GEPEX-DH Profa. Andrea Almeida Torres, fortalecendo seu legado.

De alma libertária, essa admiradora de Almodóvar, Frida Kahlo, gatos, samba e viagens, nos ensinou que devemos buscar sempre nossa inteireza em tudo que fazemos. Encontrou na música, nas amizades e nas viagens seu lugar de "suspensão da cotidianidade" (como nos apresenta Heller) e nos ensinou que a arte e a cultura são grandes aliadas para nos auxiliar nessa dureza que tem sido o viver na barbárie do sistema capitalista. Sempre indignada com qualquer forma de arbítrio e autoritarismo, Andrea defendeu, até o fim de sua vida, seus ideais e seu modo de ser e sempre será lembrada com muita saudade por todas/os aquelas/es que tiveram o privilégio de conhecê-la. Seu sorriso e sobrancelha levantada jamais serão esquecidos!

Esta coletânea de textos, reunidos sob a temática dos Direitos Humanos, é dedicada a Andrea. Apenas a trajetória que elencamos acima já justificaria a dedicatória, contudo, há ainda um motivo adicional. Andrea foi uma das primeiras pessoas que compartilhamos a ideia desse projeto. E não poderia ser diferente. Ela sempre foi uma das nossas maiores referências nesse tema, sendo assim, deu sugestões e se comprometeu a dar sua contribuição em um Capítulo dedicado à crítica do Estado penal e à barbárie que acomete nosso sistema prisional. Infelizmente não foi possível que concluísse sua intenção, contudo, como já havíamos iniciado a interlocução, decidimos manter o registro e o resultado das conversas que tivemos, neste livro, com um capítulo todo dela. Portanto, deixaremos, também aqui, mais um registro da sua brilhante produção acadêmico-teórica e política.

Voa, passarinha! Por aqui, seguiremos lutando por liberdade em nossa inteireza, com muito samba e afeto.

Andrea Almeida Torres, Presente!

Apresentação

Em 10 de dezembro de 2018, exatamente no dia em que escrevia a primeira versão desta apresentação, todos os jornais do mundo faziam menções aos 70 anos da Declaração Universal dos Direitos Humanos da ONU. Curiosamente, no Brasil, completávamos dois meses do pleito eleitoral que colocaria fim (ou pelo menos postergaria) a luta contínua dos segmentos progressistas da sociedade brasileira pela implementação efetiva desta Declaração (e da própria Constituição de 1988) em solo nacional. As comemorações dos 70 anos da Declaração dos DH, por aqui, foram marcadas pela permanência do Brasil como um dos países mais violentos do mundo. Em 2015, foram registrados 59 mil assassinatos, dez anos antes eram 48 mil contra os 15,7 mil homicídios que aconteceram nos EUA — a capital belicista do mundo[1], no mesmo período. Seguimos sendo o país que mais mata pessoas da comunidade LGBTQIA+ no planeta, o país que assiste indiferente ao genocídio cotidiano da juventude negra, o país da violência doméstica e da cultura do estupro, o país das mortes no trânsito e da violência genocida no campo, o país que desregulamenta direitos trabalhistas, previdenciários e outros direitos de segurança socioeconômica, e, como se não bastasse, estamos perdendo o *status* de país com soberania alimentar e estamos assistindo entorpecidos os resultados nefastos da aprovação da Emenda Constitucional n. 95/2016 que estabeleceu um novo regime fiscal para o país, obstaculizando investimentos em políticas públicas essenciais

---

1. Revista *Super Interessante*, de 1º de dezembro de 2017.

como a saúde, a educação e a assistência social. Na contramão do mundo, o Brasil do "bolsonarismo" ainda vigora na imprensa internacional como uma liderança na destruição dos mais importantes ecossistemas do planeta e, como cereja no bolo da destruição, a Medida Provisória n. 1061, de 10 de agosto de 2021, que põe fim ao maior programa de transferência de renda do mundo, o Programa Bolsa Família que, em 18 anos de existência, contribuiu para retirar milhões de famílias brasileiras da condição de extrema pobreza. É por tudo isso que entendemos que a agenda dos Direitos Humanos está bem longe de se esgotar.

Esse cenário alarmante de desrespeito aos DH tem ocorrido no seio de uma irracional batalha ideopolítica que retira o caráter civilizatório do direito positivo (em que pese todas as críticas que a ele possam ser feitas), ignora os dispositivos constitucionais de regulação que balizam minimamente algum racionalismo sociocivilizacional, e se rende completamente à agenda neoconservadora, reacionária e anti-iluminista que se alastrou tão fortemente tal qual as pandemias, na sociedade brasileira, sob os auspícios do capitalismo de vigilância que opera a partir do poderio comunicacional das redes sociais digitais.

Quando iniciamos o projeto desta publicação, não tínhamos ideia de como se tornaria dramático o quadro nacional e internacional de Direitos Humanos nas mãos de governantes de extrema-direita que ascenderam ao poder nesse quartel de século XXI. Estados Unidos, Brasil, Reino Unido, Turquia, Hungria, Bulgária, Áustria, Polônia, Índia são só alguns exemplos de países que vêm implantando medidas regressivas no campo dos Direitos Humanos, extensivas aos demais direitos: sociais, civis, culturais, econômicos, políticos etc. Não é por acaso que são exatamente esses países que têm sido elencados pela OMS/ONU, e por organizações que defendem os direitos dos povos, como os países que mais têm tomado medidas erráticas no combate à pandemia do novo coronavírus que assolou o mundo desde o início de 2020[2], afinal, garantir o bem-estar das populações diante de uma calamidade de saúde pública é essencialmente um direito humano.

---

2. Disponível em: https://veja.abril.com.br/mundo/lideres-de-extrema-direita-ampliam-poder-e-erram-ao-lidar-com-epidemia/

Apesar do cenário desanimador que descrevemos e vivemos, ainda há um número significativo de pessoas que acreditam que outro mundo é possível e lutam para que esse outro mundo tenha chance de existir através das *mediações* que historicamente foram construídas no campo das lutas sociais e dos Direitos Humanos, que, neste contexto, se reposicionam.

Algumas dessas pessoas foram reunidas nesta modesta coletânea de textos que tem muito mais o intuito de provocar reflexões do que certificar conclusões. A multidisciplinaridade se faz presente aqui não apenas pela diversidade na formação acadêmica dos autores e suas inclinações teóricas e políticas, mas pela necessidade imperativa da própria temática dos DH. Os Direitos Humanos, felizmente, hoje, são apropriados por quase todos os segmentos sociais e não poderia ser diferente se partirmos do pressuposto de que todos somos portadores de direitos, segundo as prédicas fundamentais do liberalismo clássico: noção teórico-filosófica que deu sustentação política à emergência das democracias liberais e de massas; contudo, em sociedades onde o poder econômico acaba por estabelecer que uns possuem mais direitos que outros, tal premissa se mostra muito mais como uma intenção manipulatória das expectativas de classe do que uma garantia real de universalização do acesso aos direitos.

A temática é tão abrangente e tão polissemicamente tratada que todos aqueles que querem a ela se dedicar precisam fazer escolhas. Nesse projeto, decidimos que dois grandes grupos de Direitos Humanos deveriam ser abordados: os direitos relativos à proteção social e os direitos relativos à segurança socioeconômica. E foi desse modo que organizamos a publicação.

A primeira parte desta coletânea se intitula *Direitos Humanos e Proteção Social* e é aberta com a reflexão da professora e militante dos DH Aurea Satomi Fuziwara, que introduz ao leitor iniciante a temática dos Direitos Humanos. Contudo, não se trata de uma introdução asséptica. A partir de uma análise crítica, a autora nos mostra as diferenças fundamentais entre perspectivas teóricas distintas sobre os Direitos Humanos que incidem diretamente no modo como esse debate se espraia na sociedade, e, por consequência, como ele se materializa em ações concretas, seja por meio das políticas públicas, seja por meio das relações sociais mais amplas. Em suas "notas introdutórias", a autora consegue elaborar um raciocínio que cumpre um duplo feito. De um lado, nos leva a uma incursão histórica e teórica sobre as origens e o desenvolvimento dos Direitos Humanos e das noções de democracia que os revestem. Ao nos levar até a Antiguidade clássica grega, Fuziwara demonstra que já em sua gênese os DH são condensados de contradições e limites e que seus ancoradouros democráticos só podem ser compreendidos se analisados de modo minucioso e pormenorizado em seus diferentes contextos históricos. Mas não é só isso. Por outro lado, a autora recorre as suas fontes críticas para problematizar em forma de perguntas os limites impostos à plena realização dos DH em sociedades democráticas de cariz liberal regidas pelas prédicas da ordem do capital. Pergunta a autora: "que tipo de sociedade é defendida dentro de uma agenda de DH?"; "Os mesmos fundamentos que defendem a ruptura da ordem pautada na exploração da força de trabalho [...] nos permitem discutir a melhoria do sistema carcerário?". Ou seja, nós somos diretamente convocados a pensar e repensar nossas próprias convicções e somos chamados à coerência ética, política e teórica com as reflexões de Aurea.

Como se não bastasse tudo isso, a autora ainda confere materialidade ao seu debate, trazendo situações concretas da vida concreta quando situa dimensões da luta de classes no interior do Estado inflexionadas pelo movimento da sociedade, quando, por exemplo, cita o episódio em que o governo federal brasileiro recua na sanção integral ao III Plano Nacional de Direitos Humanos e cede aos interesses dos segmentos religiosos fundamentalistas, ruralistas e da grande mídia hegemônica, ou mesmo quando relembra que Marielle Franco e Anderson Gomes foram brutalmente assassinados na esteira das lutas que Marielle travava contra o crime estatalmente organizado no Rio de Janeiro. Esses são apenas dois exemplos que a autora cita para nos fazer sair da abstração estéril que por vezes nos encontramos para, com isso, enxergar a vida pulsante dos DH em nosso cotidiano e as batalhas que se travam em torno deles.

Essa poderosa reflexão abre caminho para Andrea Almeida Torres, homenageada postumamente nessa publicação, com um capítulo que deixará satisfeitos os iniciantes, mas também acabará por movimentar as certezas dos iniciados na temática dos DH. O texto de Torres é datado e ao mesmo tempo atemporal. A estrutura e a linha de raciocínio que a autora segue foram originariamente concebidos para sua dissertação de mestrado defendida no Programa de Estudos Pós-graduados em Serviço Social da Pontifícia Universidade Católica de São Paulo (PUC-SP) em 30 de novembro de 2001, sob o título *"Direitos Humanos para presos? Desafios do compromisso ético e político do Serviço Social no Sistema Penitenciário"*, sob a orientação da Profa. Dra. Maria Lúcia Silva Barroco. Sem sombra de dúvidas, Andrea teve a oportunidade de aprofundar, ao longo de sua curta, porém intensa, trajetória intelectual os temas e as problemáticas ali expressas. O que ocorreu é que quando convidada a compor o time de autores para o projeto deste livro, Andrea se propôs a realizar uma incursão histórica dos DH que se misturasse a sua própria história de militância e docência. Em nossos muitos diálogos sobre o projeto, concordamos que esse texto base, originado de sua dissertação de mestrado, seria adequado para iniciar a construção de seu capítulo para esta coletânea. Fatalmente Andrea fez sua passagem antes de concluir suas intenções, e, em sua memória, mantivemos o texto original, alterado apenas por pontuais observações que ela mesma apontara em nossas conversas.

O texto se encarrega basicamente de nos informar a importância e o papel histórico dos DH na aventura civilizacional humana ao mesmo tempo em que nos alerta que os DH possuem a propriedade contraditória de situar-se em um frenético ritual entre a emancipação política e a emancipação humana. E, que, dessa forma, eles tendem a não se realizar em plenitude, haja vista as amarras da ordem social em que nascem e se desenvolvem.

No contexto da racionalidade humana que surge no mundo pós-iluminista, os DH influenciam não apenas os novos padrões de sociabilidade, mas também os novos padrões de regulação social que terão os Estados nacionais burgueses emergentes como seu principal instrumento. Andrea mostra que a euforia revolucionária que uniu burguesia e proletariado contra o absolutismo monárquico não perdura por muito tempo, pois a instalação dos padrões e modos burgueses e capitalistas de vida explicitam rapidamente que as novas formas de exploração do homem pelo homem e a expropriação permanente da força de trabalho e dos modos de vida levaram a um estado de barbárie que contraditoriamente os DH poderiam postergar ou atenuar. É na esteira dessa contradição fundante que tanto os valores quanto a prática política que levam à emancipação humana podem se gestar. Esse introito reflexivo que Andrea nos deixa é um dos caminhos mais profícuos para não cairmos nas armadilhas teóricas e políticas mais comuns que buscam isolar as várias dimensões da perspectiva crítica emancipatória em "compartimentos" distintos, como se não houvesse uma unidade dialética entre tais dimensões.

Em continuidade, abrindo a sequência de capítulos que buscam explorar o eixo estruturante do sistema de proteção social brasileiro que é, justamente, a seguridade social constitucional (previdência social, assistência social e saúde) no contexto dos DH, Wederson Rufino dos Santos inicia com uma análise sobre a previdência social. O autor contribui com a coletânea sugerindo, já nas primeiras linhas do seu capítulo, que pensar a Previdência Social no contexto dos DH significa contextualizá-la no escopo das "contradições da política social no capitalismo e da correlação de forças na disputa entre as classes". Recorre à narrativa histórica para elaborar sua crítica e nos mostra que a ideia de Previdência Social que temos hoje é produto histórico do advento da proteção social como resposta do Estado à emergência da "questão social", em moldes protofórmicos na Europa dos séculos XVI ao XIX, e com contornos modernos a partir do século XX. O capítulo expõe ao leitor as implicações das ações confessionais e filantrópicas que marcam a proteção ao trabalho e se mesclam ao assistencialismo (tanto confessional quanto empresarial ou estatal) fazendo com que as relações de interesses entre os estratos dominantes da sociedade civil e o Estado sejam cada vez mais promíscuas e apontem para a direção de um sistema de proteção social que gere lucro ao capital em detrimento das necessidades humanas.

Ainda na primeira parte do texto, o autor consegue narrar as inflexões causadas pelo embate *capital x trabalho* na construção da seguridade social e em particular da previdência social. Embate esse que irá pautar a proteção social brasileira na lógica do "seguro" social e ainda incorporará o filantropismo de Estado como um eixo sustentacular desse sistema. Conclui essa parte do texto demonstrando como os anos 1990 — o apogeu da implantação neoliberal no Brasil — foram prejudiciais para as políticas sociais, não somente pelo esfacelamento delas mesmas, como também pelo encolhimento do mercado de trabalho (causados pelas políticas neoliberais do governo da época).

Explicitando o que compreende por DH, Rufino dos Santos os situa como parte da "trajetória emancipatória do homem" em conformidade ao pensamento desenvolvido pelo conhecido jurista e professor de Direito José Geraldo Sousa Junior. De acordo com ambos, os DH não podem ser limitados ao positivismo jurídico. Nesse sentido, afirmam que categorizações ou classificações como as realizadas por Marshall ou Bobbio ou mesmo a simples ideia de dividir os Direitos do Homem em "gerações de direitos" podem levar ao equívoco de se estabelecer uma ordem de prevalência de uns direitos sobre outros, e, nesse sentido, os direitos sociais e econômicos seriam os mais prejudicados, pois tendem a ir para o fim da fila diante da "roleta russa" que é a sociabilidade capitalista. O autor conclui nos alertando para a necessidade de tratar os DH como indivisíveis, interdependentes e integrais.

A coletânea segue com a nossa contribuição no debate da proteção e seguridade social com o capítulo *Assistência Social e o SUAS nas encruzilhadas da Democracia e dos Direitos*. Nesse texto, nós resgatamos a questão central tornada pública em 2004 por Berenice Rojas Couto que consistiu em nos provocar a pensar: *é possível uma relação positiva entre a Assistência Social e o Direito Social?* A autora conclui que sim. Não é somente possível como desejável, uma vez que a CF/1988 e a LOAS já apontavam para essa construção. Ocorre que ao longo dos anos essa relação não se construiu como desejava a autora, e o movimento da Assistência Social tem sido de uma luta constante para se configurar como direito social. Em nosso texto, os leitores descobrirão ou relembrarão que as políticas sociais compõem a estrutura das sociedades capitalistas, sendo, portanto, fundamentais *mediações* entre o Estado e a sociedade. Desse modo, as formas de Estado — dispostas nos clássicos da teoria política — servem como importante parâmetro para se compreender qual é a compreensão de política pública que cada sociedade será capaz de hegemonizar. O resgate desses clássicos é essencial também para compreendermos como a desigualdade produtiva se realiza pela mediação da política social. Ao mesmo passo em que a luta por direitos refuta essa mesma desigualdade, estabelecendo um vir-a-ser constante que só se rompe com a supressão do modo de produção vigente e suas inerentes formas de opressão.

No texto, ainda mostramos que a Assistência Social ocupa um lugar único na disputa de interesses societais e que tais disputas lhe conferem uma histórica indefinição conceitual, política, técnica, ideológica e metodológica. Fica evidenciado que não basta conclamar que a Assistência Social é direito do cidadão e dever do Estado. É necessário ir além. É necessário impregná-la daquelas características que conformam o direito em sociedades democráticas.

Também evidenciamos que não é suficiente — como se tem feito nos meios acadêmicos nos últimos anos — denunciar a natureza coercitiva da Assistência Social no sentido da manutenção das desigualdades estruturais; também é necessário romper essa bolha e ir além. As possibilidades "emancipatórias" da política devem ser qualificadas no processo de construção coletiva das "emancipações" em geral. Isto é, aproveitando-se das contradições e das brechas que se abrem na História, a Assistência Social pode vir a compor o conjunto de dinâmicas que induzem ao fortalecimento da luta das classes subalternas por sua emancipação política, orientada por um projeto de emancipação humana. Esse desafio é muito mais premente e profícuo do que apenas apontar contradições e os limites dessa específica política pública. Por fim, elencamos os avanços do Sistema Único de Assistência Social e destacamos quais seriam os elementos do SUAS que conferem estatuto de direito à Assistência Social.

Fechando os textos sobre as políticas de seguridade social, Carla Agda Gonçalves e Gabriel Alexandre Gonçalves constroem seus argumentos sob o título *Política de Saúde no Brasil: lutas, tensões, resistências e persistências.*

Logo na introdução, os autores demonstram uma importante inovação no tratamento das políticas públicas, qual seja, recorrem à filosofia para mostrar uma viabilidade dupla dessa análise: a) produzir saberes sobre uma área específica, e b) situar de modo preciso essa área na realidade objetiva da luta e do conflito de interesses na sociedade. Recorrem à categoria sartriana de *ser-precisamente-assim-existente.* Na sequência, identificam que o conflito entre um projeto privatista de saúde e um projeto de reforma sanitária se localiza na esteira das lutas mais amplas pelo domínio do modo de produção, entretanto, a hegemonia do primeiro sobre o segundo transforma inevitavelmente a saúde em mercadoria.

Os leitores são brindados com uma sumarizada narrativa da história da reforma sanitária brasileira (RSB) que mobilizou diferentes grupos sociais e causou inflexões instransponíveis na regulação e institucionalização da saúde no Brasil. Da Lei Elói Chaves de 1923 até a Constituição Federal de 1988 a disputa entre público e privado na saúde tem se feito presente. Além dos movimentos sociais, as Conferências de Saúde também são lembradas pelos autores como "possibilidades reais e concretas (...) de montar um sistema de saúde no Brasil".

A gestão do SUS e o financiamento do sistema também são lembrados pelos autores como elementos presentes na disputa entre os projetos de saúde no Brasil e acabam por mostrar, de maneira contundente e exaustiva, o modo como os governos brasileiros, sobretudo aquele que emerge com o golpe de 2016, implementaram medidas que incidiram no desfinanciamento da saúde, política pública que já sofria com um subfinanciamento. Utilizando-se de analogias polêmicas, os autores constroem seu texto recorrendo a elementos presentes no léxico próprio da saúde para explicitar os ataques sofridos pelo SUS nas conjunturas neoliberais e em específico na conjuntura neofascista do pós-golpe de 2016. O grau de erudição do texto aliado à quantidade expressiva de informações pode tornar a leitura um pouco densa, contudo, o que temos ao final, é um texto fortemente posicionado no escopo de um projeto político definido como crítico à lógica do capital. O texto de Gonçalves e Gonçalves é também uma generosa concessão dos autores a esta coletânea, pois compõe o escopo de uma pesquisa mais ampla. Sendo assim, na última seção, os autores dão voz a sujeitos políticos que lideram movimentos sociais constituídos em defesa do direito à saúde. Assim, percebemos nos trechos selecionados das entrevistas da pesquisa tanto a consciência crítica quanto a indignação de tais sujeitos com relação ao desmonte do SUS.

Na segunda parte da coletânea, reunimos aquelas reflexões que entendemos estarem afetas ao campo das seguranças econômicas e sociais. Segurança econômica para nós não se resume ou se explica apenas por aquelas medidas que buscam assegurar as condições de produtividade do trabalho e do capital. Essa definição, pertencente à escolástica neoclássica, deriva para uma leitura da realidade que acredita na possibilidade efetiva de desenvolvimento social e humano proveniente de uma integração harmoniosa entre expropriação do trabalho e medidas permanentemente compensatórias dos resultados iníquos dessa mesma expropriação. Nós reconhecemos que essa perspectiva ideoteórica se torna hegemônica quando transformada em ação política praticada pelos governos que compõem o bloco no poder dos Estados liberais e neoliberais, contudo, apesar de generalizada no mundo capitalista, nós refutamos essa definição, pois, como se sabe, as históricas medidas de conciliação entre capital x trabalho tendem a provocar novas formas de expropriação gerando também novas formas de insegurança socioeconômica. Sendo assim, preferimos pensar que a segurança econômica pode ser também compreendida como o processo que leva a apropriação de uma parte da riqueza socialmente produzida pela classe trabalhadora, o que, em geral, consubstancia as chamadas medidas compensatórias; entretanto, se acrescidas de uma intencionalidade (e sociabilidade) antissistêmica (a segurança econômica), pode revestir-se dos auspícios que ampliam a aquisição de direitos no contexto permanente das lutas sociais. Além disso, no plano prático, pode levar a experiências que reflitam formas alternativas de relações sociais de produção que vão desde o cooperativismo, passando pela economia solidária, pelo ecossocialismo até as formas comunais de sociedades autogestionárias.

É evidente que esse é um debate em andamento, e o que temos atualmente, em termos práticos de seguranças econômicas e sociais no campo dos Direitos Humanos, está bem aquém dessas definições ideais. A natureza positivada dos direitos humanos os implica nessa dinâmica, na medida em que a reivindicação direta por melhores condições de vida é uma das razões principais da sua autojustificação, e, como tal, as certezas (mesmo no plano jurídico-político) sobre as provisões necessárias à garantia de condições de vida digna lhe são estruturantes e inerentes.

Assim, as diferentes formas de seguridade social, tratadas na primeira parte do livro, expressam uma das dimensões das seguranças econômicas e sociais em sentido amplo. O que queremos demarcar com essa dupla dimensão é que os estatutos que regem a sociedade em que vivemos devem ser colocados constantemente à prova, sendo assim, qualquer de suas *dimensões* pode ser questionada, até mesmo quando se pensa em estruturas tecnicamente sacralizadas, como é o caso, por exemplo, das políticas tributárias ou o próprio Direito. É por esse motivo que o texto de Abigail Torres abre essa segunda parte.

Embora a temática da Assistência Social já tenha sido tratada no bloco anterior, a abordagem de Torres exemplifica exatamente a amplitude que queremos dar ao conceito de segurança econômico-social. Sob o título *Segurança de convivência no SUAS: proteção em situações de violação de Direitos Humanos*, a autora utiliza o caso do Sistema Único de Assistência Social para demonstrar que em uma concepção crítica e ampliada dos DH a proteção social (e as seguranças que ela afiança) não se efetivam na direção da dignidade humana se no escopo da provisão estatal dos direitos não estiver garantido o direito à sociabilidade. A autora traduz esse direito como "direito à convivência" e reafirma todos os aspectos "subjetivos" que nele estão contidos.

Afirma: "inserir a convivência social no campo da responsabilidade pública significa confrontar o olhar centrado no indivíduo isoladamente, pois põe em questão o próprio processo de construção desigual das relações sociais".

Torres relembra aspectos fundantes da nossa formação sócio-histórica que redundaram no enraizamento de "expressões de desigualdade [que] apontam a banalização de práticas de confinamento institucional como forma de lidar com situações de conflito, de intolerância ou mesmo de ignorância sobre alguma síndrome e até desejo de controle sobre o comportamento das pessoas". Resgata a perversidade do nosso sistema de apartações estruturais que torna uma parcela da população invisível e ao mesmo tempo negligenciada. A autora demonstra toda sua competência analítica quando detalha inflexões fundamentais da desproteção e da desigualdade que incidem sobre: a) a invisibilidade da proteção social do SUAS: destaca as fragilidades históricas do Sistema, acentuadas no contexto pandêmico, que associado às intenções regressivas do governo Bolsonaro reduzem o SUAS à prestação de transferência monetária emergencial; b) os impactos da pandemia nos vínculos sociais: chama a atenção para o racismo estrutural e os modos como as vulnerabilidades são agravadas em conformidade a determinadas condições humanas consideradas "indesejáveis" para o poder neoconservador; c) os impactos da pandemia nos serviços públicos: segue a autora na pauta do racismo estrutural e demonstra como a desigualdade pode ser produzida também institucionalmente; d) os impactos nos vínculos familiares: violência doméstica e contra a mulher e a problematização do direito à convivência são tratados nesse eixo de modo exemplar.

Ao final, Torres aponta uma luz no fim do túnel e sugere como o SUAS pode contribuir para dar visibilidade aos invisíveis e compor a luta por direitos humanos.

O capítulo seguinte, escrito pelo proeminente e jovem professor Douglas Pinheiro, é, sem dúvida, uma fonte inequívoca de consulta para iniciantes e iniciados na temática da política tributária no Brasil e sua relação com os DH.

Todos nós ouvimos diariamente pelos noticiários as falas de representantes governamentais acerca das capacidades de os governos aplicarem recursos em uma ou em outra área. No contexto do enfrentamento à pandemia do novo coronavírus, a capacidade fiscal do Estado se tornou assunto permanente, debatido tanto por técnicos quanto por leigos. São recorrentes questões do tipo: "O Estado brasileiro gasta mais do que arrecada? É fato que no Brasil pagamos mais impostos que outros países e não temos o retorno disso em forma de serviços públicos de qualidade? É razoável a defesa da desoneração fiscal de empresas e dos mais ricos como forma de incentivar a geração de empregos? E por aí segue o rol infinito de questões que animam esse debate. O leitor não vai encontrar no texto de Pinheiro as respostas para essas questões (pelo menos não de modo direto); no entanto, a leitura atenta do capítulo pode propiciar algo mais interessante que respostas prontas. O autor, de maneira extremamente didática, consegue construir seus argumentos unindo duas dimensões essenciais das narrativas comunicativas eficientes: a exposição dos conceitos-chave e da história alia-se a um posicionamento contundente do "como poderia ser" na direção da construção da cidadania e dos DH.

Logo na introdução, o autor "desfaz o equívoco" que consiste em se considerar "o tributo como um confisco estatal" e a ideia de que "ricos suportam a carga tributária para que pobres desfrutem de serviços públicos". Só por esse ponto de partida já fica evidenciada a importância da reflexão que segue em seus argumentos. Na sequência, Pinheiro esmiúça as possibilidades da cidadania tributária em cada uma das formas principais de tributação: a) sobre a renda — demonstra a subutilização dos impostos sobre rendas quando a equidade horizontal e vertical adotadas pelo nosso sistema tributário não cumprem suas funções originalmente idealizadas; b) sobre o consumo — a associação da tributação sobre o consumo à tributação sobre a renda acaba por ser um caminho quase inevitável, uma vez que considerar o consumo como indicador isolado de capacidade contributiva pode aumentar ainda mais o fosso da desigualdade econômica e social; c) sobre o patrimônio: demonstra a viabilidade da tributação sobre grandes montantes de ativos patrimoniais e financeiros como base para uma justiça tributária mais efetiva.

Por fim, o autor conclui lembrando da necessidade imperativa de que os cidadãos se apropriem das informações que tiveram seu acesso facilitado com a aprovação da Lei de Acesso à Informação Pública e passe a exigir dos agentes públicos não apenas maior transparência como também medidas que levem a uma real equidade fiscal e tributária.

No último capítulo desta coletânea, Vitor Sousa Freitas aborda o direito humano ao trabalho e inicia por lembrar que tal direito se configura a partir de uma interação entre diferentes atores e sujeitos, portanto, analisar, criticar ou, simplesmente, estudar o direito ao trabalho pressupõe considerar a conjuntura como chave heurística desse processo.

O autor situa a chamada Reforma Trabalhista no contexto das mudanças que se processam no padrão de funcionamento do modo de produção capitalista e que são "tendentes a modificar ou destruir um sistema normativo de proteção aos trabalhadores" que deve ser compreendido na sua totalidade, levando-se em conta as dimensões econômicas, de gênero, raciais, espaciais, etárias, culturais e sensoriais que formam e conformam as categorias trabalho e trabalhadores. Do mesmo modo, sugere analisarmos a heterogeneidade da classe proprietária e distingui-la, tal como: o grupo dos profissionais liberais, dos pequenos e médios donos de empreendimentos e o grupo dos donos dos grandes empreendimentos. Também sugere a necessidade de atentarmos para as particularidades entre as relações que se estabelecem no mundo da produção de mercadorias e aquelas que se estabelecem no universo da circulação, bem como o tipo de capital engendrado: industrial, comercial ou financeiro. Outras distinções são estabelecidas pelo autor como forma de nos chamar a atenção para a análise que considera a *totalidade sob a relação dialética particular e singular, mas o que também chama a atenção é sua escolha pelo substrato analítico das teorias decoloniais*. Essa escolha enriquece a análise e singulariza o texto na medida em que permite ao autor pormenorizar a especificidade latino-americana no processo de formação das nossas classes sociais e a decorrente formação das nossas economias dependentes baseadas na superexploração da força de trabalho.

Os elementos "atípicos" que compõem a conjuntura que temos vivenciado também estão presentes nas considerações de Freitas na medida em que o *neoliberalismo de guerra*, o *neodesenvolvimentismo* e alternativas como a perspectiva ideopolítica do *bem-viver* compõem o mosaico dos elementos considerados na configuração do mundo do trabalho e das lutas que se travam em seu interior, ora obstaculizando a ampliação do direito ao trabalho, ora proporcionando pequenas conquistas para a classe trabalhadora.

E assim a coletânea se encerra mantendo a expectativa de que possamos ter contribuído não apenas com o debate sobre os temas que aqui foram arrolados, mas também com a prática política dos sujeitos que se interessam em compor o quadro dos que entendem que a luta pelos direitos humanos é incessante, necessária, civilizatória e urgente.

PARTE I

Direitos Humanos e Proteção Social

Notas Introdutórias sobre Direitos Humanos

Aurea Satomi Fuziwara

O objetivo deste capítulo é apresentar elementos introdutórios para a aproximação aos estudos sobre Direitos Humanos (DH). Para tanto, dialogaremos com autores que problematizam os fundamentos teóricos sobre o tema, reconhecendo que há perspectivas que, embora tenham elementos em comum, são afetas a projetos societários diversos.

De entrada, portanto, cabe asseverar que os estudiosos buscam os fatos históricos para compreender e explicar tais diferenças — embora em geral predomine a tendência acadêmica de não confrontar as diferenças teóricas. Há aparência de que todos que discutem DH estão defendendo os mesmos projetos. No Brasil, temos observado a forte presença do discurso de "Direitos Humanos para humanos direitos", com defesas de redução da maioridade penal, de agravamento de penas, de aumento da ação policial com violência e até da volta da Ditadura Militar. O momento histórico de forte neoconservadorismo no país propicia ambiente favorável para tais posicionamentos e acaba dando voz para vertentes que não necessariamente se colocam nesse confronto a partir do primado da justiça social.

Para trazer essas notas, nos apoiaremos nas obras de autores com o intuito de provocar estudos posteriores. Das publicações, chamo a atenção para o livro *História Social dos Direitos Humanos*, de José Damião Lima Trindade, que faz uma viagem crítica trazendo as chaves para compreendermos que tais direitos foram construções das lutas dos trabalhadores e oprimidos, retirando qualquer ilusão sobre uma possível tendência de naturalizar o desenvolvimento das relações sociais: ao contrário, exige compreender o modo de produção e reprodução dessas relações.

Antes de adentrarmos nas análises de Trindade, olhemos para a obra de Jefferson Lee de Souza Ruiz, intitulada *Direitos Humanos e concepções contemporâneas*, que, ao trabalhar com a perspectiva crítica, resgata as "faíscas" (Antonio Candido) da história contra a desigualdade. É sempre importante afirmar que, ao se adotar que o berço da democracia foi a Grécia, devemos lembrar de que lá se tratava de um processo restrito a homens livres e de posses, excluindo as pessoas escravizadas, mulheres e crianças. Assim, para não cairmos na homogeneização dos processos históricos, onde sujeitos têm suas particularidades, é preciso considerar, segundo Iasi (*apud* Ruiz, 2014, p. 43), as mediações específicas de cada período e buscar o movimento dialético da totalidade histórica, "ou seja, movimento de suas contradições, de saltos de qualidade, de unidade e identidade de contrários, de negações de negações.".

Nesse sentido, é importante salientar que as percepções sobre igualdade e justiça são provocadas da crítica ao seu duplo oposto: desigualdade e injustiça. Em cada processo histórico diferentes variáveis determinaram tais concepções. Ruiz sintetiza dois pensadores, que consideramos fundamentais para compreender o desenvolvimento do pensamento humano para enfrentar as relações sociais:

A luta por igualdade dividia Platão e Aristóteles. Enquanto o primeiro sugeria, em *As Leis,* suprimir os principais antagonismos econômicos, o segundo acreditava que desigualdade, escravidão e propriedade privada, assim como a pressão do Estado eram fatos naturais que jamais desapareceriam. (2014, p. 44)

Trindade sintetiza que

Enquanto *reflexão filosófica*, os Direitos Humanos têm uma história antiga que deita raízes, no mínimo, no estoicismo da Grécia Clássica e em pensadores romanos dos séculos III e II antes de Cristo, como Cícero e Diógenes. Depois, na Idade Média, quando os sábios árabes "perturbaram" o pensamento escolástico cristão com a reintrodução na Europa das elaborações filosóficas da antiguidade, São Tomás de Aquino encetou o esforço de conciliar a fé cristã com o direito natural predominantemente laico dos antigos. (2012, p. 15)

O autor explica que a ideia de Direitos Humanos tem uma origem que evidencia algumas concepções ainda idealistas e sem base histórica:

configuraram-se tão-somente como especulações que brotavam de cérebros isolados, sem correspondência na realidade social, pois tanto a antiguidade greco-romana escravista, quanto o feudalismo medieval europeu, eram modos de produção e de organização da sociedade fundados no *status* social da desigualdade e na inexistência de liberdade universal. Para o direito, o escravo era uma mercadoria como outra qualquer, tendo por sina o trabalho forçado para o seu proprietário, sob a ameaça de castigos corporais. Já o servo medieval não passava de um pertence da gleba onde nascera, obrigado por toda a vida a prestar trabalhos gratuitos ao seu senhor, sem liberdade de ir e vir, e sem nada que se assemelhasse à noção moderna do sujeito de direito universal.[1]

Assim, os autores vão afirmar que somente quando essa desigualdade é questionada, enquanto produto do processo de produção e reprodução das relações sociais, é possível caminhar para a concepção de direitos universais, o que acarreta o questionamento de *status* e privilégios por nascimento ou na crença em predestinação definida por forças metafísicas.

Neste sentido, é fundamental compreender que as revoluções burguesas vão concretizando novas relações sociais, com a derrocada

---

1. *Idem, ibidem.*

do sistema feudal que estava se esgotando como modo de produção material e, portanto, cultural. Os burgueses, contudo, que iniciaram questionando os privilégios, vão vivenciando novos conflitos sociais, onde se deparam com a sua agenda particular e se percebem ameaçados pela perspectiva de direitos universais.

Muitos aspectos históricos são relevantes para aprofundarmos a reflexão sobre Direitos Humanos, sendo imprescindível o debate crítico sobre a construção do Estado, pensando como em Simões (2013) que aborda o Estado Social, o Estado de Direito e o Estado Democrático de Direito, nos seus contextos e concepções. Articulado a essa dimensão de análise, os vários documentos construídos entre as nações são referências para observarmos os avanços e recuos na defesa de igualdade e justiça social. A II Conferência Mundial de Direitos Humanos aprovou a Declaração e Programa de Ação de Viena, em junho de 1993[2], que dentre várias questões afirma no seu segundo item o direito de cada povo a sua autodeterminação e define no item 5:

> Todos os Direitos Humanos são universais, indivisíveis, interdependentes e inter-relacionados. A comunidade internacional deve considerar os Direitos Humanos, globalmente, de forma justa e equitativa, no mesmo pé e com igual ênfase. Embora se deva ter sempre presente o significado das especificidades nacionais e regionais e os diversos antecedentes históricos, culturais e religiosos, compete aos Estados, independentemente dos seus sistemas políticos, econômicos e culturais, promover e proteger todos os Direitos Humanos e liberdades fundamentais.

Essa é uma das definições mais complexas e que desnudam muitas das tentativas de relativizar os DH. Sendo assim, essa será a concepção que deverá orientar as ações em todos os âmbitos. Para tanto, é crucial que tenhamos como base para entendermos o alcance dos DH a concepção democrática que será afirmada no item 8:

---

2. Disponível em: http://www.onumulheres.org.br/wp-content/uploads/2013/03/declaracao_viena.pdf. Acesso em: 15 dez. 2017.

A democracia, o desenvolvimento e o respeito pelos Direitos Humanos e pelas liberdades fundamentais são interdependentes e reforçam-se mutuamente. A democracia assenta no desejo livremente expresso dos povos em determinar os seus próprios sistemas políticos, econômicos, sociais e culturais e a sua participação plena em todos os aspectos das suas vidas. Neste contexto, a promoção e a proteção dos Direitos Humanos e das liberdades fundamentais, a nível nacional e internacional, devem ser universais e conduzidas sem restrições adicionais. A comunidade internacional deverá apoiar o reforço e a promoção da democracia, do desenvolvimento e do respeito pelos Direitos Humanos e pelas liberdades fundamentais no mundo inteiro.

É evidente que temos uma contradição de origem, como bem explica Trindade (2011) que atenta ao fato de a Declaração Universal dos DH de 1948 ter o bloco dos direitos sociais e de direitos econômicos numa aparente conciliação, mas que na prática mantém a lógica da separação.

> Os vinte e um primeiros artigos arrolam e atualizam, segundo a compreensão da época, os tradicionais direitos civis e políticos (direitos e garantias dos indivíduos). Entre os artigos 28 e 29 são enunciados os direitos econômicos, sociais e culturais de modo abrangente. (Trindade, 2002, p. 191)

É pacífico entre autores críticos e liberais que a Declaração de 1948 inaugurou o direito internacional dos DH. Trindade analisa, porém, que essa Declaração visa integrar os direitos civis e políticos que vêm sendo afirmados desde o século XVIII, "aos direitos econômicos, sociais, culturais, demandados nos séculos XIX e XX pelo movimento operário (e que se instalaram definitivamente na cena mundial após a Declaração Russa de 1918)"[3].

Saliente-se que ignorar esse processo histórico de construção leva a erros significativos no sentido próprio do reconhecimento da

---

3. *Idem, ibidem.*

história e, portanto, na teorização sobre o tema. Se, por um lado, afirmamos a Declaração de 1948 como referência, por outro, é necessário reconhecer que seu conteúdo social, econômico e cultural se deve às lutas do movimento operário. E, assim, temos uma questão central: *que tipo de sociedade é defendida dentro de uma agenda de DH?*

Trindade nos permite perceber o motor que acirra, pelo menos desde a década de 1980, a regressão de direitos em escala mundial: "Aliviado da pressão operária, da ameaça de novas revoluções socialistas e da bipolaridade com a União Soviética, o capital busca recuperar o que fora forçado a ceder aos trabalhadores durante a maior parte do século XX". (2011, p. 18)

Um dos elementos que se reforçam nesse contexto é a lógica punitiva, não só por meio de encarceramento, mas de uma militarização da vida social. Sem a pressão acima citada, o capital tem o comando central da sociedade, tendo seus "gabinetes" nas diferentes esferas, inclusive, construindo os poderes públicos para o atendimento de suas finalidades.

Há autores que também se empenham em analisar como os discursos e as ações se efetivam em torno dos DH. Alguns focam em torno do comportamento de frações da classe trabalhadora, outros em grupos por área identitária (negros, mulheres etc.) ou ainda abrangendo os ideólogos e seus aparelhos de formação de opinião pública.

Helena Singer (1988, p. 12) nos provoca, dizendo:

> Proponho aqui inverter o foco: olhar para os produtores do discurso, para os agentes da luta. Minha hipótese é que a luta pelos Direitos Humanos no Brasil não supera seu isolamento porque tem carregado uma contradição básica: o debate em torno dos valores de liberdade, felicidade e igualdade está se restringindo ao tema da penalização que é, fundamentalmente, conservador. [...].

Esse discurso da penalização é defendido pelas "pessoas de bem", que querem que aqueles que cometem crimes paguem por isso com sofrimento. Não se trata de afirmar nossa crença no desenvolvimento social, havendo uma visão muito restrita e imediata dos valores de justiça e de alteridade. Trata-se, porém, da negação da nossa condição de sujeito histórico, pairando ainda em concepção metafísica e idealista do que é um ser humano. Singer[4] articula a análise sobre as condições objetivas da construção de valores: "O conceito moral de *culpa* teve sua origem no conceito material de dívida e o *castigo* é de fato uma reparação — foi desse modo que as ideias de dano e dor foram associadas". Assim, o discurso que une visões variadas de mundo defende o agravamento das penas para os mais diversos crimes: de preconceito, sexuais, patrimoniais, políticos etc. Nesse sentido, consideramos assertiva a posição dessa autora:

> Frisemos bem: não se trata de desqualificar essas reivindicações, certamente importantes no país campeão em desigualdades econômico-sociais, em que o acesso à justiça é de fato privilégio de poucos. O que apenas se está tentando aqui enfatizar é que elas se tornaram o centro do debate em torno dos Direitos Humanos. Ou seja, os discursos e as práticas sobre os Direitos Humanos não chegam à população sob a forma de igualdade, felicidade e liberdade, mas sim de culpabilização, penalização e punição, integrando um movimento mundial de obsessão punitiva crescente.[5]

Uma das conquistas ideológicas da Ditadura Civil-militar de 1964 no Brasil foi a cristalização do discurso de que defensores de DH defendem bandidos. Afinal, os "bandidos" que atuavam contra o Estado autoritário eram presos e os defensores (dentre eles, líderes religiosos, de maioria católica, professores universitários, intelectuais, artistas) buscavam os meios para retirá-los de lá. O êxito ideológico é patente no cotidiano e os canais de televisão aberta (concessões públicas entregues a particulares pela ditadura) têm alta audiência ao discursar nos lares das "famílias de bem".

Se a agenda por punição é conservadora, nos alerta ainda:

---

4. *Idem,* p. 16-17.
5. *Idem,* p. 12.

Ao demandar punição, os militantes dos Direitos Humanos estão também eles se furtando às questões éticas, e restringindo-se aos aspectos pragmáticos: penalizando-se, inibem-se as condutas que atentam contra os princípios universais de liberdade, igualdade, solidariedade.[6]

Podemos afirmar com esses dados históricos que se há uma posição dominante de que a defesa de DH é a defesa de bandidos, não é suficiente articular a afirmação da justiça apenas com as bandeiras iluministas e, tampouco, regredir na lógica do castigo — hoje com diferentes atores envolvidos no intenso investimento na "melhoria" do sistema judiciário-prisional. Se essa visão está associada com a mentalidade reafirmada pelo ideário autoritário, é preciso descortinar o seu inverso: as propostas democráticas, ou ainda, a concepção de democratização[7] como processo permanente.

Nas últimas duas décadas, estamos vivenciando fortíssimos retrocessos no âmbito das relações democráticas e seus valores, com a reascensão de organizações, movimentos e partidos ultraconservadores. Houve agravamento disso após a crise de 2008, com importantes expressões políticas com partidos com agenda nacionalista, xenofóbica, com descaso aos tratados internacionais de DH. No Brasil, houve um crescimento significativo das mortes de lideranças políticas no campo e na cidade, onde a violência estrutural vem se expressando nas representações legislativas e no judiciário. Sob a pressão das forças democráticas internas e internacionais, porém, os representantes eleitos para a Câmara e o Senado continuam atuando contra os interesses da maioria da população, e em 2014 foi eleita a representação mais conservadora desde 1964[8], processo que se reafirmou em 2018, contando com o crescimento do número de parlamentares

---

6. *Idem*, p. 18.

7. Ver: LUKACS, G. *Socialismo e democratização*. Escritos políticos 1956-1971. 2. ed. Rio de Janeiro: Editora UFRJ, 2011.

8. Disponível em: http://politica.estadao.com.br/noticias/eleicoes,congresso-eleito-e-o-mais-conservador-desde-1964-afirma-diap,1572528. Acesso em: 16 fev. 2018.

Congresso Nacional se enche de representantes ultraconservadores. Congresso deve se tornar mais reacionário. Deputados racistas, homofóbicos e contra o aborto estão entre os mais votados.

religiosos (evangélicos na sua maioria), militares e ruralistas, sendo que suas pautas se cruzam em torno de posições que são trazidas pela bancada evangélica (popularmente chamada de bancada da Bíblia); pela bancada de militares e agentes da segurança pública (conhecida como bancada da Bala); e dos representantes do agronegócio e dos latifúndios, a bancada ruralista (popularmente chamada de bancada do Boi e da terra). Agendas como a criminalização de adolescentes, de criação de leis para que crianças e adolescentes vítimas dos mais diversos abusos sejam tratadas como mero objetos para produção de provas criminais, de retrocessos na educação (debates como Escola sem Partido e contra o direito à diversidade — que os conservadores chamam de ideologia de gênero). Essas pautas, contudo, não são novas nos enfrentamentos das diferentes forças políticas. O II Plano Nacional de Direitos Humanos já trazia uma série dessas questões, mas foi na aprovação do III Plano que houve uma atenção maior em torno da agenda de DH, posto que era o período do governo do presidente Luiz Inácio Lula da Silva. Após intensas discussões, o III Plano foi aprovado, mas sob a pressão de ruralistas, militares e da ala religiosa conservadora, o Plano foi publicado com alterações sugeridas pela Presidência da República. Diante das ameaças de alterações e da posterior publicação, um movimento amplo fez com que inúmeras entidades se posicionassem defendendo "a integralidade do III PNDH". Dentre as várias organizações, um trecho da manifestação da Escola de Governo ilustra bem essa defesa:

> como resultado das pressões de setores ligados à alta hierarquia da estrutura de poder vigente — ruralistas, latifundiários, donos da mídia, militares e o episcopado católico —, o governo não resistiu e decidiu alterar pontos estratégicos no PNDH-3. O primeiro, alterado já no momento da publicação do decreto, foi o que acabou ampliando a atuação da Comissão da Verdade para analisar também o que os militares consideram como atos criminosos daqueles que resistiram à ditadura.

Disponível em: https://brasil.elpais.com/brasil/2014/10/08/politica/1412729853_844912.html. Acesso em: 16 fev. 2018.

Agora, será a hora de retirar a diretriz de apoio ao Projeto de Lei que descriminaliza o aborto, atendendo aos pedidos da igreja em detrimento da luta histórica das feministas. Pelo mesmo *lobby* católico, será retirada a proibição de símbolos religiosos, tais como crucifixos nas paredes de prédios públicos, ignorando o princípio constitucional da laicidade do Estado.

Do pacote de exigências dos ruralistas — que neste caso contaram com o suporte do Ministério da Agricultura, Pecuária e Abastecimento —, cairá a necessidade de realização de audiência prévia com os envolvidos em conflitos agrários antes de decisões judiciais de reintegração de posse. Tal aliança escusa entre os setores acima mencionados, que a todo tempo vocalizam o PNDH-3 como um documento autoritário e ameaçador às liberdades individuais, numa clara manipulação da opinião pública, também coloca sob risco a fiscalização das violações de Direitos Humanos praticadas pelos concessionários de rádio e TV; a proposta de taxação de grandes fortunas; de união homoafetiva e adoção de crianças por famílias homoparentais; e a própria apuração dos crimes cometidos pela Ditadura Militar, negados pelos militares no governo.[9]

Portanto, ressaltamos a necessidade de realizarmos os estudos sobre DH buscando as raízes de cada região e país. O Brasil tem sua origem marcada pela violência, com a invasão territorial, onde as centenas de povos indígenas sofrem o genocídio sistemático até a atualidade, e com a escravização de tantos povos negros trazidos do continente africano, mantendo as bases racistas e de violência direcionadas aos afrodescendentes e à cultura a eles associada.

A agenda neoconservadora se fortaleceu de forma significativa nos últimos anos, retomando pautas reacionárias. Não nos faltam exemplos, desde o assassinato nos espaços carcerários, o anti-iluminismo nas áreas científicas, como a defesa da "cura gay" e da ineficácia de vacinas, além de sistemáticos ataques contra núcleos de pesquisa que abordam criticamente a realidade social. Recentemente, a área

---

9. Disponível em: http://www.escoladegoverno.org.br/artigos/303-defesa-integralidade-pndh3. Acesso em: 19 fev. 2018.

científica foi surpreendida com a notificação de um pesquisador premiado internacionalmente por ser suspeito de "apologia ao crime"[10]. A motivação da denúncia foi a total falta de conhecimento, por parte de seus acusadores, de seu objeto de estudo. No mesmo movimento, uma professora de uma escola da Bahia recebeu uma intimação policial sob a acusação de que estaria ministrando conteúdos "esquerdistas" em sala de aula. Nas aulas, a professora de filosofia abordava temas como racismo, machismo, diversidade e questões de gênero, temáticas previstas e recomendadas na Lei de Diretrizes e Bases da Educação (LDB)[11]. Essas e tantas outras situações têm demonstrado a fragilidade da institucionalidade democrática, posto que os representantes dos órgãos que devem assegurá-la têm tido posturas que não são pertinentes à tal missão.

Constata-se, assim, que tem sido um grande desafio assegurar Direitos Humanos na Democracia. Aliás, qual a substância dessa Democracia? Essa é uma questão que nos remete ao estudo próprio da democratização do Brasil.

Segundo Zaverucha (2010) e outros autores, temos elementos históricos que elucidam a dinâmica de continuísmo autoritário revestido de legalidade e aparente democracia. Explica o professor:

> Um processo de democratização pode ser, de acordo com a literatura, dividido em três fases. A da *liberalização* ocorre quando o regime autoritário começa a fraquejar e sinaliza sua intenção de realizar mudanças políticas. A *transição* ocorre quando novos atores políticos são incorporados ao processo de tomada de decisões, ansiando preparar a *pólis* para eleições multipartidárias. A *consolidação democrática* é um processo de

---

10. Professor que estuda maconha há 50 anos é intimado por "apologia ao crime". Disponível em: https://noticias.uol.com.br/ciencia/ultimas-noticias/redacao/2018/02/23/professor-condecorado-por-pesquisa-sobre-maconha-e-intimado-e-depoe-em-sp.htm. Acesso em: 16 fev. 2018.

11. Professora recebe intimação policial após queixa contra conteúdo "esquerdista". Disponível em: https://www.cartacapital.com.br/educacao/professora-recebe-intimacao-policial-apos-queixa-contra-conteudo-esquerdista/

fortalecimento de instituições e aprofundamento das instituições e da cultura democrática. (p. 66)

Embora tal explicação pareça ser uma simplificação de um processo complexo, entendemos que ela nos leva a problematizar essas fases e localizar os fatos históricos nelas. Zaverucha (se fundamentando em Larry Diamond) afirma que esse processo de consolidação ocorreria quando a democracia se tornasse tão sólida que não mais seria golpeada.

Outros autores, pelo mesmo caminho, vão afirmar, assim, que a transição do período autoritário para a democracia não ocorreu de fato, não só no Brasil, mas em outros países latino-americanos. Afinal, que atores ingressaram nessa dinâmica para *efetivamente* decidirem os rumos do país?

Zaverucha (2010) problematiza que não temos uma democracia real, posto que essa não se consolida enquanto efetivação de direitos, observando que:

> como ora os militares estão se ajustando ao poder civil e ora ao reverso, esta situação é incompatível com um regime democrático. Nele, os militares devem obedecer ao poder civil e a intimidação não pode servir como moeda política. [...] Os governantes podem ir até um determinado ponto, sob pena de serem desestabilizados. O silêncio da elite política civil ante tais constrangimentos confirma ser o militarismo um fenômeno amplo, regularizado e socialmente aceito no Brasil. [12]

Estamos apresentando esse artigo no pós-*impeachment* da primeira presidenta da história do Brasil, Dilma Rousseff, o que qualificamos

---

12. *Idem, ibidem.* O autor conclui em seu texto que "As perspectivas são de que o aparelho estatal continue autoritário a despeito dos avanços da democracia eleitoral brasileira. Prefere-se a estabilidade política ao aprofundamento da democracia. A vitória de José Sarney e Michel Temer, no começo de 2009, com apoio de Lula, para presidir o Senado e a Câmara dos Deputados, aponta nesta direção. Por quanto tempo esta situação perdurará? É a pergunta que não quer calar." (2010, p. 76)

como golpe político institucional[13], embora parcela da população e instituições, inclusive que se afirmam como de "esquerda", terem outro entendimento — que no limite, contraditoriamente tem as mesmas bases de legitimar a falsa ideia de democracia eleitoral.

No dia 14 de março de 2018 ocorreu o brutal assassinato da vereadora do Rio de Janeiro, Marielle Franco, que expõe a gravidade dos desdobramentos da crise política e institucional que tem demonstrado a pertinência da literatura científica que vem afirmando a fragilidade democrática brasileira. O assassinato foi cometido no contexto das denúncias de Marielle, dias após ser nomeada relatora da intervenção federal no Rio de Janeiro decretada pelo então Presidente da República, que foi aprovada pelo Senado Federal no dia 20 de fevereiro de 2018.[14]

Esses fatos emblemáticos nos instigam de modo profícuo a aprofundar o debate com nossas referências teóricas e ético-políticas. Conforme expusemos no início de nossa argumentação, para a compreensão das concepções de DH é necessário situá-las historicamente.

---

13. Muitos debates foram realizados, nacionais e internacionais. O fato é que temos tido desde então, além de questionamentos, uma crise de institucionalidade e ampliação da violência que se expressa, por exemplo, na forma de 14 milhões de desempregados em 2017. Sobre o aspecto jurídico, podemos verificar o debate amplo entre juristas brasileiros e estrangeiros, sob a ótica de Direitos Humanos. Disponível em: http://operamundi.uol.com.br/conteudo/noticias/44748/impeachment+de+dilma+e+golpe+de+estado+determina+tribunal+internacional+pela+democracia.shtml. Acesso em: 20 março 2018. A Rede BBC Brasil publicou em junho de 2017 que "Percepção de que Brasil está no rumo errado supera fase pré-impeachment e atinge nível recorde, diz pesquisa". Disponível em: http://www.bbc.com/portuguese/brasil-40430862. Acesso em: 19 fev. 2018.

14. A intervenção federal ocorreu quando já havíamos concluído parte deste artigo, o que nos fez optar por articular a abordagem teórica com esse fato que corrobora a análise de pesquisadores citados ou não neste texto. Desse modo, o assassinato de Marielle Franco soma-se às várias questões políticas que vêm se avolumando há alguns anos, que do ponto de vista das tensões em relação aos DH, se agrava com o recuo do governo em relação à construção do III PNDH por meio de amplos debates, salientando-se que seu teor trazia inovações, mas muitas já contidas no II PNDH. O que se evidencia é a tensão política devido ao imaginário dominantes associar o governo Lula com as pautas da esquerda revolucionária: laicidade do Estado, reforma agrária, reordenamento do poder das forças armadas/militares, feminismo e direitos sexuais, em especial, e agendas de ordenamento do Estado, taxação de grandes fortunas/reforma tributária, reforma política e também de direitos de quarta geração, como o desenvolvimento sustentável com necessária proteção de direitos aos povos originários e quilombolas.

Assim como a burguesia no processo das suas revoluções, conforme Trindade, voltou a se articular com os setores conservadores, no contexto brasileiro vivenciamos um desafio gigantesco, posto que na formulação e ações visando efetivar DH há posições diversas, que encontram o seu *limite* quando se trata de questionar privilégios e a ruptura com a defesa central da propriedade privada, mantida por concentração de poder político e econômico.

Não nos cabem critérios "morais", mas científicos — que do nosso ponto de vista são necessariamente históricos — para debater o alcance das formulações teóricas. Nesse sentido, podemos levantar algumas indagações que são fundamentais para refletirmos sobre a relação entre direitos humanos e teoria e história, e, ao mesmo tempo, alimentar nossa prática política cotidiana: *Os mesmos fundamentos que defendem a ruptura da ordem pautada na exploração da força de trabalho e da natureza, do capitalismo, nos permitem discutir a melhoria do sistema carcerário quando esse é uma das expressões mais agudas de tal sistema? Essas são questões que propiciam uma crítica em relação às propostas apresentadas na defesa de DH: qual o limite dessas formulações? Qual o projeto de sociedade que sustenta essa defesa?*

Portanto, essas notas introdutórias lançam questões a partir de tais elementos para que possam auxiliar nas perguntas, mas de modo mais ousado intencionar colaborar com as respostas. Afinal, não nos basta lançar perguntas, mas apontar caminhos para a construção de respostas, que são a materialização de nossa visão de mundo, de projeto de sociedade e de posicionamento como sujeitos históricos, inseridos em determinadas condições não por opção, mas porque nelas temos limites e possibilidades. Diz Eduardo Galeano que a tarefa da utopia é nos fazer caminhar e, complementamos, com os dizeres de Zemelman que *"a utopia é a tensão do presente"*. Pensar os projetos de sociedade é a base para o conhecimento científico. Sem essa busca, a ciência se torna meramente instrumental e perde sua própria substância e, caso isso ocorra, perderíamos também as possibilidades de reafirmar os DH nesse contexto de barbárie em que vivemos.

Referências

RUIZ, Jefferson Lee de S. *Direitos Humanos e concepções contemporâneas.* São Paulo: Cortez Editora, 2014.

SIMÕES, Carlos. *Teoria e crítica dos Direitos Sociais.* O Estado Social e o Estado Democrático de Direito. São Paulo: Cortez Editora, 2013.

SINGER, Helena. Direitos Humanos e volúpia punitiva. *In:* Dossiê Direitos Humanos no limiar do séc. XXI. *Revista USP 37.* São Paulo: Edusp, mar./maio 1988. p. 10-19.

TRINDADE, José D. L. *História Social dos Direitos Humanos.* São Paulo: Peirópolis, 2002.

TRINDADE, José D. L. *Os Direitos Humanos na perspectiva de Marx e Engels.* São Paulo: Editora Alfa-Ômega, 2011.

TRINDADE, José D. L. Os Direitos Humanos: *para além do capital. In:* FORTI, Valéria; GUERRA, Yolanda. *Direitos Humanos e Serviço Social:* polêmicas, embates e debates. 2. ed. Rio de Janeiro: Lumen Juris, 2012.

ZAVERUCHA, Jorge. Relações civil-militares: o legado autoritário da Constituição brasileira de 1988. *In:* TELES, Edson; SAFATLE, Vladimir (org.). *O que resta da ditadura.* São Paulo: Boitempo, 2010. p. 41-76.

Direitos Humanos
e Modernidade:
entre a barbárie e a dialética das emancipações

Andrea Almeida Torres

> *A emancipação humana só será plena quando o homem*
> *real e individual (...) na sua vida empírica, no trabalho*
> *e nas suas relações (...) tiver se tornado um ser genérico;*
> *e quando tiver reconhecido e organizado as suas próprias*
> *forças sociais, de maneira a nunca mais separar de si esta*
> *força social como força política.*
>
> Karl Marx

Não há dúvida de que a Revolução Francesa é o marco histórico mais significativo para a História dos Direitos Humanos. A ideia de que o homem é um ser de Direitos percorre a História desde a Antiguidade, sendo que tal ideia também aparece como característica componente de muitas religiões; contudo, é com o advento da Modernidade que surge a ideia de "Direitos do Homem" enquanto indivíduo livre e autônomo.

No longo processo de construção da sociedade burguesa, que se inicia no Renascimento e tem seu ápice político na Revolução Francesa de 1789, são rompidas as formas econômicas, políticas e culturais da sociedade feudal, instituindo-se novas relações sociais fundadas no trabalho assalariado e na propriedade privada dos meios de produção. Esse período se caracteriza pela passagem dos deveres dos súditos para com o soberano aos direitos dos cidadãos frente ao Estado.

Esse momento "emancipatório", político e revolucionário possibilitou o rompimento com o Absolutismo Monárquico, criando o Estado Moderno, cuja função precípua seria a de proteger e viabilizar os direitos dos cidadãos e com isso possibilitar ao homem projetar-se socialmente como indivíduo detentor de igualdades e liberdades, prerrogativas essenciais à sua humanidade.

Historiadores classificam esse período como sendo o momento de "surgimento da sociedade individualista". Ao combater o despotismo feudal com a valorização da razão, da autonomia e da liberdade do indivíduo, a burguesia revolucionária assinala um avanço da consciência do homem como ser ético, conquistando a emancipação civil e política através da defesa dos princípios universais da "igualdade, liberdade e fraternidade". A partir desse momento, o reconhecimento dos Direitos Humanos ganha progressivo desenvolvimento, principalmente nos chamados Estados Democráticos de Direito através de suas Constituições Nacionais, de acordos mútuos, tratados e convenções internacionais, enquanto mecanismos de proteção legal e formal para as Nações que se propõem a respeitar os Direitos Universais. Portanto, o reconhecimento dos Direitos Humanos é uma conquista histórica, produto das lutas sociais e políticas da civilização em defesa de valores universais e que foram retomados no século XX pela Declaração Universal dos Direitos do Homem de 1948, cujo nascimento se deu em resposta aos horrores cometidos pelo nazismo durante a Segunda Guerra Mundial.

No contexto contemporâneo, a partir de uma abordagem sociológica do Direito, há um consenso em afirmar que os Direitos Humanos possuem uma perspectiva de universalidade, englobando os direitos civis e políticos que correspondem aos direitos relativos à liberdade e à autonomia dos indivíduos frente ao Estado (são os chamados direitos de primeira geração). Os direitos sociais, econômicos e culturais (nominados como direitos de segunda geração), correspondem aos deveres do Estado frente aos indivíduos. Hoje já se consideram os direitos, chamados de terceira geração, construídos a partir do direito humano de vivermos em um meio ambiente preservado e seguro; o direito a preservarmos o ecossistema e a água do planeta. Há também os de quarta geração, como o direito humano à bioética, à informação e à comunicação. Sem um consenso, alguns autores ainda falam nos direitos de quinta geração como sendo relativos ao direito à paz.

A necessidade sempre urgente da defesa dos Direitos Humanos existe em níveis mundiais, pois as violações e o desrespeito frente aos seres humanos são crescentes e gritantes em todo o mundo, o que demonstra a profunda contradição presente numa concepção dos Direitos Humanos de forma abstrata, não objetivados na realidade, em que sua afirmação faz parte de um processo histórico de luta na busca de sua realização.

Por isso, há situações de violação dos Direitos Humanos as quais, mesmo não sendo mais toleradas, somos obrigados a nos deparar diariamente, seja através dos meios de comunicação, seja pela realidade diante de nós, que nos induz a uma análise radicalmente crítica das condições de vida das populações. É aviltante o descaso dos poderes públicos frente à massa de indivíduos desprotegidos e apartados da vida social, em sua dimensão socioeconômica, política e cultural.

Não há como negar que, por mais "desenvolvidas" que sejam as Nações, é crescente a desvalorização que enfrentamos frente aos direitos e princípios que foram conquistados pelo esforço de homens e mulheres em nosso processo civilizatório. Chegamos ao século XXI com realidades profundamente desumanas em todo o mundo, mas principalmente nos países da periferia do capitalismo. Milhões de pessoas ainda se encontram sob o jugo do analfabetismo, na mais absoluta condição de pobreza e miséria; doenças historicamente erradicadas voltam a aparecer, denunciando a desassistência à saúde; contingentes populacionais passam fome em um mundo que produz fartura e desperdício ao mesmo tempo. Massas de trabalhadores estão desempregados ou subempregados sem condições mínimas de subsistência. A violência e os índices de criminalidade são fenômenos generalizados e suas causas são múltiplas. As guerras estão presentes em muitos países e os consensos para a paz mundial estão cada vez mais difíceis.

Vivemos nesse início de milênio uma conjuntura socioeconômica mundializada marcada por profundas transformações, em que se ampliam os efeitos deletérios da globalização baseada nas leis do mercado e suas perversas consequências para as necessidades humanas. Essas mudanças atingem diretamente o mundo do trabalho, que é a objetivação humana determinante do processo de produção e reprodução da vida social.

As novas determinações do trabalho impostas pelo capitalismo monopolista acarretaram revoluções técnicas e tecnológicas em larga escala. Essas transformações legitimaram a configuração dos Estados neoliberais, que consolidaram cada vez mais seu caráter desregulador das políticas de proteção social, desresponsabilizando-se pela implantação dos direitos reconhecidos nas legislações nacionais e obstaculizando a criação de novos direitos[1].

O Estado neoliberal transfere, assim, para o mercado, o controle das demandas sociais. A gerência principal da realidade econômica está nas mãos do mercado financeiro especulativo, na exacerbada concentração de lucros, renda e riquezas, pelos segmentos representantes do capital.

Esse modelo generalizado de desenvolvimento econômico, a chamada "globalização" neoliberal, remodelou a estrutura social, política, econômica e cultural dos países, alterou o processo produtivo, intensificando a exploração da força de trabalho, reestruturou os mercados, incluindo o mercado de trabalho, acarretou profundas crises

---

1. Em que pesem os limites estruturais impostos às políticas sociais, não podemos negar as suas possibilidades postergadoras e/ou compensatórias das iniquidades postas pela ordem do capital às classes subalternas, sobretudo, em sua relação direta com a agenda dos Direitos Humanos. Uma adequada definição de política social pode ser encontrada na página do Observatório das Desigualdades, no verbete Política Social, apresentado pela Profa. Dra. Camila Potyara Pereira. Disponível em: https://www.youtube.com/watch?v=VEF2MGD3Tl4

e problemas sociais, fazendo emergir (velhas) novas expressões da "questão social". São contingentes imensos de indivíduos acometidos pela barbárie capitalista contemporânea, em que o *fetiche da mercadoria* reina sem limites, em que apenas uma minoria pode se apropriar da riqueza socialmente produzida[2].

Portanto, a grande contradição que se evidencia é que esse modelo de desenvolvimento, baseado na financeirização e nas tecnologias de informação, produz e reproduz sua própria antítese, que é a pauperização de bilhões de pessoas em todo o mundo. Os Estados neoliberais vêm desresponsabilizando-se das necessidades sociais geradas pelo capitalismo, retirando progressivamente políticas sociais que enfrentam ainda que minimamente as refrações da "questão social" em suas múltiplas expressões — produtos da desigualdade estrutural. Esse modelo de Estado compromete o processo de consolidação da Democracia, princípio fundamental para a garantia e respeito aos direitos dos cidadãos. Os cidadãos passam permanentemente a ter que *lutar pelo direito a ter direitos.*

Portanto, na sociedade capitalista, os Direitos Humanos, enquanto garantia de conquistas históricas e sociais, estão impossibilitados de se efetivarem pelo confronto com o Estado neoliberal, onde os direitos "atrapalham" os avanços econômicos e políticos da lógica do capital.

Direitos Humanos na perspectiva da emancipação humana

No contexto das sociedades capitalistas, os direitos declarados formalmente nas Declarações, nas Constituições, nos Tratados e

---

2. A concentração da riqueza no mundo não é novidade desde que o capitalismo se firmou como modo de produção hegemônico. Contudo, no contexto atual da pandemia da covid-19, essa histórica concentração de renda e riqueza elevou-se de tal modo que nos permite afirmar sem dúvidas que o capitalismo se beneficia da tragédia humana. O Relatório da Riqueza Global, divulgado pelos bancos Credit Suisse e Banco Mundial demonstra que 1,1% das pessoas no mundo concentram 45,8% de toda riqueza mundial. Disponível em: https://outraspalavras. net/mercadovsdemocracia/retrato-da-concentracao-de-riqueza-na-pandemia/

Convenções, não se realizaram na prática, para todos os indivíduos sociais. Isso em decorrência de um sistema político-econômico que gera desigualdades estruturais, com base na superexploração do trabalho humano, na detenção privada dos meios de produção e na consequente apropriação privada da riqueza socialmente produzida, que alimenta a divisão social em classes de possuidores e despossuídos.

Observa-se hoje que muitas análises feitas sobre os Direitos Humanos desconsideram essa contradição, o que decorre em uma defesa idealista e acrítica. Assim sendo, para tratarmos da evolução dos Direitos Humanos na contemporaneidade, se faz necessária uma análise crítica de sua contraditória e problemática efetivação na sociedade capitalista. Ou seja, *o não estabelecimento de condições objetivas para a realização plena dos direitos.*

Face a essa problemática, apresentamos uma perspectiva de análise teórica e crítica, de bases sócio-históricas, que contempla a garantia aos Direitos Humanos como construção na perspectiva da emancipação humana como processo e não como finalidade em si mesma[3]. Essa análise se apoia na obra de Marx e na tradição marxista, possibilitando refletir sobre as contradições existentes na efetivação dos Direitos Humanos na sociedade capitalista.

Para tanto, comecemos por indicar que, para Marx, o homem é um ser da *práxis*, ou seja, que se objetiva na realidade social através do seu trabalho. Para responder às suas necessidades, os homens estabelecem relações entre si e com a natureza. Essas relações são

---

3. Em obras como *Sobre a Questão Judaica*, de 1843, ou *Glosas Críticas Marginais ao Artigo "O Rei da Prússia e a Reforma Social" de um Prussiano*, de 1844, Karl Marx explicita a distinção que faz entre *emancipação política e emancipação humana*. Para Marx, a primeira, embora seja um avanço em comparação às relações sociais feudais, justamente por conferir maiores "liberdades" ao trabalhador assalariado em relação ao servo ou ao vassalo, ela (a emancipação política) não eliminou a exploração do homem pelo homem, servindo ao intento final de legitimar a sociabilidade burguesa. Já a emancipação humana é a conquista do projeto de classe do operariado onde as relações de exploração do homem pelo homem são suprimidas e uma sociedade alternativa à ordem do capital se institui. Os direitos humanos, portanto, como parte das invenções paradigmáticas da modernidade atuam nos limites da emancipação política, todavia, entendemos que eles podem e devem estar referenciados a um projeto de sociedade que remeta à emancipação humana, conforme demonstrou Fuziwara no primeiro capítulo desta coletânea.

mediações realizadas através do "trabalho, como práxis, componente desencadeador do processo de (re) produção do ser social como ser histórico, capaz de ser consciente e livre". (Barroco, 1999, p. 122) Nesse processo, o homem desenvolve capacidades que instituem sua essência humana historicamente determinada, sua sociabilidade, sua capacidade de ser consciente, livre e universal.

Como sujeito ético, o homem usa da liberdade para escolher entre as possibilidades e é capaz de agir *teleologicamente*, ou seja, de fazer projetos e buscar finalidades às suas ações. Essa ação repleta de significados, de valores, é a *práxis* humana que transforma a realidade. Portanto, a ética é componente intrínseco dos seres humanos a partir do momento em que esses refletem moralmente sobre as escolhas que deverão fazer, sobre os valores que farão adesão em suas relações sociais. A ação ética realizada pelo homem permite que esse ultrapasse o nível das necessidades imediatas e singulares, atingindo o reconhecimento das necessidades do humano genérico.

O ser social existe como indivíduo singular e como ser humano genérico, e a medida para avaliarmos o quanto os indivíduos sociais se apropriam do que foi desenvolvido pelo gênero humano é dada pelo que Marx denomina riqueza humana:

> Mas, uma vez superada a sociedade burguesa, o que é a riqueza humana se não a universalidade dos carecimentos, das capacidades (...) das forças produtivas etc. dos indivíduos, criada no intercâmbio universal? O que é a riqueza humana se não o pleno desenvolvimento do domínio do homem sobre as forças da natureza, tanto sobre as da chamada natureza quanto as da sua própria natureza? O que é a riqueza se não a explicitação absoluta de suas faculdades criativas, sem outro pressuposto além do desenvolvimento histórico anterior (...) ou seja, do desenvolvimento de todas as forças humanas enquanto tais (...) uma explicitação na qual o homem (...) produz sua própria totalidade? Na qual não se busca conservar-se como algo que deveio, mas que se põe no movimento absoluto do devir? (Barroco, 1999, p. 26)

Portanto, a riqueza humana para Marx é o pleno desenvolvimento das capacidades humanas e a apropriação dessa riqueza por todos os indivíduos. Marx valoriza os Direitos Humanos como parte dessa riqueza, porém alertando "o contexto em que se originam, enquanto ideais abstratos e irrealizáveis, contrapostos à realidade desconcertante da sociedade de indivíduos egoístas[4]". (Mészáros, 1993, p. 207)

Para Marx, a realização dos Direitos Humanos na sociedade capitalista, entendidos como síntese dos direitos civis, políticos, sociais, econômicos e culturais, está longe de significar a plena emancipação e apropriação da riqueza humana.

No sistema capitalista não há igualdade social, econômica, cultural entre todos; "as diferenças são efetivas" (Marx, 1975, p. 44). Nessa realidade social, nas condições objetivas, os homens não são e nem poderão ser iguais porque a propriedade privada é a "base suprema e força reguladora", elemento concreto e político que determina a desigualdade social entre os indivíduos. Portanto, na análise marxiana, o papel da propriedade privada é crucial na alienação do homem como ser genérico[5], pois

> a liberdade como direito do homem não se funda nas relações entre homem e homem, mas antes da separação do homem a respeito do homem. É o direito de tal separação, o direito do indivíduo circunscrito, fechado em si mesmo (...) o direito da propriedade privada (...) o direito de fruir da própria fortuna e de dela dispor como quiser, sem atenção pelos outros homens, independentemente da sociedade. É o direito do interesse pessoal (...). Leva cada homem a ver nos outros homens, não a realização, mas a limitação da sua própria liberdade. (Marx, 1975, p. 57)

A liberdade na sociedade capitalista é limitada, pois há dominação de uns sobre os outros; entre "aqueles que têm e aqueles que não têm[6]". Segundo Mészáros, não há indivíduos emancipados, pois

---

4. István Mészáros realiza uma análise dos Direitos Humanos a partir do pensamento de Karl Marx.

5. "Marx quer extinguir o 'direito sagrado' à propriedade privada; ele é o inimigo de todos os direitos humanos". (Cf. Mészáros, 1993, p. 208)

6. "A suposição axiomática da propriedade privada para os Direitos Humanos em geral (...) sua aplicação à posse significa fatalmente, para a maioria esmagadora de indivíduos, nada mais

enquanto houver expropriação da riqueza humana socialmente produzida por todos, concentrada nas mãos de uns poucos, não existirá
direito universal ou emancipação humana. O autor ainda afirma que
o problema dos Direitos Humanos está nos impedimentos da ordem
capitalista: "uma sociedade regida pelas forças desumanas da competição antagônica e do ganho implacável, aliados à concentração de
riqueza e poder em número cada vez menor de mãos". (Mészáros,
1993, p. 207) Na sociedade capitalista, portanto, temos a aparência
ideopolítica de que os direitos estão garantidos porque o "Estado é
o intermediário entre o homem e a liberdade humana". (Marx, 1975,
p. 43) O Estado capitalista em sua estrutura socioeconômica retira do
homem a sua capacidade de emancipação humana e cria formas de
substituir ou compensar os direitos do homem. Por isso,

> o exercício dos Direitos Humanos persistirá como mero postulado e
> retórica ideológica, enquanto os interesses de classe, de uma sociedade
> dividida, prevalecerem e paralisarem a realização do interesse de todos.
> (Mészáros, 1993, p. 214)

O desafio dos Direitos Humanos na sociedade capitalista é que
esses estão nessa armadilha contraditória, atuando como retórica em
uma sociedade de classes de dominados e dominantes, onde o "interesse de todos é definido como o funcionamento tranquilo de uma
ordem social que deixa intactos os dos setores dominantes (...) cuja
função é a legitimação e a perpetuação do sistema de dominação".
(Mészáros, 1993, p. 214)

Para Marx, o desenvolvimento e a apropriação universal da riqueza humana, ou seja, a emancipação humana, supõe a superação
da sociedade burguesa, porque nela o homem está "alienado, sujeito
ao domínio das condições e elementos inumanos, por toda a organização da sociedade — em uma palavra, o homem ainda não surge
como real ser genérico". (Marx, 1975, p. 52) Por isso, ele considera os

---

que a mera posse do direito de possuir os 'direitos do homem'". (Cf. Mészáros, 1993, p. 208) limites da emancipação política na ordem burguesa, defendendo a emancipação da totalidade humana. *A condição humana estará plena e universalmente realizada quando for uma conquista concreta que se objetiva na realidade social para todos os indivíduos.*

A principal crítica de Marx aos Direitos Humanos vindos da Revolução Francesa é a de que eles são produto de um momento sócio-histórico em que os direitos do Homem são formulados apenas para a libertação política do homem burguês daquele período e contexto, e que esses direitos se restringem a garantias individuais, não indo

> além do homem egoísta, do homem enquanto membro da sociedade civil (...) enquanto indivíduo confinado a si próprio, ao seu interesse privado (...). O homem está longe de ser considerado, nos direitos do homem, como um ser genérico (...) a sociedade surge como sistema que é externo ao indivíduo, como limitação da sua independência original. O único laço que os une é a necessidade natural, a carência e o interesse privado, a preservação da sua propriedade e das suas pessoas egoístas. (Marx, 1975, p. 58)

Portanto, a crítica marxiana, não ignora as possibilidades, embora limitadas dos Direitos Humanos, mas adverte sobre a ilusão existente de que estes direitos estão garantidos em estruturas de classes de base desigual e de dominação. Insiste Mészáros sobre a avaliação de Marx:

> os valores de qualquer sistema determinado de direitos devem ser avaliados em termos das determinações concretas a que estão sujeitos os indivíduos da sociedade em causa; de outra forma esses direitos se transformam em esteios da parcialidade e da exploração, às quais se supõe, em princípio, que se oponham em nome do interesse de todos (1993, p. 208).

E prossegue dizendo ainda:

> a autolegitimação dessa sociedade é minada radicalmente e seu caráter de classe é rapidamente desmascarado, através de seu fracasso em se

manter como sistema correspondente às necessidades dos Direitos Humanos elementares (...) O apelo aos Direitos Humanos bem-sucedido ideologicamente (...) não é mais capaz de se proclamar como representante da realização mais adequada às aspirações humanas. (*idem*, p. 213)

Embora saibamos dos limites dos Direitos Humanos nesta sociedade, precisamos lutar pela superação das desigualdades socioeconômicas, na luta pela construção de uma nova sociedade. Não podemos ficar imobilizados diante da barbárie social que quotidianamente presenciamos. É nesse contexto que se faz necessário um posicionamento crítico que busque construir coletivamente espaços democráticos objetivos, de recusa a essa realidade, na busca de sua superação, estabelecendo lutas sociais que defendam os Direitos Humanos, ainda que estes sejam limitados nesta sociedade.

Referências

BARROCO, Maria Lúcia Silva. *Ética e Serviço Social:* fundamentos ontológicos. São Paulo: Cortez Editora, 1999.

BARROCO, Maria Lúcia Silva. *Ontologia Social e Reflexão Ética.* Tese (Doutorado em Serviço Social) — Pontifícia Universidade Católica de São Paulo, São Paulo, 1996.

MARX, Karl. *A questão judaica.* Lisboa: Edições 70, 1975.

MÉSZÁROS, István. Marxismo e Direitos Humanos. *In: Filosofia, Ideologia e Ciência Social* — ensaios de negação e afirmação. São Paulo: Editora Ensaio, 1993.

Acesso à Previdência Social como direito humano:
ameaças e desafios contemporâneos

Wederson Rufino dos Santos

A história da proteção social no mundo e, consequentemente, no Brasil, é marcada por entraves e ofensivas do capitalismo e de suas estratégias para garantir a acumulação e recuperação das taxas de lucros. (Pereira, 2008) No caso da Previdência Social não é diferente. Em momentos de crises estruturais ou cíclicas, os direitos previdenciários são colocados em primeiro lugar na fila dos cortes e desmontes, sob a justificativa da sanidade das contas públicas, quando, na verdade, o que se evidencia são as contradições da política social no capitalismo e da correlação de forças na disputa entre classes pelo acesso a uma maior fatia dos recursos alocados nos fundos públicos.

O sistema de Previdência Social no Brasil se aproxima de um século de criação (Santos, 1979). No entanto, os primeiros direitos previdenciários mais massificados, criados em 1923, não experimentaram no país uma acumulação vertiginosa de uma evolução perceptível com o passar das décadas para alcançar a universalidade da proteção. É bastante emblemático o cenário de avanços caminhar junto aos retrocessos sistemáticos do conjunto de benefícios, serviços e programas que compõem o quadro de direitos previdenciários. (Silva, 2012) O mais recente ataque, o da proposta da Reforma da Previdência pelo Projeto de Emenda Constitucional n. 287 de 2016, veio — como não poderia ser diferente — em um momento de grave crise econômica e política no país[1].

A Previdência Social compõe o conjunto da proteção social, junto a outras políticas como de Assistência Social, Saúde, Trabalho e Emprego, Educação, entre outras, em um quadro mais ampliado que permite à população o acesso aos meios necessários a exercer os Direitos Humanos mais básicos, em uma perspectiva de promoção da autonomia e da garantia da dignidade humana. (Di Giovanni, 1998; Castel, 2005) Essa positiva afirmação não é suficiente para superar as contradições inerentes a todas a essas políticas e o modo como elas, desde sua natureza e até suas consequências mais elementares, se relacionam com as condições de manutenção das desigualdades estruturais do capitalismo. (Pereira, 2014) Isto é, as contradições inerentes àss políticas sociais permitem ampliar o acesso à cidadania efetiva da população, mas, por outro lado, contribuem para a manutenção das desigualdades estruturais necessárias ao funcionamento do modo de produção capitalista.

Em que pese notarmos essa contradição, é inegável que as políticas sociais no Brasil, e nelas a Previdência, registram historicamente forma e conteúdo que nos permite inseri-las no escopo de uma agenda de Direitos Humanos. É perceptível a inserção do Brasil no sistema internacional de proteção dos Direitos Humanos e, como consequência, tem-se mudanças internas no caso brasileiro para fazer valer os avanços alcançados na discussão, elaboração e aprovação de legislações e mecanismos específicos no âmbito internacional que buscam materializar tais direitos. (Filho; Sousa Júnior, 2016) Na estruturação

---

1. Após a elaboração desse texto, outras alterações no sistema previdenciário brasileiro foram aprovadas no Congresso Nacional, reafirmando a agenda de desmonte da previdência pública.

de um sistema global de proteção e garantia dos Direitos Humanos, as políticas de proteção social ganham novos aliados na tarefa de transformá-las em efetivas no cotidiano da população.

Para David Sánchez Rubio (2014), é comum, no imaginário social, os Direitos Humanos aparecerem como instâncias instituídas, separadas de seus processos sócio-históricos de constituição e de significação. Dessa forma, para Antônio Escrivão Filho e José Geraldo de Sousa Júnior (2016), as garantias para torná-los efetivos se reduzem ao plano jurídico-estatal, seja por meio de políticas públicas ou por meio de decisões judiciais para os quais o direito estatal é a única instância salvadora da insociabilidade humana. Como consequência, para os autores, deslegitima-se, assim, a capacidade da sociedade civil de, por meio de instrumentos e lutas políticas e institucionais diversas, implementar um sistema de garantias, não único, mas plural que dentro ou fora do marco legal protege direitos historicamente conquistados. (Filho; Sousa Júnior, 2016). Tal conjectura é sensivelmente importante para a compreensão da Previdência Social no marco dos Direitos Humanos, tomando-a como uma forma de se contrapor aos ataques constantes sofridos por essa frente de proteção social.

O objetivo deste capítulo, então, é localizar a proteção dos direitos previdenciários no arcabouço conceitual, político, ético e normativo dos Direitos Humanos. A Previdência Social é o conjunto de proteções aos trabalhadores e trabalhadoras em situações de riscos, vulnerabilidades, vicissitudes e incapacidades surgidas no interior das contradições do mundo do trabalho no capitalismo. Argumenta-se que compreender o direito à Previdência Social como um direito humano é fundamental para avançar nas estratégias políticas, acadêmicas e jurídicas de evidenciar as contradições inerentes às políticas sociais. Principalmente para, assim, fazê-las avançar no seu papel de materialização e ampliação da cidadania, sobretudo, em cenário tão adverso para as lutas sociais das classes populares. Compreende-se, aqui, os Direitos Humanos não como uma formulação meramente formal, jurídica ou positivada de objetivos coletivos a serem alcançados, mas, como uma alegação ética resultante de um movimento político e carregado de historicidade que defende criticamente as garantias básicas à condição humana, para a manutenção e reprodução material dos indivíduos, mesmo (ou principalmente) quando a organização das sociedades não consigna tais garantias como objetivos fundamentais do seu desenvolvimento.

A crise do capitalismo como ameaça constante à proteção social

O atual sistema de proteção social brasileiro teve início com a Constituição Federal de 1988. Antes disso, a cidadania no Brasil durante boa parte do século XX se limitava aos direitos trabalhistas, ao ponto de Wanderley Guilherme dos Santos (1979), em seu estudo clássico, ter denominado a cidadania no Brasil, no período até os anos 1980, como *cidadania regulada*. Tal nomenclatura reflete o tamanho da restrição no acesso à riqueza socialmente produzida como pré-condição para o exercício da cidadania, via implantação de direitos sociais limitados. Só era possível falar em mediação do Estado na provisão de bem-estar ou de criação de condições de atendimento de necessidades básicas da população pelo acesso aos direitos trabalhistas, bem como a proteção aos dependentes dos trabalhadores e trabalhadoras. Essa rede de proteção limitada ficava ao lado de uma política de educação tímida, de uma política habitacional quase inexistente e frente aos ocasos da política de assistência social e de saúde, enquanto direitos de cidadania. (Boschetti, 2006; Santos, 1979)

O processo de urbanização e de industrialização no país nas duas primeiras décadas do século XX trouxe também a emergência da "questão social". Consequentemente, suas manifestações ficaram ainda mais evidentes como tema necessário de intervenção pública. (Lobo, 2008) Isso não quer dizer que não houvesse mazelas e iniquidades anteriores ao século XX. Elas apenas se configuravam de outra forma e as respostas estatais também se davam em uma outra perspectiva, pelas atribuições primordialmente relegadas às famílias, à caridade e à filantropia da sociedade para combater as desigualdades. (Lobo, 2008; Costa, 1979) Por sua vez, a organização do trabalho na indústria nascente contou com cada vez mais acirradas lutas protagonizadas pela classe trabalhadora, reivindicando melhorias nas condições de trabalho e proteções via garantias e direitos, sobretudo a partir da segunda metade da primeira década do século XX.

Antes disso, com o processo mais intenso de urbanização em meados do século XIX, a pobreza, que antes estava dissipada nos limites das propriedades rurais e, de certa forma, amenizada por tal represamento, foi sendo cada vez mais transformada em uma ameaça para as poucas cidades já existentes. Mesmo lento — no final do século XVIII, as cinco principais cidades abrigavam não mais que 5,7% da população do país (Costa, 1979) —, o processo de urbanização, de repente, passou a exigir uma maior vigilância sobre os banidos do reino português, a população negra trazida como escrava da África, os poucos escravos alforriados já existentes, os índios desterrados e os pobres e rurícolas sem posses. Para esses, foi ficando clara a necessidade de ações mais específicas e direcionadas, a depender do tipo de público, individualizando ações e racionalizando, na medida do possível, práticas sociais da administração portuguesa. (Lobo, 2008) Ou seja, a organização das vilas urbanas nascentes exigia também uma organização de sua população por meio da ocupação de espaços demarcados para cada grupo.

As Santas Casas de Misericórdia ocuparam no território brasileiro o principal papel de amenização da pobreza, de cuidados paliativos em saúde e de prática e tratamento moral tanto para buscar a cura quanto para aliviar os necessitados da indigência. Em 1552, já existiam cerca de 12 Santas Casas de Misericórdia espalhadas pelo Brasil Colônia. Em 1584, José de Anchieta sinalizou que "em todas as Capitanias há Casas de Misericórdia, que servem de hospitais, edificados e sustentados pelos moradores da terra com muita devoção, em que se dão muitas esmolas, assim em vida como em morte, e se casam muitas órfãs, curam enfermos de toda a sorte [...]". (Arantes, 1995, p. 194) A proliferação das Santas Casas de Misericórdia no território colonial fez ganhar peso a ideia da pobreza como problema a ser enfrentado, ainda que um problema mais moral do que propriamente uma injustiça social imerecida que era preciso eliminar. (Lobo, 2008) Não somente, mas principalmente, as Santas Casas foram as principais instituições de caridade responsáveis por socorrer os pobres, indigentes e escravos desgarrados durante o período entre o Brasil Colônia e o início da republicanização do país, no final do século XIX.

A caridade praticada pela Igreja Católica e a filantropia de diversas associações assumiram, então, papel primordial para oferecer respostas a essa organização necessária dos grupos tidos como "desordeiros" e "perigosos" que compunham os cenários das primeiras cidades no país. (Lobo, 2008) Como a explicação da natureza da pobreza estava ligada ao pecado ou ao castigo divino, cabia às instituições de caridade diferenciar entre aqueles que eram incapazes para o trabalho ou os autênticos trabalhadores indigentes e os verdadeiramente desocupados. Para responder ao temor do perigo representado pelos "vagabundos", a administração pública oferecia a punição severa. Por sua vez, a caridade abençoava e purificava os inválidos e trabalhadores indigentes; ao mesmo tempo, santificava quem praticava as ações e administrava as obras de caridade. (Lobo, 2008)

Essa, talvez, seja uma característica indelével do paradigma da caridade no Brasil Colônia, no Império e também no século XX, que destinava um lugar subalternizado aos "desclassificados", mas, ao mesmo tempo, reforçava e dignificava com prestígio social aqueles que eram caridosos. (Lobo, 2008) Certamente, uma das consequências dessa característica é de que promover a cidadania ao combater a pobreza por meio de ações de responsabilidade predominantemente estatal só seria uma ideia política razoável no final do século XX e início do século XXI no país. As amarras da caridade impediram por séculos o amadurecimento da compreensão de que combater a pobreza fosse uma medida de justiça social.

O paradigma de enfrentamento à pobreza introduzido pela caridade no Brasil Colônia deixou marcas difíceis de serem superadas nos anos seguintes. A caridade praticada pela Igreja Católica nunca descreveu a pobreza como um problema de desigualdade, e a sociedade colonial e imperial nunca questionou a pobreza como um problema social a ser combatido e eliminado em nome da justiça social. Se a caridade purificava a pobreza, assentando-a como pecado e posterior libertação divina, a sociedade colonial e imperial a denunciava como perigo à ordem das cidades e ao desenvolvimento do país. Segundo Lobo (2008), na década de 1850 uma medida foi tomada para minimizar a mendicância, separando os diversos tipos de mendigos com medidas de disciplina para o trabalho.

Não era só a centralidade do papel moral presente na caridade que dificultava o entendimento do combate à pobreza como responsabilidade do Estado. A caridade tinha também uma perspectiva comercial e lucrativa. Na Colônia e no Império, a administração no Brasil sempre transferiu para a iniciativa privada a prática da assistência, seja aquela voltada para a saúde, seja a de combate à pobreza. (Lobo, 2008) Foi assim com o repasse de recursos para as Santas Casas de Misericórdia, que ainda hoje sobrevivem por meio da lógica de subvenções e convênios. Foi assim também com o repasse de recursos para entidades filantrópicas nos séculos XIX e XX no tocante à proteção social em casos de infância, velhice, doença e deficiência. A lógica empresarial e a busca desenfreada pelo lucro impressionam quando se observa que, em 1853, as Santas Casas de Misericórdia eram mais lucrativas e acumulavam um patrimônio equivalente a quase o dobro do patrimônio do Banco do Brasil. Já em 1882, elas detinham patrimônio superior ao capital somado de todas as indústrias metalúrgicas. (Lobo, 2008) Essa característica tão marcante para a prática da assistência dificilmente seria superada nos anos subsequentes em governos republicanos e democráticos no Brasil.

No alvorecer do século XX, a industrialização nascente e a urbanização mais intensa fizeram nascer a ideia de que o trabalho organizado poderia trazer a pacificação necessária para tantas agruras da pobreza e da desigualdade socioeconômica em um país de dimensões continentais. (Santos, 1979) Entretanto, uma maior proteção social veio não do trabalho institucionalizado, mas das lutas por melhorias nas condições de trabalho e na proteção por meio de direitos criados e afiançados aos trabalhadores. É desse embate entre capital e trabalho que as reivindicações trabalhistas, ensejadas nos movimentos grevistas das primeiras décadas do século XX, resultaram nos direitos previdenciários assinalados a partir da Lei Eloy Chaves, sancionada em 1923. (Boschetti, 2006)

A partir de então, quase meio século se passou até a emergência de uma proteção social ampliada, fruto das proteções trabalhistas que começaram a ser desenhadas no final da década de 1980. Segundo Lobo, a cidade, no Brasil, na virada do século XIX para o XX, desenvolveu novas exigências, produziu novas práticas e, ao mesmo tempo, reinventou o saber/poder da administração pública por meio de novas disciplinas para enfrentar o desenvolvimento urbano:

> a medicina social, o higienismo, a sociologia, a psicologia, a estatística, novas práticas de intervenção — o deslocamento do olhar dos problemas específicos e pontuais para a cidade como um todo —, que não deixará de esquadrinhá-la nos mínimos detalhes, que desconfiará das multidões e das aglomerações, da proximidade, num mesmo espaço de ricos e pobres, palacetes e cortiços, patrões e operários, prostitutas e desocupados. A cidade não seria mais o cenário das práticas sociais como os "dramas" da caridade dos tempos da Colônia. Ela era o próprio campo das intervenções de um saber científico, neutro, e verdadeiro, que legitimava a norma e impunha uma ordem neutralizada e universal. Campo de exercício das disciplinas, não apenas nas separações dos espaços institucionais (asilos, prisões, hospitais, fábricas, escolas), na reconstrução da arquitetura do meio urbano e de seus serviços públicos, como também no mundo privado das moradias, dos hábitos, das rotinas familiares. Formas de um poder ao mesmo tempo de controle maciço sobre as populações e individualizador das condutas, que produziria almas urbanizadas [...].(2008, p. 302)[2]

A aproximação entre a administração pública e as demandas sociais produziu um conjunto de práticas e saberes que alterava

---

2. Embora longa, a citação é importante: consegue precisar a dimensão dos desafios postos ao Brasil no processo de urbanização e industrialização a partir do século XX.

profundamente o papel dos governos no enfrentamento das situações de privação social experimentadas pelos indivíduos e pelas famílias.

Como afirma Robert Castel, o trabalho não é uma simples técnica de produção, mas um suporte antagônico e privilegiado de inscrição na estrutura social, onde existe forte correlação entre o lugar ocupado na divisão social do trabalho e a participação nas redes de sociabilidade e nos sistemas de proteção que protegem um indivíduo diante dos acasos da existência. (Castel, 1998) Assim, a associação entre o trabalho estável e a inserção relacional sólida caracteriza uma área de integração, ao passo que, inversamente, a ausência de participação em qualquer atividade produtiva e o isolamento relacional conjugam seus efeitos negativos para produzir a exclusão e a desfiliação. (Castel, 1998) Para Castel, a vulnerabilidade social é, portanto, uma zona intermediária e instável, que conjuga a precariedade do trabalho e a fragilidade dos suportes de coesão social. É para enfrentar as consequências da "questão social" — seja em função do desemprego estrutural, seja pelas relações de trabalho precarizadas ou ainda pela impossibilidade concreta de acesso ao atendimento das necessidades básicas de todos os indivíduos para além do trabalho no modo de produção capitalista — que as políticas sociais de proteção social se fazem necessárias.

Com a industrialização e urbanização mais presentes a partir das primeiras décadas do século XX, intensificou-se a necessidade de proteção social voltada para situações de privações na vida dos trabalhadores. O ordenamento para o mundo industrial e urbano colocou em xeque os próprios limites do trabalho como instância de melhoria das condições de vida dos trabalhadores e suas famílias. A ideia tão propalada nos anos anteriores de que o trabalho dignificava o homem foi colocada sob suspeita na medida em que o mundo do trabalho se transformou numa das principais instâncias de degradação da vida humana. O cultivo de valores sociais em torno do trabalho, a própria punição e a correção da chamada vagabundagem durante quase três séculos engendraram a disciplina para o trabalho necessária para trazer os braços a serem usados na produção agrícola, na fábrica e no comércio urbano cada vez mais crescente no país. No entanto, as longas jornadas de trabalho, as péssimas condições nas fábricas, o trabalho de crianças e de idosos e mulheres em condições inadequadas, além das baixas remunerações, incitaram os trabalhadores a reivindicar melhorias. Aos poucos, a aglomeração dos operários no universo das indústrias fez crescer a força coletiva necessária à organização dos trabalhadores para canalizar as reivindicações por meio de paralisações e greves. (Santos, 1979) Nas décadas de 1910 e 1920, um conjunto de paralisações organizadas pelos trabalhadores abalou as rígidas estruturas do mundo capitalista industrial e urbano que se estabelecia no país.

Das várias reivindicações postas durante os movimentos grevistas surgiram as primeiras iniciativas de garantias e direitos ligados ao trabalho. (Santos, 1979) Segundo Santos (1979), a proteção aos acidentes de trabalho, a garantia de pensões e aposentadorias em algumas empresas, a redução na jornada de trabalho e a proibição do trabalho infantil, entre outras medidas, moldaram as primeiras iniciativas de proteção social no Brasil. Embora limitadas ao mundo do trabalho, essas primeiras políticas sociais conseguiram reorientar o papel dos governos para afiançar políticas públicas voltadas para a melhoria das condições de vida das famílias. Com a promulgação da Lei Eloy Chaves, em 1923, apareceram as primeiras iniciativas legais de organização de uma rede de previdência social para os trabalhadores, as Caixas de Aposentadorias e Pensões (CAPs), a cargo da iniciativa privada (Boschetti, 2006; Santos, 1979). As CAPs se transformavam nas medidas embrionárias para proteções ao mundo do trabalho e viriam a se materializar no sistema previdenciário brasileiro ao longo do século XX.

As primeiras medidas de proteção ao mundo do trabalho cumpriram o papel de amenização das situações degradantes dos trabalhadores no complexo industrial-urbano nascente no Brasil nas primeiras décadas do século XX. (Santos, 1979) No entanto, a regulação das situações ligadas ao mundo do trabalho e a consequente proteção a determinadas privações e injustiças a que os trabalhadores estavam submetidos tinha uma vinculação também com os objetivos da administração pública na mudança que se esperava do papel do Estado brasileiro diante das demandas por intervenção surgidas com o advento do século XX. (Bosi, 1996) Os experimentos republicanos na virada do século XIX para o XX e o sem-número de medidas adotadas na administração pública após a Proclamação da República no Brasil, em 1889, não deram conta do *déficit* em relação à modernização do aparelho do Estado e da burocracia necessária para corresponder ao dinamismo do processo de urbanização e industrialização brasileiro.

Para Alfredo Bosi (1996), as reivindicações por melhorias nas condições de trabalho e a necessidade de modernização do aparelho do Estado resultariam numa dinâmica própria para a formação de um Estado-Providência completamente vinculado ao mundo do trabalho, em que se dependia da intervenção estatal para direcionar os rumos do desenvolvimento econômico e social do país. Embora com atraso em relação aos demais países do mundo em termos de industrialização e modernização da economia, no Brasil, essa dinâmica na inter-relação entre proteção ao mundo do trabalho, modernização do aparelho estatal e intervenção maciça do Estado na economia para estimular a produção impactaria de forma decisiva o sistema de proteção social erguido ao longo do século XX.

No ensaio *A arqueologia do Estado-Providência: sobre um enxerto de ideias de longa duração*, Bosi (1996) analisa o modo como o desenvolvimento técnico e econômico brasileiro nas primeiras décadas do século XX, no que tange à modernização do Estado centralizador, foi influenciado pelas ideias positivistas de Augusto Comte presentes nos partidos políticos republicanos — principalmente após a Revolução de 1930, que promoveu a chegada de Getúlio Vargas, do Partido Republicano Rio-grandense, ao cargo de presidente da República. Para Bosi (1996), o grupo político capitaneado por Vargas interferiu no processo de acumulação da burguesia nascente no Brasil. Essa interferência, ao lançar mão do binômio tributação/isenção, serviu para o processo de socialização dos serviços públicos no país de modo a articular a modernização do aparelho do Estado com o tratamento dado à "questão social", ou seja, ao atendimento das demandas da classe operária com a finalidade de incorporar os trabalhadores às benesses da sociedade moderna.

Dessa diretriz, surgiu um padrão histórico de formulação de políticas públicas no Brasil: as formulações pioneiras de ações para materializar garantias sociais e trabalhistas fizeram com que os indivíduos fossem concebidos antes como objetos de regulação estatal do que como sujeitos de direitos. (Bosi, 1996; Santos, 1979) Nada muito original se comparado com o padrão de atuação da administração portuguesa, que cooptou a população pobre para a formação da força militar no Brasil no período colonial. (Costa, 1979) Como consequência, essa dinâmica delineou concepções frágeis acerca da dignidade e da liberdade individuais como objetos de proteção na arquitetura do Estado de Bem-Estar Social no Brasil[3]. Alimentadas da disputa entre as oligarquias agrárias enfraquecidas e do referencial do positivismo social, as políticas públicas no Brasil caracterizaram-se pela centralidade da figura do trabalhador como cidadão tutelado, criando um ambiente de progresso econômico e social hostil aos princípios da dignidade, da autonomia e das liberdades individuais (Bosi, 1996; Rios; Santos, 2008). Desse modo, a proteção social no Brasil materializou-se de forma limitada aos trabalhadores, que passaram a ter acesso a benefícios e direitos previdenciários ao fazerem parte do mercado formal de trabalho, com exceção de seus dependentes, que também ganharam acesso a serviços e assistência em saúde. Ao mesmo tempo, os trabalhadores protegidos legitimaram e deram a base de sustentação do governo getulista para se manter por quinze anos no poder.

O Estado modernizou-se com uma economia dinâmica para além da cafeicultura e da pecuária, que encontraram em Getúlio Vargas um representante à altura desse dinamismo. Também os trabalhadores da cidade e das indústrias se viam representados politicamente

---

3. Embora possamos afirmar que o Brasil nunca teve um Estado de Bem-Estar Social nos moldes clássicos.

por ele. No entanto, a articulação entre desenvolvimento econômico e social por meio de medidas de redução das desigualdades sociais ficou limitada a um sistema de proteção social exclusivo ao universo dos trabalhadores. Das amarras dessa cobertura limitada é que a assistência social teria de se livrar, no final do século XX, para compor a concepção de seguridade social necessária à formação de um Estado-Providência ou Estado Social que tivesse como principal objetivo o alcance da justiça social para todos os cidadãos e cidadãs, o que, no final, se configuraria muito mais como expectativa do que realidade.

Em 1907, a população do Brasil era de 20 milhões de pessoas e havia 3.258 indústrias, com uma população de trabalhadores por volta de 150.841. (Santos, 1979) Treze anos depois, em 1920, a população brasileira passava dos 30 milhões de habitantes. Por sua vez, os estabelecimentos industriais tinham atingido a marca de 13.336 indústrias e o total de trabalhadores chegou a 275.512. (Santos, 1979) Em 1940, 42% da População Economicamente Ativa (PEA) era assalariada e 30% da PEA não tinha registro formal de trabalho, ao passo que o desemprego atingia por volta de 7% da população. (Silva, 2011) No que diz respeito à cobertura previdenciária, em 1960, 23% da PEA era formada por segurados da previdência social, o que correspondia a 7,4% dos trabalhadores, com seus respectivos dependentes, que faziam uso de proteções previdenciárias. (Silva, 2011) Em 2017, com mais de 200 milhões de habitantes, 34 milhões de pessoas estavam na informalidade contra 33 milhões com registro em carteira de trabalho no país. (IBGE, 2018) Esses números revelam que, embora avançada em termos de princípios, a cobertura previdenciária era limitada. Além disso, como a previdência social tinha limites na cobertura da população total do país, havia um quadro alarmante de desproteções, privações materiais e vulnerabilidades sociais na vida da maioria da população, que não recebia nenhum tipo de proteção previdenciária nem tinha acesso aos serviços de saúde se não estivesse trabalhando.

A assistência médica era reservada aos contribuintes das CAPs e dos Institutos de Aposentadorias e Pensões (IAPs), a partir de 1933, que eram organizados por categorias profissionais e com manutenção de responsabilidade do Estado. (Santos, 1979) O acesso à assistência médica era condicionado à contribuição direta dos trabalhadores. Mas essa característica não lhe conferia o caráter de seguro social, uma vez que não significava o repasse de um benefício previdenciário em espécie. Desse modo, assistência médica era considerada assistência social no universo das proteções aos trabalhadores. (Boschetti, 2006) Isto é, o que se compreendia como assistência social como prestação aos trabalhadores era um conjunto de ações e medidas de assistência e serviços médicos. (Boschetti, 2006) Após a inclusão dos termos "assistência" e "previdência" na Constituição Federal de 1934, as legislações de alguns IAPs passaram a implementar direitos designados como auxílios, em um caráter tipicamente assistencial, tais como auxílio--doença, auxílio-maternidade, bonificação de 20% sobre os salários de trabalhadores cujas esposas não trabalhavam, auxílio-reclusão, auxílio-funeral e auxílio-moradia. (Boschetti, 2006) Além disso, o texto constitucional deixou clara a distinção entre seguros e auxílios: de um lado, ficaram estabelecidos como seguros o seguro-saúde, o seguro-invalidez, o seguro-velhice e o seguro-morte; de outro, os auxílios ficaram restritos aos auxílios-natalidade e auxílio-funeral. Essa distinção entre seguros e auxílios perdurou até a Constituição Federal de 1988, quando os auxílios-natalidade e funeral passaram definitivamente a ser benefícios garantidos pela assistência social e materializados por tal política.

Nos seus primeiros anos, a previdência social brasileira, apesar de dominada pela lógica do seguro, não tinha tal característica como exclusiva. Ainda que de forma pontual, a previdência começou a comportar benefícios orientados pela lógica assistencial para serem concedidos aos trabalhadores. Tais benefícios passaram a constituir uma ampliação da proteção social, o que tornou tênues as diferenças no interior do sistema previdenciário entre ações de assistência e de previdência. Nesse sentido, nos anos 1970, a criação de um benefício previdenciário para pessoas com deficiência e idosos pobres, a Renda Mensal Vitalícia (RMV), e a instituição da Aposentadoria Rural para os trabalhadores rurais, que não exigia a contribuição para sua concessão, esfumaçaram ainda mais os limites entre o sistema previdenciário securitário e os princípios assistenciais fundamentais para alargar a cobertura da proteção social aos trabalhadores no Brasil. (Boschetti, 2006) Se, do interior do sistema de previdência social, os limites entre previdência e assistência poderiam ser nebulosos, a estruturação da Legião Brasileira de Assistência (LBA), nos anos 1940, não deixou dúvida de que a materialização da assistência social ainda não encontrava recepção nas prerrogativas do poder público. Isto é, a responsabilidade de materialização e expansão da assistência social ficaria a cargo da LBA por longos anos. A LBA contava apenas com o repasse de orçamento público para financiar as ações. Mas a estrutura, a elaboração de diretrizes e a execução de ações coletivas ainda estavam a cargo sobremaneira das instituições de caridade.

A República inacabada no Brasil (Faoro, 2007) e uma espécie de cidadania pré-fabricada, até o final dos anos 1980, deixaram de fora um contingente enorme da população que não desfrutara das benesses de uma sociedade capitalista de economia cada vez mais diversificada e urbanizada, mas ainda não tinha enfrentado efetivamente a desigualdade social estruturante das relações sociais no país. O traço característico das mediações dos conflitos sociais produzidos pela intervenção do Estado na economia era que se concediam direitos trabalhistas, sociais e coletivos em períodos de ditaduras e regimes militares, como no Estado Novo, de Getúlio Vargas, e depois, a partir do regime militar de 1964. (Draibe; Aureliano, 1989) Esse modelo de intervenção estatal serviu para envolver a classe trabalhadora e para dissimular as forças políticas contestadoras que não levariam adiante os conflitos e as reivindicações políticas por melhorias nas condições de vida da população em geral. Decorrente desse modelo de cooptação de classes ao conceder direitos sociais, é latente, ainda no início do século XXI, uma cidadania incompleta no Brasil, em que a sociedade é profundamente demarcada por desigualdades e injustiças.

Para reformular o modelo de cidadania no Brasil, a estruturação da política de seguridade social a partir da Constituição de 1988 enfrentaria grandes desafios. O baixo crescimento econômico e as altas taxas de desemprego e inflação, acentuadas durante toda a década de 1980, impulsionaram ainda mais os debates durante o período da Constituinte no que dizia respeito à urgência de a Constituição Federal incorporar elementos capazes de enfrentar as graves situações de desigualdade acumuladas ao longo do século XX. As históricas situações de desigualdade social no Brasil — que remetem a uma abolição da escravidão inconclusa (Lobo, 2008), a um processo tardio de urbanização e industrialização e a uma modernização do aparelho do Estado que reproduziu e ampliou desigualdades ao fazer uso da prática tutelar dos trabalhadores (Bosi, 1996) — impactaram nas diversas dimensões necessárias para converter a avançada concepção de Seguridade Social estabelecida no texto constitucional de 1988 em práticas efetivas de reparação de injustiças sociais nos anos subsequentes.

Pela primeira vez, o ordenamento jurídico e político destinava ao Estado o papel central na elaboração de medidas de redução das desigualdades sociais. Entretanto, as expectativas criadas a respeito das políticas sociais no Brasil a partir dos anos 1990 não impediram o encontro com velhos paradigmas, modelos históricos ultrapassados e diretrizes conservadoras a respeito do enfrentamento das situações de privação material. As amarras do passado e o espírito conservador das práticas privadas de assistência que se arrastaram por séculos no Brasil continuariam influenciando a atuação do Estado no enfrentamento das consequências da "questão social", o que não afastaria de vez a fragilidade da Assistência Social e da Previdência Social de modo a transformá-la em instrumento que refletisse os valores republicanos e democráticos de garantia da dignidade humana.

Dessa forma, o sistema de proteção social brasileiro tem duas características marcantes. A primeira delas diz respeito ao atraso da estruturação desse sistema de proteção social. Ter se dado apenas nos últimos trinta anos traz consequências graves para a persistência de determinadas privações, inseguranças e riscos enfrentados pela população, uma vez que o índice de cobertura e alcance é ainda restrito. Em segundo lugar, a própria estrutura da sociedade demarcada por fatores históricos, econômicos e culturais faz de nossas respostas à materialização dos direitos sociais ainda frágeis diante de mazelas consideráveis de boa parte da população brasileira. Como consequência, as afirmações jurídicas da proteção social no Brasil inauguradas, sobretudo, na Constituição Federal de 1988 e, a partir delas, nas leis orgânicas e políticas nacionais subsequentes foram insuficientes. (Vaitsman; Andrade; Farias, 2009) Visto que a execução de políticas públicas que materializam direitos é dependente de ambientes políticos, econômicos e institucionais favoráveis, o que passa a variar de acordo com os fatores facilitadores.

Os anos 1990 no Brasil poderiam ser considerados como os anos da década perdida para as políticas sociais, uma vez que os ambientes econômicos e políticos não foram capazes de responder à altura das novidades trazidas pela Constituição de 1988. Os ajustes macroeconômicos conduzidos pelo governo federal na sequência da implantação do Plano Real trouxeram consequências graves para o financiamento e alcance das políticas sociais. O ideário neoliberal priorizou o corte de gastos em políticas sociais, destinando para o terceiro setor voluntariado e iniciativas espontâneas da sociedade a responsabilidade por enfrentar as consequências da pobreza e as manifestações das desigualdades sociais. (Montaño, 2002) A diminuição do papel do Estado para enfrentar as manifestações da "questão social" aprofundou ainda mais o quadro de intensas violações de direitos básicos da população brasileira. Apenas, a partir dos anos 2000, as políticas de Assistência Social, Previdência, Saúde, Educação, Habitação, Trabalho e Emprego, Mobilidade, dentre outras ganham novos aportes, principalmente aumento do financiamento e tecnicidade na gestão e operacionalização, o que se reverte em índices favoráveis à redução da pobreza no Brasil. Pela primeira vez, a desigualdade social cai de forma significativa, em que pese a manutenção das formas de concentração e acumulação de capital pelas elites econômicas.

Por sua vez, a cobertura previdenciária — dependente da melhoria dos indicadores do mercado formal de trabalho por seu caráter marcadamente securitário — apenas foi sentir os efeitos positivos do ambiente político e econômico mais favorável no final dos 2000, quando o mercado formal de trabalho teve um aumento significativo frente ao mercado informal. Em 2009, pela primeira vez o mercado de trabalho brasileiro foi composto por mais postos formais do que informais, o que traz impactos diretos para o aumento da cobertura previdenciária dos trabalhadores brasileiros. A Pesquisa Nacional por Amostra de Domicílio (Pnad) realizada pelo IBGE indicou que o Brasil tinha em 2009 54,3 milhões de trabalhadores (IBGE, 2009). Destes, 59,6% tinham carteira assinada, 28,2% eram informais e os 12,2% restantes eram militares ou funcionários públicos. Os números de trabalhadores formais batem recorde histórico, bem como o de informais, que em 2004 representavam 33,1% do total. (IBGE, 2009) A informalidade teve naquele ano 7,2 milhões de pessoas, dos quais 2 milhões ainda careciam de garantias trabalhistas. A capacidade para a universalização da proteção social via aumento da proteção previdenciária adquiriu maior vigor, ainda que não fosse capaz de alcançar a totalidade da população economicamente ativa do país.

Compreender tais cenários históricos e características da política social no Estado capitalista é importante para assentar os limites e possibilidades da proteção social brasileira e de forma específica da política de Previdência Social. Se o Estado passou a mediar de forma mais atuante o atendimento das necessidades básicas da população apenas com a Constituição Federal de 1988, não se pode esquecer dos entraves colocados pelo ambiente político-econômico responsável por aumentar ou não a cobertura das políticas de proteção social ao normatizá-las, incentivá-las, financiá-las e expandi-las. Nesse sentido, as análises que aqui fazemos da política de Previdência e, por vezes relacionadas com as da política de Assistência Social e seus traços históricos e contemporâneos, dão conta do perfil da rede de proteção social no país. Para o caso da proteção previdenciária, essa característica é ainda mais presente por ser tão dependente do comportamento do mercado de trabalho como condição para expansão da cobertura previdenciária. Dados recentes dão conta dessa dimensão: no ano de 2015, novamente a quantidade de brasileiros no mercado informal de trabalho ultrapassou a quantidade do regime formal, o que reatualiza os constantes desafios para a universalização da proteção social brasileira. Além disso, o desmonte da política de assistência social tardiamente montada no país agrava ainda mais o cenário de desproteção social.

Direitos Humanos como uma alegação ética e política para superar desigualdades: a contribuição da previdência social

José Geraldo de Sousa Júnior compreende os Direitos Humanos como lutas sociais concretas da experiência de humanização. (Sousa Júnior, 2000) Eles podem ser compreendidos, em síntese, como o ensaio de positivação da liberdade conscientizada e conquistada no processo de criação das sociedades, na trajetória emancipatória do homem (Sousa Júnior, 2000). Afirmar os Direitos Humanos nessa perspectiva é direcionar a sociedade para o esforço de garantir um conjunto de liberdades a todos os indivíduos apenas pelo fato de serem humanos.

A Declaração Universal dos Direitos Humanos de 1948 traz um rol dos seguintes Direitos Humanos: direito à vida, à liberdade, à segurança pessoal, viver livre de escravidão, tortura, maus-tratos e penas cruéis, degradantes ou desumanas; direito ao reconhecimento da personalidade jurídica; igualdade perante a lei sem nenhuma distinção; direito à presunção da inocência; direito à julgamento público por tribunal independente e imparcial; direito à defesa; proteção à privacidade; direito à inviolabilidade do lar; direito de proteção à honra e reputação; direito à livre circulação e de escolher o domicílio; direito de deixar e regressar ao país de origem; direito à nacionalidade; direito ao casamento e de constituir família; direito à propriedade; direito à liberdade de pensamento, à liberdade religiosa, à liberdade de opinião e de expressão; liberdade de reunião e de associações pacíficas; direito a tomar parte e fundar negócios; acesso às funções públicas do país; direito à liberdade de voto e sufrágio universal;

direito à segurança social e poder legitimamente exigir a satisfação dos direitos econômicos, sociais e culturais indispensáveis, graças ao esforço nacional e à cooperação internacional, de harmonia com a organização e os recursos de cada país; direito ao trabalho; direito ao igual salário; direito à proteção contra o desemprego; remuneração que permite a satisfação da existência em conformidade com a dignidade e complementada por outros meios de proteção social; direito a um nível de vida suficiente para assegurar a cada pessoa e à sua família a saúde e o bem-estar, principalmente quanto à alimentação, ao vestuário, ao alojamento, à assistência médica e ainda quanto aos serviços sociais necessários, e direito à segurança no desemprego, na doença, na invalidez, na viuvez, na velhice ou noutros casos de perda de meios de subsistência por circunstâncias independentes da sua vontade; direito a fundar e filiar a sindicato; direito ao lazer; direito de assistências especiais na maternidade e infância; direito à educação; direito à cultura e aos benefícios do progresso científico (ONU, 1945).

Para os temas aqui tratados, ressalta-se principalmente os direitos e garantias assinalados nos arts. 22, 23 e 25 da Declaração Universal em que se assinala a segurança social e proteção social, incluindo os direitos sociais, econômicos, direito ao trabalho, serviços sociais e os meios que garantam o bem-estar social, inclusive acesso à saúde, proteção contra desemprego, salários justos e políticas complementares de proteção social que permitam um exercício pleno dos direitos em conformidade com a dignidade humana. São sobre esses que recaem a proteção dos direitos previdenciários. É a partir desses Direitos Humanos garantidos que o sistema de proteção social brasileiro necessita avançar para fazer valer tais prerrogativas pactuadas no âmbito internacional.

A força dos Direitos Humanos, enquanto uma formulação capaz de reivindicar proteções a liberdades e garantias básicas a todas as pessoas, não reside meramente no seu aspecto formal ou jurídico. Essa compreensão poderia abrir brechas a uma interpretação de que os Direitos Humanos apenas deslocam mais uma vez a discussão de realização concreta do exercício das liberdades e da garantia da dignidade a todas as pessoas. É comum a formalidade dos Direitos Humanos passar uma impressão para o imaginário social de ser apenas mais um deslocamento retórico de justificações para garantias básicas que nunca se concretizam, principalmente quando se fala em sociedades demarcadas por injustiças sociais e desigualdades socioeconômicas, como é o caso brasileiro. Além disso, como alertam Escrivão Filho e Souza Júnior (2016) é crescentemente verificada uma despolitização dos Direitos Humanos, traduzindo-os apenas como procedimentos interpretados por técnicos e especialistas, eliminando-se, assim, a sua dimensão combativa, libertadora e de luta instituinte popular, própria dos movimentos sociais que exercitam poderes soberanos de luta por direitos em face de contextos de dominação, exploração e discriminação.

Tanto Thomas Humphrey Marshall quanto Norberto Bobbio difundiram ideias ao redor do mundo ao terem criado classificações hierarquizadas para os Direitos Humanos sobre as quais uma série de incompreensões têm surgido. (Marshall, 1967; Bobbio, 1992) Ao disseminar o surgimento dos direitos civis, políticos e econômico-sociais em uma espécie de "geração dos direitos" situados historicamente e determinados por contextos específicos, acabaram por difundir a impressão equivocada de uma ordem de preponderância na efetivação de tais direitos. Até mesmo colocando uns como mais importantes do que outros para serem efetivados. (Filho; Sousa Júnior, 2016) Nesse sentido, os direitos sociais e econômicos são os mais prejudicados, principalmente pela alegação de serem os últimos a terem surgido no rol dos direitos básicos a serem afiançados a todas as pessoas em todos os países.

Foi longa, por exemplo, a trajetória para que o direito a viver livre da pobreza fosse um direito humano elencado no rol dos direitos sociais e econômicos. Somente com a Declaração Universal dos Direitos Humanos, em 1948, foram afiançadas as proteções contra as privações materiais desvinculadas da lógica da incapacidade para o trabalho, ou seja, como direito de todas as pessoas. Se os Direitos Humanos têm como um dos marcos principais a Declaração de Independência dos

Estados Unidos e depois com a Declaração dos Direitos do Homem da Revolução Francesa, ambas no século XVIII, foi apenas no século XX que o direito humano de acesso à riqueza socialmente produzida alcança o patamar de direito de todos.

Pela primeira vez, em 1948, um ordenamento jurídico internacional estabeleceu os direitos ao seguro social e aos bens econômicos, sociais e culturais indispensáveis à dignidade de cada pessoa e ao livre desenvolvimento de sua personalidade, além das proteções contra o desemprego e do direito à alimentação, vestuário, habitação e cuidados médicos. Paralelamente à Declaração Universal dos Direitos Humanos, ocorriam na Inglaterra medidas amplas de orientações ao papel dos governos na promoção de bem-estar social, conhecidas como o Plano Beveridge, ou modelo beveridgiano. Esse plano estabeleceu como direitos universais o acesso à saúde, à educação, a políticas previdenciárias amplas e a políticas de combate à pobreza vinculadas à lógica da cidadania. (Pereira, 2008) Enfim, a partir de meados do século XX, ganhou força a perspectiva de combate à pobreza independentemente da participação dos indivíduos no mercado de trabalho.

Antônio Augusto Cançado Trindade (2004) chama atenção ainda para o fato de que a compreensão da "geração dos direitos" é prejudicial não só pelo enfraquecimento dos Direitos Humanos, por ser limitada apenas à realidade Europeia, mas é principalmente prejudicial também por não reconhecer as disparidades entre os métodos de implantação dos mesmos, em que os direitos civis e políticos são mais facilmente defendidos, implantados e expandidos e os direitos econômicos, sociais e culturais carecem de implementação. Isso ocorre inclusive sob a falsa justificativa de que os direitos sociais e econômicos envolveriam vultuosos orçamentos públicos para serem executados, como se a garantia dos direitos eleitorais, segurança pública, acesso à justiça, dentre outros direitos civis e políticos, também não os envolvesse (Filho; Sousa Júnior, 2016).

Para enfrentar tal dicotomia, Filho e Sousa Júnior (2016) argumentam que apenas via garantia da *indivisibilidad*e, *interdependência* e *integralidade* dos Direitos Humanos os Estados Parte que compõem as Nações Unidas têm condições de materializar, política e institucionalmente, todos os Direitos Humanos a seus cidadãos e cidadãs (Filho; Sousa Júnior, 2016). A realidade concreta dos países — intermediada por fatores econômicos, políticos e culturais — varia e essa diversidade é responsável pela concretização difusa dos Direitos Humanos nas mais diversas realidades dos países. Segundo os autores, indivisibilidade é a noção de que os Direitos Humanos estão intimamente ligados entre si no cotidiano das relações sociais. Isso requer os esforços dos governos atuando de forma a garantir o conjunto dos Direitos Humanos e não priorizando uns em função de outros. A noção de interdependência dos Direitos Humanos afirma que eles não estão só ligados entre si, mas uma perspectiva de verificar que a efetivação de um direito é condição para a realização de outros correlatos e os vários direitos nas declarações internacionais dão suporte uns aos outros, fortalecendo-os. (Filho; Sousa Júnior, 2016) Por sua vez, a perspectiva de integralidade dos Direitos Humanos significa que eles devem ser socialmente exigidos, institucionalmente reconhecidos e amplamente garantidos em sua totalidade. É uma forma de não aceitar o discurso ou justificativa da impossibilidade material de efetivar ou outro daqueles elencados entre o rol dos Direitos Humanos. (Filho; Sousa Júnior, 2016) Essa concepção de integralidade dos Direitos Humanos se aproxima de forma importante da compreensão das políticas sociais em sua natureza contraditória e o modo como a integralidade das ações, políticas e serviços visa atenuar tais lacunas inevitavelmente existentes entre as políticas públicas que têm, entre suas funções, a concretização dos Direitos Humanos.

É neste contexto que figura, cada vez mais urgente, a necessidade de assentar o acesso à Previdência Social como um direito humano. Ter direito às políticas, benefícios e serviços previdenciários é uma garantia para fazer valer o acesso não só aos direitos sociais e econômicos, mas acaba por figurar como uma condição para o exercício dos outros Direitos Humanos, como os direitos civis e políticos. É fácil vislumbrar que a segurança de renda, acesso à saúde, serviços sociais que materializam o bem-estar social, acesso à educação, dentre outros, estão diretamente relacionados à ampliação das possibilidades concretas para o exercício dos direitos políticos e civis, como exercer o voto, ter acesso à justiça e à liberdade de expressão, por exemplo. Nesse sentido, os Direitos Humanos figuram como um importante mecanismo de enfrentamento do *status quo* da sociedade que replica e estrutura desigualdades. Por outro lado, os Direitos Humanos acabam funcionando como uma construção coletiva importante e como um instrumento político para direcionar as lutas que buscam materializar cidadania e dignidade.

Reflexões finais: acesso à seguridade social como direito humano — longo caminho

A Seguridade Social brasileira assinalada na Constituição Federal de 1988 inaugurou pelo menos três novidades principais, com potencial para se transformar em um instrumento garantidor dos Direitos Humanos. A primeira delas foi o caráter universalizante. Isto é, a Saúde para todas as pessoas, a Previdência Social para os contribuintes e a Assistência Social para quem dela necessitar criaram possibilidades para as garantias previstas nos arts. 22, 23 e 25 da Declaração Universal dos Direitos Humanos e, junto das previsões constitucionais para o orçamento, tal garantia se torna mais próxima da concretude. (Salvador, 2010) Em segundo lugar, foi a ampliação da proteção social para além dos trabalhadores e seus dependentes, incluindo aqui a política de Saúde e de Assistência Social para todas as pessoas. O padrão anterior de proteção social, com perspectiva limitada, deixava um enorme contingente da população brasileira desprovida de todos os meios necessários à subsistência. Principalmente, o padrão de proteção da tutela dos trabalhadores inviabilizava a compreensão da responsabilidade do Estado em prover os direitos sociais e econômicos como proteção à dignidade humana, e assim, caminhar em direção à proteção dos Direitos Humanos pela estruturação do sistema de proteção social a toda a população. Por isso, a clivagem entre Assistência Social e Previdência antes da Constituição de 1988 era tão marcante, ao ponto de não se vincularem com a responsabilidade pública de governos e sociedade em combater as desigualdades e privações. (Boschetti, 2006) Por fim, duas outras características marcantes e interligadas do sistema de proteção social brasileiro seria: 1. a descentralização, com responsabilidade da União, estados e municípios na consecução dos objetivos a serem alcançados e enfrentar as enormes disparidades entre as realidades brasileiras e 2. junto à possibilidade de controle social democrático que permite um acompanhamento constante e frutífero da sociedade frente aos rumos das políticas a serem adotadas, via conselho de direitos e outras formas de participação social da população no acompanhamento da implantação das políticas.

Esse perfil de proteção social cria possibilidades para que a Seguridade Social, de modo geral, e a Previdência Social, de modo particular, sejam instrumentos para materializar os Direitos Humanos. A compreensão da natureza contraditória das políticas sociais e do seu caráter limitado para proteção integral dos indivíduos encontra na intersetorialidade entre as políticas uma alternativa para superar as limitações intrínsecas das políticas de Seguridade Social, por exemplo. (Pereira, 2014) Por sua vez, os princípios da indivisibilidade, interdependência e integralidade na implantação dos Direitos Humanos (Filho; Sousa Júnior, 2016) é a alternativa para escapar de formalismos e da implantação residual de uma parte dos Direitos Humanos. Essas duas perspectivas, uma sobre as políticas sociais e outra sobre os Direitos Humanos, são fundamentais para que a alegação ética e política sobre os direitos fundamentais a todas as pessoas não passe de retórica e formalismos iluministas. De forma específica, a noção da integralidade dos Direitos Humanos "vem dar suporte político para a luta pelos Direitos Humanos, na medida em que traduz em exigibilidade as categorias de indivisibilidade e interdependência. (Filho; Sousa Júnior, 2016, p. 43) Só assim as políticas sociais da Seguridade

Social conseguem dialogar com a ampliação da garantia dos Direitos Humanos.

A recuperação histórica e das contradições das ações da assistência e da previdência antes da Constituição de 1988 na primeira seção deste capítulo tiveram o objetivo de assinalar a longa trajetória de conformação desses direitos e o modo como suas características forjadas pelo tempo ainda estão presentes no cotidiano atual. Além disso, as políticas sociais como dependentes de fatores políticos e econômicos favoráveis à sua implantação e expansão dificultam as inovações trazidas pelo sistema de proteção social brasileiro na Constituição Federal de 1988. Prova disso, são os sofridos pelas políticas sociais na década de 1990, e, sobretudo, as ofensivas no sistema de Seguridade Social pós-impeachment da Presidente Dilma Rousseff em 2016. Esse cenário foi emblemático para a Previdência Social pela proposta da contrarreforma ensejada na PEC n. 287 de 2016 e a reforma trabalhista efetivada em 2017, trazendo perdas e retrocessos para os direitos sociais da classe trabalhadora.

Como processo histórico natural, os Direitos Humanos carecem de reformulação e aperfeiçoamento contínuos, assim como todos os processos constituintes das relações sociais. Para Joaquín Herrera Flores, é urgente uma reinvenção dos Direitos Humanos, "enquanto premissa teórica apta a sustentar a abertura de processos de luta pela dignidade humana e enquanto premissa política, apta a orientar projetos de sociedade, originados de práticas sociais que aspirem a se realizar social e institucionalmente". (Flores, 2008; p. 14) Para o caso brasileiro, é crucial tal perspectiva uma vez que as novidades trazidas com a Seguridade Social, no bojo dos avanços institucionais e jurídicos das afirmações constitucionais no final dos anos 1980, não foram capazes de se converter em mudanças concretas na realidade da população que tem seus Direitos Humanos violados cotidianamente. Por seu turno, o arcabouço normativo de exigibilidade e justiciabilidade dos Direitos Humanos alcançou patamares significativos no Brasil seja em sua vinculação em âmbito internacional, seja na região dos Estados Americanos (Filho; Sousa Júnior, 2016).

Filho e Sousa Júnior (2016) ainda concluem que os Direitos Humanos não devem existir em um mundo ideal, naturalizado e formal. Mas, principalmente, o conjunto dos direitos deve ser colocado em prática por meio de uma ação social voltada para um projeto de construção de realidade, isto é, tendo como referência que os Direitos Humanos não podem ser entendidos separadamente do contexto político e também econômico em que dão sustentação. (Filho; Sousa Júnior, 2016) É sintomática tal afirmação para o momento da realidade brasileira em que as aparentemente insuperáveis consequências da crise política, econômica e institucional parecem exigir de forma cada vez mais urgente um projeto societário que refunde as possibilidades de reconquista da democracia e da cidadania. Um projeto societário que prime pelos Direitos Humanos talvez seja a única alternativa viável para redirecionar as possibilidades de reconstruir um país para todos, cuja função precípua seja reafirmar o já disposto na Constituição em defesa da dignidade de todos, como pré-condição para superar nossas históricas marcas da opressão, discriminação, injustiças e desigualdades.

Referências

ARANTES, Esther Maria de Magalhães. Os rostos da criança no Brasil. *In:* PILOTI, Francisco; RIZZINI, Irene (org.). *A arte de governar crianças*: a história das políticas sociais, da legislação e da assistência à infância no Brasil. Rio de Janeiro: Instituto Interamericano del Niño; Editora Universitária Santa Úrsula; Amais Livraria e Editora, 1995.

BOBBIO, Norberto. *A era dos direitos*. Rio de Janeiro: Campus, 1982.

BOSCHETTI, Ivanete. *Seguridade social e trabalho*: paradoxos na construção das políticas de previdência e assistência social no Brasil. Brasília: Letras Livres; Editora da UnB, 2006.

BOSI, Alfredo. *Dialética da colonização*. 4. ed. São Paulo: Cia. das Letras, 1996.

CASTEL, Robert. *A insegurança social*: o que é ser protegido? Petrópolis: Vozes, 2005.

CASTEL, Robert. *As metamorfoses da "questão social"*: uma crônica do salário. Tradução de Iraci Poleti. 5. ed. Petrópolis: Vozes, 1995.

COSTA, Jurandir Freire. *Ordem médica e norma familiar.* Rio de Janeiro: Graal, 1979.

DI GIOVANNI, Geraldo. Sistemas de proteção social: uma introdução conceitual. *In: Reforma do Estado e políticas de emprego no Brasil.* Campinas: Editora Unicamp, 1998.

DRAIBE, Sônia; AURELIANO, Liana. A especificidade do *Welfare State* brasileiro. *In:* MPAS/CEPAL. *Economia e desenvolvimento*, n. 3. Brasília, 1989. p. 120-178. (Item II: A Historicidade da Política Social Brasileira).

FAORO, Raymundo. *República inacabada.* Rio de Janeiro: Globo, 2007.

FILHO, Antônio Escrivão; SOUSA JÚNIOR, José Geraldo de. *Para um debate teórico-conceitual e político sobre os Direitos Humanos.* Belo Horizonte: Editora D'Plácido, 2016.

FLORES, Joaquín Herrera. *La reinvención de los derechos humanos.* Colección Ensayando. Andalucia: Atrapasueños, 2008.

LOBO, Lilia Ferreira. *Os infames da história*: pobres, escravos e deficientes no Brasil. Rio de Janeiro: Lamparina, 2008.

MARSHALL, T. H. *Cidadania, Classe Social e* Status. Rio de Janeiro: Zahar Editores, 1967.

MONTAÑO, Carlos. *Terceiro setor e "questão social"*: crítica ao padrão emergente de intervenção social. São Paulo: Cortez Editora, 2002.

ORGANIZAÇÃO DAS NAÇÕES UNIDAS. *Declaração Universal dos Direitos Humanos.* Disponível em: https://nacoesunidas.org/direitoshumanos/declaracao/. Acesso em: 12 maio 2018.

PEREIRA, Potyara. *Política social*: temas e questões. São Paulo: Cortez Editora, 2008.

PEREIRA, Potyara. A intersetorialidade das políticas sociais na perspectiva dialética. *In:* MONNERAT, Giselle; ALMEIDA, Ney Luiz Teixeira; SOUZA, Rosimary Gonçalves. *A intersetorialidade na agenda das políticas sociais.* Campinas: Papel Social, 2014.

RIOS, Roger Raupp; SANTOS, Wederson. Diversidade sexual, educação e sociedade: reflexões a partir do Programa Nacional do Livro Didático. *Revista Psicologia Política*, v. 8, p. 325-344, 2008.

RUBIO, David Sánchez. *Encantos e desencantos dos Direitos Humanos:* de emancipações, libertações e dominações. Tradução de Ivone Morcilho Lixa e Helena Henkin. Porto Alegre: Editora Livraria do Advogado, 2014.

SALVADOR, Evilásio. *Fundo público e seguridade social*. São Paulo: Cortez Editora, 2010.

SANTOS, Wanderley Guilherme dos. *Cidadania e justiça*: a política social na ordem brasileira. Rio de Janeiro: Campos, 1979.

SILVA, Maria Lúcia Lopes. *(Des)estruturação do trabalho e condições para a universalização da previdência social no Brasil*. Tese (Doutorado em Política Social) — Universidade de Brasília, Brasília, 2011.

SOUSA JÚNIOR, José Geraldo. Discurso social e cidadania: movimento social e práticas instituintes de direito (ética e Direitos Humanos). *In: Revista Ethos*. Brasília: Sociedade de Estudos e Pesquisas éticas de Brasília — SEPEB, 2000. p. 171-190.

TRINDADE, Antônio Augusto Cançado. Dilemas e desafios da proteção internacional dos Direitos Humanos. *In:* SOUSA JÚNIOR, José Geraldo; SOUSA, Nair Heloisa Bicalho *et al.* (org.). *Educando para os Direitos Humanos*: pautas pedagógicas para a cidadania na universidade. Porto Alegre: Editora Síntese, 2004.

VAITSMAN, Jeni; ANDRADE, Gabriela Rieveres Borges de; FARIAS, Luis Otávio. Proteção social no Brasil: o que mudou na Assistência Social após a Constituição de 1988. *Revista Ciênc. saúde coletiva* [online]. 2009, v. 14, n. 3 [cited 2018-05-12], p. 731-741.

Assistência Social e o SUAS nas encruzilhadas da Democracia e dos Direitos

Renato Francisco dos Santos Paula

No final dos anos 1990 Berenice Rojas Couto nos colocava a seguinte questão: *O Direito Social e a Assistência Social na sociedade brasileira é uma equação possível?* Naquela ocasião, em forma de tese de doutoramento e posteriormente em livro, a autora nos mostrava que as possibilidades trazidas pela Constituição Federal de 1988 e posteriormente pela Lei Orgânica da Assistência Social (LOAS) em 1993 poderiam provocar a elevação necessária da Assistência Social ao campo dos direitos sociais no Brasil. Couto estava certa ao identificar os novos parâmetros sociopolíticos e jurídicos que emergiam e que levaram — como se verificou no futuro — ao reconhecimento da assistência social como política pública com o advento do Sistema Único de Assistência Social, o SUAS, a partir de 2005. Mas o que também verificamos, em realidade, foi a realização de apenas uma parte das possibilidades levantadas, já que as garantias efetivas para o enraizamento da assistência social como direito social dependiam e dependem de muitos outros fatores que vão para além de uma legislação avançada e de novos mecanismos de gestão. Desse modo, mesmo com o SUAS a transição da assistência social para o campo dos direitos sociais não se concluiu, e, ainda pior, o pouco que se conquistou está sendo suplantado pela reposição do ultraliberalismo conservador (a redundância não é ingênua) que ascendeu com força no Brasil a partir do golpe de Estado de 2016 e se consolidou com as eleições de outubro de 2018.

Todo esse processo nos ratifica algo que parece evidente aos estudiosos da política social, mas que nem sempre se mostra a olho nu: o grau de desenvolvimento, efetividade e a lógica da prestação de serviços de uma política pública estão diretamente relacionados ao grau de democracia e da noção de direitos que a sociedade é capaz de encampar em determinados momentos históricos, evidentemente como resultado da força das lutas sociais. Com isso, verificamos que a assistência social e o SUAS têm sido ao longo destes últimos 20 anos objeto de discussões acaloradas entre e intragrupos sociais distintos.

Dentre os grupos sociais vinculados ao ideário neoliberal e neo-conservador destacam-se aqueles que desconsideram qualquer pos-sibilidade estatal de prestação de serviços assistenciais. Em seu lugar defendem as práticas confessionais para as quais a assistência social é sinônimo de abnegação e caridade. Nesse mesmo grupo, há os que identificam a assistência social com ação social voluntária (laica e/ou religiosa) prestada por particulares individuais ou por empresas privadas que se autoimpõem o invólucro da "responsabilidade social". Essas duas tendências, por vezes, se misturam, no entanto, o que fica evidente é o entendimento que elas têm em comum de que o poder público estatal não deve ocupar-se desse campo de ação, uma vez que as vicissitudes identificadas como demandas para a assistência não são originárias da e na formação social vigente ou pelo modo como a sociedade estabelece suas relações, mas sim devido a infortúnios pessoais ou privações momentâneas geradas pela incapacidade dos cidadãos responderem às suas próprias necessidades.

Tendências que antes eram menos expressivas, mas que estão se tornando hegemônicas no contexto do neofascismo brasileiro[1] também são encontradas entre os defensores do neoliberalismo e do *laissez-faire*, como, por exemplo, aqueles que defendem que a função do Estado no tocante aos serviços assistenciais se restringe à orientação geral e ao financiamento (mínimo) dos serviços prestados por uma rede de natureza privada (também com o mínimo de regulação). O fato é que todas as tendências no escopo do neoconservadorismo (e do neoliberalismo atual) não dependem necessariamente dos estatutos da democracia e, menos ainda, requisitam o *status* de direito para suas ações.

De outro campo sociopolítico emergem noções e tendências que se vinculam ao que se conhece como "social-democracia" — que no Brasil adquire contornos bastante distintos da sua origem clássica — e um pouco mais "à esquerda" surgem posições que criticam tanto as noções (neo)liberais quanto as sociais-democratas.

A perspectiva social-democrata clássica foi responsável por elevar os padrões de vida de inúmeros países, a maioria do centro e do norte da Europa, justamente no momento onde o desenvolvimento capitalista apresentava fortes sinais de desgaste provocando e agudizando uma de suas maiores crises estruturais. A capacidade do sistema reprodutor de mercadorias e suas formas de acumulação baseadas na superexploração da força de trabalho pareciam estar próximas do seu fim. Como alternativa, o *Welfare-State*, ou Estado de Bem-Estar Social, como se traduziu para a língua portuguesa, ampliou a ação dos Estados na área social, intervindo na economia, gerando empregos e (re)distribuindo rendas. O padrão de proteção social do

---

1. Referimo-nos à conjuntura iniciada a partir de 2013 em que as crises sociais, econômicas e políticas expuseram de modo incisivo as fragilidades do governo de Dilma Rousseff, incidindo no golpe de Estado de 2016 e se consolidando em 2018 com a eleição de Jair Bolsonaro à Presidência da República. Para maior clareza desse tema, sugerimos o conteúdo disponível em: https://www.youtube.com/watch?v=-k3ER5BCZf0 sob o título: "Regimes de Força, Ditaduras e Fascismo na História", em nosso canal da plataforma Youtube.

Welfare State foi construído não apenas como uma resposta à crise do padrão de acumulação capitalista vigente à época, mas significou, em muitos aspectos, uma ressignificação dos sentidos de cidadania, colocando na agenda pública desses países a ideia da proteção social como direito dos cidadãos e dever dos Estados e em muitos casos integrando-a à agenda dos Direitos Humanos. Nesse caso, embora a assistência social figure como direito social constitucionalmente garantido em poucos desses países, um *mix* de garantias sociais passa a propiciar o atendimento às necessidades básicas e fundamentais dos cidadãos, dentre as quais é perceptível a presença de ações que podem ser caracterizadas como sendo afetas ao campo de uma política de assistência social.

Há, por outro lado, críticas a tal produto histórico. Alguns críticos apontam os limites dos padrões de proteção social do *Welfare State* por não terem promovido mudanças de relevo nas estruturas das formas de propriedade, e outros críticos mais contundentes apontam o *Welfare State* como mais uma das farsas do capital quando, ao atender necessidades de reprodução social da classe trabalhadora, mascara a permanência da subordinação do trabalho ao capital, obstaculizando tanto a aquisição de uma consciência de classe quanto a revelação da própria natureza classista das políticas que opera, consolidando, assim, as tendências contrarrevolucionárias da política social.

O fato é que no Brasil nenhuma das tendências elencadas se apresenta de modo isolado ou de modo "ideologicamente" puro. Um estudo simples sobre a formação social, econômica, política e cultural do país seria suficiente para explicitar que, dentre as nossas particularidades de constituição originárias, está um complexo sincretismo entre as marcas do colonialismo e o desejo de "emancipação". Isso explica não apenas o modo peculiar de formação das nossas classes sociais como explica também o modo como nos relacionamos com a esfera pública, com o Estado em particular, e, por fim, como vemos e entendemos as políticas públicas (e/ou sociais) que deveriam pautar o cotidiano de nossas relações na ordem vigente.

As implicações desse sincretismo no desenvolvimento histórico da assistência social a aprisionam até os dias atuais no trânsito inconcluso entre o direito social e o filantropismo, do mesmo modo que tal sincretismo impõe para a sociedade uma dialética de avanços e recuos entre democracia e autoritarismo. Assim, este pequeno texto não tem a pretensão de resolver essas complexas questões. O que pretendemos é problematizar, em tons de atualização, a questão levantada por Couto nos anos 1990 que indagava sobre as possibilidades de a assistência social ser definitivamente reconhecida como direito social e não apenas como ação descomprometida feita pela sociedade ou por governos. Fazemos isso plenamente conscientes dos limites dos direitos, da política e da democracia nas sociedades capitalistas, sem nenhuma ingenuidade ou ilusão, ao contrário, fazemos isso cientes das filiações teórico-políticas dessas categorias e seus desdobramentos e consequências. Desse modo, este capítulo trará, além desta introdução, a primeira seção que busca resgatar as origens dialeticamente contraditórias das matrizes teóricas e políticas que sustentam a noção de direitos e de democracia.

A segunda seção demonstra como as disputas em torno da Assistência Social se pautam pela sua imprecisão conceitual, técnica e política, fazendo com que, de um lado, os grupos conservadores se beneficiem dessa imprecisão e, por outro, que os segmentos progressistas não consigam capilarizar o entendimento da Assistência Social como direito social público. Demonstra que o SUAS é um avanço nesse sentido, mas insuficiente para alterar sozinho as marcas constitutivas da nossa formação sócio-histórica conservadora.

Na terceira seção exploramos hipóteses que podem contribuir na compreensão das dificuldades que fazem da Assistência Social esse arenoso campo de disputas e elencamos os elementos presentes no SUAS que servem de suporte à estruturação da Assistência Social como direito. Na quarta seção, os desafios da Assistência Social e do SUAS são elencados, abrindo espaço para a "conclusão" de que há ainda muito a ser conquistado.

O Direito a ter direitos e a armadilha da desigualdade produtiva

Sabemos que as políticas públicas (e sociais) são construções históricas e que sua configuração está diretamente vinculada ao movimento das forças sociais que estão postas em relação em dado momento histórico. Essas forças sociais representam perspectivas que, via de regra, informam os interesses imediatos dos grupos aos quais seus representantes se vinculam e por extensão (ainda que não de modo linear e automático) carregam a visão de mundo desses, consubstanciada em paradigmas que sustentam os projetos societários que defendem. Em outros termos, poderíamos dizer que as lutas sociais em torno das políticas públicas informam tanto o interesse individual imediato dos componentes de um grupo social quanto refletem os interesses de longo prazo que ditam as regras de como a sociedade deveria ser em forma e conteúdo.

Evidente que esse movimento não se limita as políticas públicas. A disputa de interesses imediatos e de longo prazo também se reflete nas tensões em torno dos valores, da cultura, dos costumes, das ideologias e, desse modo, também se faz presente no clássico antagonismo histórico entre liberdades e opressões, ou, como afirmou Vieira:

> A sociedade capitalista [mas não só ela][2] tem sido pródiga de ideologias a respeito do conflito entre liberdade e autoridade. Em qualquer sociedade historicamente moderna sempre ficou consignado o antagonismo entre homem e Estado: o homem em busca da conservação da sua vontade e o Estado pretendendo a uniformidade das vontades humanas e a confirmação incontrastável da sua força institucional. (Vieira, 2016, p. 153)

Ocorre que durante o processo de desenvolvimento da sociedade humana, marcado por lutas de maior ou menor escala entre

---

2. Destaque nosso.

grupos de interesses, os homens construíram alguns consensos que tiveram e têm por finalidade impor limites à busca incessante e por vezes irracional pelo poder, o que seria razoável e até civilizatório, mas, a história prova que essas tentativas sempre significaram mais opressões do que liberdades e, ao final, esses limites acabam por se constituir como uma forma de legitimação de opressões sob o signo da autoridade, sendo que o capitalismo apresentará, dentre todas as formações sociais antecedentes, a forma mais complexa de subsunção da liberdade a opressão.

De acordo com a tradição *jusnaturalista* — que antecede o capitalismo tal qual o conhecemos — esses limites são impostos pela presença de um poder soberano cuja função essencial é garantir "contratualmente" que os homens não se destruam uns aos outros. Denominado "Estado", esse poder soberano não é constituído de modo "neutro" nem harmoniza parcimoniosamente a disputa gananciosa pelo poder. Ao contrário, cada um dos intelectuais mais visitados dessa tradição imputa ao Estado o caráter de soberania que lhe convém.

O Estado-Leviatã de Hobbes, por exemplo, possui soberania plena, isto é, os homens, ao se alienarem de seus "direitos naturais" em favor do Estado, acabam por abrir mão de toda e qualquer decisão sobre suas vidas individuais. O Estado que nasce desse processo assume as feições absolutistas e a preservação individual da vida justifica todo e qualquer tipo de opressão que o "Soberano" possa propor ou praticar.

> Portanto, as proposições de Hobbes estão pautadas no individualismo em que se encontram os homens em estado de natureza. Suas deduções são hipoteticamente lógicas e não históricas e remetem à defesa do poder monárquico absolutista. (Paula, 2016, p. 78)

Em Locke, outro proeminente contratualista, encontramos a superação do estado de natureza com a criação do Estado, o que pressupõe um contrato onde a preservação da propriedade privada se torna um meio e um fim em si mesmo, o que o leva a inaugurar a ineliminável função do Estado moderno de cariz burguês em agir como agente de interesses econômicos das classes dominantes. Locke é reconhecidamente uma referência do liberalismo político clássico (Paula, 2016; McPherson, 1979), segundo o qual a noção de liberdade se vincula à de propriedade.

> Percebemos nas formulações de Locke a nítida influência das relações mercantis de seu tempo. A tendência crescente ao trabalho livre e a expansão dos mercados são características que, fundadas também num contrato entre classes, transfundem-se para sua noção de Estado e passam a ser referência para a democracia liberal burguesa. (Paula, 2016, p. 79)

Sobrepõem-se nesse contexto as relações mercantis sobre quaisquer outras formas de sociabilidade, sobretudo, após a experiência da Revolução de 1688 que promoveu o ocaso do absolutismo na Inglaterra instaurando a Monarquia Parlamentar e a *Bill of Rights* (Declaração de Direitos), em 1689, que consolidava a preponderância do Parlamento na administração do Estado limitando os poderes Reais e impulsionando a economia burguesa.

> A relação entre propriedade e liberdade é a raiz da sociabilidade pensada por Locke, na qual todas as esferas da vida social passam a ser regidas por contratos garantidores de liberdade econômica: o trabalho, as heranças, o casamento etc. Portanto, mesmo o Estado tendo poderes coercitivos, a soberania está no contrato social, e, de modo indireto, nos indivíduos, pois esses são portadores de direitos individuais, o que os eleva à condição de cidadãos e não mais súditos. Evidencia-se, ainda em Locke, a distinção entre público (Estado ou sociedade política) e privado (mercado ou sociedade civil), porém inter-relacionados e com nítida direção social dada pelo segundo sobre o primeiro. (Paula, 2016, p. 80)

Já em Rousseau destaca-se o protagonismo das decisões coletivas das Assembleias e tanto a ideia de igualdade quanto a de República (e de democracia) adquirem um novo sentido.

Quanto às democracias, a obra de Jean-Jacques Rousseau (1712-1778) constitui o incessante manancial ao qual forçosamente se tem de recorrer. Seus escritos, mais do que guias das democracias, fazem ver a concepção democrática de mundo, com suas demarcações, sua complexidade e suas vicissitudes, de modo particular no "Discurso sobre a origem e os fundamentos da desigualdade entre os homens" (1755) e no "Do contrato social" (1757). Diferente da ideologia do terceiro estado na Revolução Francesa de 1789, que se opõe à tirania dos reis, Rousseau sempre é contrário à tirania em si, ao propor a liberdade dos homens, independente de tempo e lugar. Inicia o Discurso sobre a origem da desigualdade (...) afirmando: "É do Homem que devo falar (...). (Vieira, 2016, p. 153-154)

Rousseau, assim como os demais *jusnaturalistas*, admite a existência do estado de natureza e sua superação com a edificação do Estado em ato recíproco ao advento da sociedade civil, contudo, difere radicalmente deles quando identifica a desigualdade como uma característica iníqua do pacto social, portanto o pacto vigente seria ilegítimo por se estruturar sob uma égide de apartações sociais. Assim, propõe um pacto diferente, capaz de assegurar uma ordem igualitária baseada no interesse comum. A liberdade, nesse sentido, seria associada à autonomia e com isso estaria assegurada, de modo ideal, a superação da oposição entre Estado político e sociedade civil através da Vontade Geral. Daí decorreriam as possibilidades de exercício de um poder popular.

O fato é que a tradição *contratualista* não conseguiu orientar um fim aos conflitos de interesses e classes. Parte disso se explica pelo fato de que suas proposições partem de um pressuposto demasiadamente idealizado, isto é, ao admitir a existência de um "direito natural" nega a essência histórica dos sujeitos que fazem a História acontecer pela junção dos seus interesses com as condições materiais-objetivas em que se encontram. Por outro lado, essa corrente teórico-política coloca em evidência os mais relevantes aspectos civilizatórios originados na emergência das sociedades modernas de mercado, como, por exemplo, a laicização do Estado e o respeito às garantias individuais (Estado de Direito e Democracia Liberal) encontradas em Locke e em seus legatários quanto, ao mesmo tempo, pela crítica e exposição de seus limites, admite a formulação de alternativas que empurrariam ainda mais para frente o processo civilizatório, a exemplo da Democracia Direta (ou participativa) de Rousseau (com seus limites) ou até mesmo a Democracia Socialista (ou ditadura do proletariado) nas acepções de Marx aprofundadas no século XX por intelectuais marxistas, a exemplo de Antonio Gramsci (1891 — 1937), Ernest Mandel (1923-1995), dentre outros.

O fato é que as formulações que incidiram (e incidem) sobre a origem e as funções essenciais do Estado não se autojustificam apenas por estes dois aspectos: origem e função. É necessário, ainda, explicitar a forma ou as formas concretas desse Estado manifestar-se politicamente. É nesse sentido que a Democracia assume a forma política em disputa nas sociedades modernas e contemporâneas. Dito de outra forma: em que pese a importância da matriz do pensamento *jusnaturalista* para a evolução do pensamento social e da ascensão da Era Moderna, foi necessário que outras matrizes de pensamento derivadas das novas formas de organização da sociedade surgissem, tanto para expor seus limites quanto para apresentar alternativas às suas contradições.

A diversidade de experiências societais ao longo da história da humanidade não foi capaz de impedir que o *jusnaturalismo* — em especial em sua vertente britânica — se constituísse como o lastro teórico principal na conformação dos Estados modernos que surgem no mesmo movimento que consolida o capitalismo como modo de produção dominante e o modo de vida burguês como sua amálgama fundadora. Com o advento do iluminismo e sua posterior consagração com a Revolução Francesa, aquela matriz do pensamento social adquire novos contornos e a justificação do *status quo* passa a contar com uma nova atribuição de sentido às ideias de igualdade, de liberdade e de fraternidade. A Declaração dos Direitos do Homem e do Cidadão de 1789 marca essa inflexão e consolida o processo de juridificação das e nas sociedades modernas. Assim, o *direito a ter direitos* passa a ser parte constitutiva dos Estados nacionais, colocando o direito positivo, e, nesse caso, liberal, como o principal instrumento de coesão e "pacificação" dessas sociedades, criando uma complexa contradição: de um lado, o estatuto e o *status* dos direitos consigna um avanço civilizatório, por outro, e, ao mesmo tempo, esses avanços não se concretizam, pois a desigualdade produtiva (portanto, estrutural) não permite a igualdade de fato que nasce associada à ideia do cidadão possuir direitos.

Nesse sentido, a noção de um Estado asséptico, acima dos interesses particulares, individuais ou de pequenos grupos se torna a noção predominante fundadora dos sentidos que a Democracia assumirá na modernidade capitalista, e sua ação, as políticas públicas (e sociais), estará sujeita a essa mesma contradição: permitir que parte dos interesses individuais e coletivos das classes dominadas sejam atendidos em ato recíproco à manutenção do poderio econômico, político, social e cultural das classes dominantes, impossibilitando a definitiva emancipação humana.

É nesse sentido que as políticas públicas se tornam o canal privilegiado de mediação das relações que se estabelecem entre o Estado e as classes sociais, ao mesmo tempo em que o próprio Estado condensa materialmente e em si mesmo as correlações de forças sociais dispostas na sociedade. Assim, saúde, educação, trabalho, acesso à moradia, à cultura e ao lazer etc., nunca serão objetos monolíticos da atenção estatal, mas sim campos de disputa ininterrupta relacionada diretamente às formas de reprodução social. É aí que a assistência social se destaca e se situa, pois assim como as demais áreas de intervenção do Estado na vida social, as feições que adquire irão depender da correlação entre as forças sociais e o modo como o Estado materializará sua forma pública independente de ser democrática ou autocrática.

O lugar impreciso da Assistência Social na vida pública e na construção teórica brasileira: entraves à consolidação do direito

Dentre todas as definições sobre política pública, sejam elas conceituais, técnicas ou políticas, definir a Assistência Social em qualquer desses aspectos é o mais difícil exercício imposto a quem deseja enfrentar tal desafio, sobretudo se o postulante quiser se manter no campo da racionalidade, e, de preferência, apoiando-se naqueles substratos fornecidos pelas macronarrativas paradigmáticas da Modernidade quando a investida for teórica ou se manter no campo do direito social quando a investida for de natureza técnico-político-metodológica.

Nos domínios da saúde, do trabalho, da previdência social ou da educação, por exemplo, consolidaram-se determinados consensos (à direita, ao centro e à esquerda) associados ao modo como essas áreas e políticas incidem no cotidiano das populações. O tipo de resultado que se busca na saúde ou na educação é quase que unilateralmente e univocamente assimilado e posto em domínio público, o que corrobora a alocação destacada dessas políticas (dentre outras aqui não citadas) na vida social e na estrutura das administrações públicas. O mesmo não ocorre com a Assistência Social[3].

A Assistência Social é carimbada em seu DNA pela marca da imprecisão. Tal imprecisão faz com que as disputas, tensões e conflitos ao seu redor sejam entrecortados com maior intensidade por elementos que a descaracterizam como política pública típica de Estados democráticos de direito, tais como o assistencialismo, o clientelismo, o paternalismo, o primeiro-damismo, o fisiologismo político, e assim por diante. Esses elementos compõem o espectro de formação da cultura política do país e têm dificultado, ao longo de nossa História, que a Assistência Social seja dotada dos sentidos intrínsecos e culturais do direito público, mesmo diante das contradições e limitações que apresentamos na seção anterior. Mas não é só isso. As dificuldades em se definir precisamente a Assistência Social para alocá-la sem hesitação no campo dos direitos que se acessam pela socialização dos bens públicos também encontram ressonância nos conflitos que se estabelecem entre as classes e intraclasses sociais, como dissemos antes.

---

3. Exceto pelo fenômeno do negacionismo. Esse fenômeno, com suas dimensões éticas, políticas, teóricas e culturais reivindica a gestão das políticas públicas ao campo do irracionalismo ao negar a ciência, a razão e a técnica como elementos estruturantes do conhecimento.

À direita política, encontramos concepções que vão desde a defesa da completa extinção de qualquer aparato estatal pela via assistencial, restando apenas o filantropismo civil, até o entendimento de que o Estado deva ofertar residualmente assistência pública de caráter social limitada aos incapazes de transitar, mesmo que pelas margens, no universo da produção social. De outro modo, ao centro e à esquerda, encontramos desde as proposituras típicas do *Welfare Mix* que advogam em prol das parcerias público-privadas; passando pelas premissas do *Welfare State* com a ampliação da proteção social, e temos, ainda, as perspectivas de socialização total dos bens e das riquezas socialmente produzidas através do revolucionamento das relações sociais de produção.

Essas tendências e correntes de pensamento político-social se manifestam e se materializam nas disputas políticas formais difundidas não apenas em campanhas eleitorais, mas também nos planos e nas práticas de governo ao mesmo tempo em que estão presentes no cotidiano das populações quando se constituem como inalienáveis componentes dos complexos processos de reprodução social através de ininterruptas mediações, sendo o trabalho a principal delas[4].

Nas sociedades autocráticas prevalecem as práticas e conceitos tradicionais de Assistência Social que fazem dela o melhor braço auxiliar de enquadramento material-político-ideológico das populações à lógica dominante. É sob o padrão da Assistência Social que se tenta "humanizar" o caráter repressor e bárbaro das coerções estatais (e também privadas). Já nas democracias pode ocorrer o mesmo, todavia, é facultada a "liberdade" tanto da denúncia mediante o não cumprimento dos dispositivos do pacto social expresso no ordenamento jurídico, quanto das disputas por outra orientação política, em

---

4. Portanto, é inevitável compreendermos a relação dialética entre a Assistência Social e o Trabalho. Nesse sentido, indicamos a leitura do livro: BOSCHETTI, Ivanete. *Assistência Social no Brasil:* um direito entre originalidade e conservadorismo. Brasília/DF, 2001. É importante observar que essas disputas também se encontram, com essas mesmas correntes de pensamento e ação política, nos debates entre os mais variados grupos sociais e também no interior da academia.

que pese a permanência das formas conservadoras de assistência no imaginário popular.

A história da Assistência Social brasileira é bastante peculiar nesse sentido. Embora ela acompanhe estruturalmente os fatos e acontecimentos ocorridos em outros tempos e em outras partes do mundo como, por exemplo, as origens confessionais, a autorresponsabilização estatal nos momentos de emergência da "questão social", a dimensão repressora e coercitiva dos seus estatutos originais, o apoio material e simbólico à criminalização da pobreza e dos movimentos operários etc., a sua trajetória no Brasil está eivada de singularidades amplamente já expressas indiretamente em obras como as de Florestan Fernandes, Caio Prado Júnior, Sergio Buarque de Holanda, Raimundo Faoro, dentre outros "intérpretes do Brasil", exatamente por terem demonstrado os componentes e os valores socioculturais da nossa formação sócio-histórica. Portanto, estamos tratando de algo complexo, que nas entranhas da nossa formação sócio-histórico-cultural se fez e, por isso mesmo, não será ressignificado apenas com a (boa) vontade governamental, muito menos com a simples identificação de suas improbidades e impropriedades em trabalhos de cunho acadêmico. É preciso, antes de tudo, recorrer à história ao mesmo tempo em que se vive e se faz história na guerra das classes.

Na década de 1930, sob os auspícios do governo Vargas, a Assistência Social se eleva ao patamar de ação estatal, libertando-se dos domínios quase que exclusivos da Igreja Católica. A criação da Legião Brasileira de Assistência (LBA) consagrou esse processo ao mesmo tempo em que legitimou as práticas e as concepções do assistencialismo de Estado. Enraizando o primeiro-damismo na cultura política do país, a LBA inaugura um modelo de gestão para prestação da assistência que a caracteriza não por sua ação política setorial, mas sim pela definição de um público-alvo: os "pobres". Ou seja, estamos nos referindo ao entendimento corrente de que toda ação pública ou privada voltada ao atendimento dos chamados "vulneráveis" deve ser compreendida como parte do escopo da "política de assistência social".

A distribuição de bens materiais irrestritos (ou seja, de qualquer natureza) de modo clientelístico e assistencialista marca a ação da entidade e confirma sua capilaridade em todo o território nacional. Em que pesem todas as críticas feitas ao modelo de gestão da assistência praticado pela LBA, a definição da assistência social pelo seu público e não por suas ofertas ainda permanece no contexto das disputas que se travam em torno dela, tanto nos espaços de formulação, gestão e controle social quanto nos meios acadêmicos.

Outros debates, tais como aquele acerca do caráter processante da assistência social *versus* sua constituição setorializada, ou o debate sobre ser a assistência social uma política pública ou ser um conjunto de ações de natureza social espraiadas e pulverizadas nas diferentes políticas públicas "assistencializando-as" e consequentemente tornando-as precárias, estão apenas adormecidos, mas não superados.

Mesmo o caloroso e histórico debate ocorrido no início dos anos 1990 que dividia, no âmbito do Serviço Social, cariocas e paulistas em torno de posições supostamente economicistas e politicistas vez ou outra ressurge com novas roupagens, novos argumentos e novos atores, desfazendo consensos que já haviam sido pré-estabelecidos e trazendo para a Assistência Social novas incertezas e demonstrando que quando o assunto é assistência social, prevalecem os dissensos sobre os consensos[5].

As lutas que levaram à promulgação da Lei Orgânica da Assistência Social (LOAS) em 7 de dezembro de 1993 se intensificaram na direção de sua implementação durante toda a década de 1990, alcançando a primeira quadra do século XXI. Foi notória durante esse período a resistência contra as ofensivas contundentes dos governos da época em transferir suas responsabilidades para a sociedade civil

---

5. Nesse sentido, consultar a publicação: SPOSATI, Aldaíza. *Assistência Social:* polêmicas e perspectivas. Cadernos do Núcleo de Seguridade Social e Assistência Social da PUC-SP. São Paulo: PUC-SP, 1995. Essa publicação é resultado do Seminário de Assistência Social: polêmicas e perspectivas, realizado em maio de 1994. Consultar também o capítulo de nossa autoria: Análises críticas sobre a assistência e a proteção social. Item 3.4 do Capítulo 4 do livro *Estado Capitalista e Serviço Social:* o neodesenvolvimentismo em questão (Campinas: Papel Social, 2016).

por meio do incentivo ao trabalho voluntário e ao remodelamento do marco legal do chamado Terceiro Setor. Esse processo foi denominado por Yazbek (1995) de refilantropização e significou uma reatualização conservadora dos antigos padrões assistencialistas de proteção social e mais uma vez impediram a migração da Assistência Social para o universo dos direitos sociais.

Apenas em outubro de 2004, atendendo ao cumprimento das deliberações da IV Conferência Nacional de Assistência, realizada em Brasília em dezembro de 2003, o CNAS — Conselho Nacional de Assistência Social aprova, após amplo debate coletivo, a Política Nacional de Assistência Social em vigor, que apresenta o (re)desenho dessa política, na perspectiva de implementação do Sistema Único de Assistência Social (SUAS) que está voltado à articulação em todo o território nacional das responsabilidades, vínculos e hierarquias, do sistema de serviços, benefícios e ações de assistência social, de caráter permanente ou eventual, executados e providos por pessoas jurídicas de direito público sob critério de universalidade e de ação em rede hierarquizada e em articulação com a sociedade civil. O SUAS introduz uma concepção de sistema orgânico, em que a articulação entre as três esferas de governo constitui-se em elemento fundamental. O SUAS é constituído pelo conjunto de serviços, programas, projetos e benefícios no âmbito da assistência social prestados diretamente — ou através de convênios ou outros instrumentos jurídicos com organizações sem fins lucrativos —, por órgãos e instituições públicas federais, estaduais e municipais da administração direta e indireta e das fundações mantidas pelo poder público.

A instituição do SUAS impulsionou uma significativa reorganização da gestão da Assistência Social do ponto de vista da relação entre os órgãos gestores e as unidades prestadoras dos serviços socioassistenciais. No tocante a conferir um lugar de destaque para a Assistência Social na estrutura das administrações públicas, o movimento foi de avanços e recuos. Nos cinco primeiros anos de instituição do SUAS, aproximadamente 70% das administrações municipais e 80% das administrações estaduais tinham instituído espaços específicos para a gestão da Assistência Social, ou seja, secretarias exclusivas de Assistência Social, ou, mesmo quando compartilhadas com a gestão de outras políticas públicas, denotava-se evidente a prevalência da Assistência[6]. Atualmente, observa-se um novo recuo nesse sentido. Secretarias que tinham se tornado exclusivas da Assistência Social voltam a ser compartilhadas com outras áreas, quase sempre sob a justificativa da crise econômica e fiscal e sua consequente necessidade de se reduzir custos. Esse fato reforça nossa hipótese de que as crises sociais, políticas, econômicas e culturais, ao incidirem sobre as diversas dimensões da vida social, inflexionam a imprecisão e o subalternismo da Assistência Social enquanto política pública de seguridade social.

A controvérsia persistente: Assistência Social como direito ou como instrumento de coesão e coerção social?

Como já dissemos antes, de todas as áreas que emanam ação estatal, a Assistência Social sem dúvida é a mais ambígua e controversa. Enquanto áreas como as da saúde ou da educação gozam de reconhecimento público e uma quase automática autoatribuição de sentidos sociais, a Assistência Social, fora do senso comum, necessita "explicar-se" constantemente[7]. Se é sabido que as políticas sociais possuem uma natureza complexa e contraditória, pois fazem parte

---

6. Essas informações são constantes dos Censos SUAS realizados anualmente e ficavam disponíveis na página eletrônica da Secretaria de Avaliação e Gestão da Informação (SAGI) do antigo Ministério do Desenvolvimento Social e Combate à Fome, atualmente Ministério da Cidadania, e que desde a mudança de governo em 2016 não estão mais disponíveis. O que encontramos em seu lugar é uma "lista de sistemas e ferramentas removidas do ambiente SAGI", dentre elas os Censos SUAS. Disponível em: https://aplicacoes.mds.gov.br/sagi/app-sagi/descontinuidade-sistemas.php

7. Em que pesem os interesses de classe no interior de todas as políticas públicas, que acabam por conferir a elas os sentidos que as forças hegemônicas conjunturalmente determinadas lhes imputam.

do contexto de contradições que expusemos na seção anterior, é sabido também que numa sociedade de classes a disputa de interesses é inexorável, portanto, as lutas por direitos da classe-que-vive-do--trabalho (utilizando a terminologia de Antunes) além de legítimas são necessárias, tanto para garantir o atendimento das necessidades de reprodução social dessa classe quanto para impor limites à sanha exploratória do capital sobre o trabalho, ainda que reconheçamos que essas lutas se expressam nos limites da emancipação política.

O reconhecimento e a identificação do estatuto dessa contradição libera e habilita, mesmo os sujeitos mais críticos à ordem do capital, a lutar por melhorias nas condições de vida imediata dos trabalhadores, portanto, é comum que encontremos liderando as lutas por melhores condições de trabalho, saúde, educação, moradia, terra ou alimentação quadros políticos vinculados às ideias anticapitalistas. Contudo, quando se trata dos direitos afiançados pela política de Assistência Social, as análises e a prática política dessas lutas é relativizada, contestada ou até mesmo refutada, em muitos casos. Isso se dá por vários motivos, dentre os quais destacam-se:

1) Não há um consenso sobre quais necessidades humanas a ação da assistência social deve incidir;

2) Não há uma consolidação do "espaço" da assistência social na gestão pública, o que a fragiliza enquanto política pública;

3) Não há, na sociedade brasileira, o entendimento por parte dos membros da "classe" política (de direita, centro ou de esquerda), sobre a especificidade da assistência social no rol das políticas públicas; notadamente observamos uma identificação rasteira da assistência social com o filantropismo, envolto pelo primeiro-damismo;

4) Não há entre os estudiosos da assistência social um consenso sobre especificidade e genericidade de seu conteúdo e operacionalização;

5) Existem inúmeras dificuldades de se consagrar as ações públicas e/ou estatais da assistência social em forma de legislação (regulação) afiançadora de direitos.

Esse apanhado de entraves confirmam a vinculação ontogenética da Assistência Social às estruturas do desenvolvimento capitalista ainda que tal vinculação esteja presente na conformação do conjunto das políticas sociais que emergem como tal no exato momento em que a "questão social" passa a ser estruturante nas sociedades de mercado. Como política social, não é possível liberar a Assistência Social de tal vinculação, a menos que outra ordem societária seja estabelecida. Contudo, é possível e desejável, em nossa modesta opinião, que as políticas sociais sejam ressignificadas na direção dos interesses da classe trabalhadora. Isso coloca a política social no rol das disputas próprias à luta de classes e que envolve uma gama variada de atores e sujeitos políticos.

Portanto "a luta pela afirmação dos direitos é hoje também uma luta contra o capital, parte de um processo de acumulação de forças para uma forma de desenvolvimento de cada um e de todos os indivíduos sociais". (Iamamoto, 2009, p. 16) É, assim, minimamente razoável que o estatuto de direito seja concedido também à Assistência Social como o é na saúde, na educação, na previdência social ou no trabalho. O desafio a se enfrentar para que essa concepção se difunda é de dupla natureza. De um lado, é necessário compreender as contradições complexas que envolvem as formas contemporâneas de proteção social para com isso abdicar das leituras fenomênicas (muitas vezes travestidas de marxistas) que reduzem a assistência social a um mero instrumento dos mecanismos de sujeição[8] da ordem estabelecida, alçando-a ao campo dos Direitos Humanos, e, por outro lado, é necessário consolidar seus conteúdos e sua operacionalização como *práxis* e vinculando-a organicamente ao que há de estruturante

---

8. Mecanismo de sujeição é entendido aqui tal qual concebeu Althusser (1918) segundo Albuquerque (1983): "O mecanismo pelo qual a ideologia leva o agente social a reconhecer o seu lugar. Sujeição é um mecanismo com duplo efeito: o agente se reconhece como sujeito e se sujeita a um Sujeito absoluto (...). Esse mecanismo ideológico básico — a sujeição — não está presente somente nas ideias, mas existe num conjunto de práticas, de rituais situados em um conjunto de instituições concretas. Embora distintas, essas instituições concretas possuem a unidade do efeito de sujeição sobre os agentes sociais ao seu alcance. Sua unidade, entretanto, não lhe é conferida por uma política ou por um comando unificado, mas pela ideologia dominante: são os aparelhos ideológicos de Estado".

na conformação de um Estado de Direito mesmo nos marcos da democracia liberal de massas.

Portanto, nos parece razoável compreender que um desafio estrutural da Assistência Social é reconhecê-la como política pública. Embora essa afirmação pareça óbvia, na prática não é bem assim. A tendência a "se praticar a assistência social" por meio de ações sociais desprovidas de valor e sentidos públicos é tão forte que se tornou quase impossível identificar as sutis diferenças entre as ações sociais generalistas e a assistência social como política específica. Mas o que, de fato, afinal, pode estabelecer tal distinção? Como se diz em linguagem popular: "não há receita pronta", contudo, algumas características próprias das políticas públicas podem nos ajudar a enfrentar essa tarefa:

1) A política pública pressupõe um marco jurídico-institucional: a Assistência Social sempre foi marcada pela baixa regulação jurídico-institucional. Com o SUAS isso se altera e todas as áreas da Assistência são submetidas à regulação. Esse processo não apenas confere força institucional à política quanto a torna direito reclamável, possibilitando ao cidadão-usuário as chances de questionar publicamente a sua não-oferta ou a oferta inadequada e os operadores do Direito passam a ter "doutrinas" para sustentar e referenciar suas decisões.

2) A política pública deve ser planejada sob as diretrizes das normas do Estado e da agenda do governo: a LOAS, já em 1993, exigiu que os entes federados que desejassem submeter-se ao pacto social federativo da Assistência deveriam apresentar seus planejamentos em forma de planos a serem aprovados pelos Conselhos. Esse planejamento induziu os três entes, mas sobretudo, os municípios a reorganizarem racionalmente seus serviços e, alguns, mais atentos, passaram a cotejar os planos de assistência social com os planos de governo. Ocorre que a ausência de uma coordenação nacional possibilitou que a Assistência Social se apresentasse com feições distintas pelo país e não alçou a Assistência Social ao *status* de política de proteção social de fato[9]. Pouco antes da instituição do SUAS e sobretudo após sua implantação, a dinâmica de planejamento nacional liderada pelas

---

9. Consultar: PAULA, Renato Francisco dos Santos (org.). *Gestão social e planejamento Público: temas de políticas públicas*. Curitiba: CRV, 2018.

Conferências convergiu para sanar essa lacuna. A pesquisa nacional LOAS + 10 que subsidiou a IV Conferência Nacional (2003) apontou caminhos para o planejamento nacional. Em 2005, a Fotografia da Assistência Social, que subsidiou a V Conferência foi apresentada pelo Núcleo de Estudos e Pesquisas sobre Seguridade e Assistência Social (NEPSAS) da PUC-SP já imersa às orientações da SNAS, da CIT e do CNAS para o reordenamento dos serviços socioassistenciais e, alguns anos depois, em ato contínuo de aperfeiçoamento do sistema em estreita articulação com a academia, gestores, técnicos, conselheiros e usuários, a Resolução CNAS n. 109, de 11 de novembro de 2009, que aprova a Tipificação Nacional dos Serviços Socioassistenciais, deu finalmente o salto qualitativo que faltava para que o Brasil pudesse saber com clareza e precisão o que é a Assistência Social preconizada no SUAS. Destaca-se ainda a celebração dos Pactos de Aprimoramento de Gestão com os Estados e o Protocolo Nacional de Integração entre Serviços e Benefícios do SUAS. O escopo dos instrumentos de gestão do SUAS é bem maior que esses, contudo, consideramos suficiente para o momento apontar aqueles que consideramos possuir maior relevância histórica.

3) A política pública (democrática) deve ser submetida ao controle social: as Conferências de Assistência no Brasil ocupam o terceiro lugar dentre as conferências mais antigas realizadas pós CF/1988, só perdendo para a saúde e para as conferências temáticas da criança e do adolescente. Portanto, há uma tradição acumulada de controle social na área que precisa ser considerada. O controle social de uma política pública não se reduz às conferências e aos conselhos. A ideia de que o Estado e o governo da vez devem se submeter à soberania de seu povo é o eixo condutor das repúblicas democráticas e o controle social é um de seus *modus operandi*.

4) A política pública deve ter garantia e autonomia orçamentária: se é fato que o planejamento da política é condição *sine qua non* para lhe conferir *status* público, é fato também que o ciclo orçamentário deve acolher as demandas por ela elencadas. Todo o orçamento público é politicamente disputado, portanto, Plano Plurianual (PPA), Lei de

Diretrizes Orçamentárias (LDO) e Lei Orçamentária Anual (LOA) não são apenas peças técnicas, mas, sobretudo, são instrumentos políticos que indicam as prioridades de governo e demonstram parte das correlações de forças existentes na sociedade. É nesses instrumentos que devem estar garantidas as condições para que os recursos cheguem ao seu destino. E é por esse motivo que os Fundos de Assistência Social, nas três esferas, devem também ser submetidos ao controle social e a diretriz do comando único respeitada.

Esses elementos, somados a muitos outros, podem ajudar o leitor iniciante, ou mesmo os iniciados, a compreender o que configura o direito e o diferencia de uma ação social descomprometida com tal valor; em que pese a dimensão estrutural da política social funcionar como instrumento de coesão social, não há a garantia histórica de que ela seja tão somente isso, ou como afirmou Pereira (2021).

> (...) entendo que temos que partir em primeiro lugar de uma definição que se afaste da ideia binária de que a política social é boa ou má, somente uma criatura do Capital ou somente uma conquista do trabalho. Isso porque se a considerarmos apenas ruim, ela é indefensável e, portanto, deve ser extinta. Ao contrário, se a tomarmos como sempre benéfica, não reconheceremos as possíveis armadilhas e desvantagens que ela carrega e nem compreenderemos a perene tentativa do Capital em cooptá-la.

Analisar unilateralmente qualquer política pública é amputá-la da sociedade em que ela está inserida.

O significado social e político do SUAS e seus desafios

As políticas sociais guardam estreita relação com o Estado que as viabiliza. É de se esperar que um Estado (neo)liberal implemente políticas sociais (neo)liberais, portanto, residuais, focalizadas, filantropistas, de modo a não suplantar a supremacia do mercado sobre as necessidades sociais. De outra feita, espera-se que um Estado Social implemente políticas sociais de natureza universal, colocando a satisfação do bem-estar coletivo acima dos interesses da rentabilidade econômica. Esse raciocínio facilitaria muito as análises de conjuntura e de políticas públicas feitas nos diversos países do mundo, contudo, a realidade não se apresenta assim de modo linear e simplório, o que faz com que a dialética da realidade com suas contradições imanentes possibilite que em um espectro político dominante possam existir ações e características de um espectro oposto e vice-versa. Não é verdade, por exemplo, que a emergência dos Estados de Bem-Estar Social no período pós-guerra tenha eliminado por completo práticas econômicas e políticas do período anterior, do mesmo modo que o advento do neoliberalismo após a crise do capital da década de 1970 tenha suplantado as conquistas sociais das experiências de *Welfare State*. Sendo assim, a análise de política social se torna uma tarefa cada vez mais complexa e aqueles que desejam realizar tal tarefa devem se submeter aos imperativos da realidade e suas contradições, pautadas sempre pela luta de classes e não por desejos idealistas de analistas comprometidos com suas próprias reputações dentro dos grupos sociais a que se vinculam.

No Brasil, como vimos, a trajetória das nossas políticas sociais, em especial da assistência social, se mescla à história da relação entre público e privado, estatal e não estatal. Sendo assim, o advento do Sistema Único de Assistência Social, o SUAS, a partir de 2005, foi saudado como uma inovação no âmbito da gestão pública tanto por aprimorar e inovar os mecanismos de gestão nessa área quanto por estabelecer com maior clareza os limites de atuação de agentes públicos e privados na prestação e oferta de serviços socioassistenciais. É interessante notar que encontramos poucas críticas desabonadoras ao SUAS quanto a esses dois aspectos. Isso significa que de fato havia uma expectativa no tocante à tecnificação e profissionalização da assistência social no país, contudo, esses avanços não foram suficientes para inscrever de modo definitivo a assistência social no campo do direito social, portanto, da responsabilidade estatal primaz, o que deixaria para trás as antigas práticas clientelistas e patrimonialistas típicas do assistencialismo. Mesmo com o SUAS, não se encerraram as disputas e os debates em torno das definições conceituais sobre a assistência social, seu campo de atuação, seus responsáveis, seu lugar na esfera pública estatal e suas relações com a política econômica e com as demais políticas setoriais e transversais. O SUAS foi conquistado a partir de um consenso acerca da necessidade de cumprir os dispositivos constitucionais sobre a seguridade social, sobre a assistência social e sobre a LOAS, consenso estabelecido, sobretudo, entre trabalhadores, usuários, prestadores de serviços e estudiosos da área, contudo, esse consenso alcançou apenas de modo residual o conjunto da sociedade, e a "classe" política em geral, até mesmo dentro do Partido dos Trabalhadores (considerando que o SUAS se estabelece na gestão federal desse Partido) permaneciam as divergências conceituais sobre a Assistência Social. Deste modo, o SUAS também reflete a dialética e a dinâmica das contradições que fazem "o velho e o novo" coexistirem, causando atritos e por outras vezes acomodando interesses. O fato é que o Sistema Único é resultado de um complexo sincretismo social, ideológico e político que coloca o Brasil numa posição única no mundo no que diz respeito à gestão da assistência social.

De um lado, os avanços do SUAS são percebidos pelo modo como a gestão é inovada

(...) pela provisão de seguranças tipificadas e padronizadas em equipamentos públicos estatais e referenciados nos territórios mais desiguais; lógica de repasses continuados e permanentes de recursos, fundo a fundo, a partir de critérios técnicos, orientados por princípios como a plena universalização, integralidade da proteção, com expansões qualificadas e progressivas; territorialização de serviços, visando à universalização de acessos; profissionalização, com definição de bases normativas que visam à desprecarização das condições e dos vínculos de trabalho, bem como qualidade dos serviços prestados; mecanismos indutores de capacidades de gestão, com definição de parâmetros de avaliação e ordenamento dos municípios e estados por níveis de gestão; implantação de novos instrumentos de gestão, especialmente o Pacto de Aprimoramento do SUAS, tendo como finalidade a cooperação dos entes federados no cofinanciamento, na qualificação e na universalização da cobertura territorial, e no desenvolvimento normativo-jurídico e institucional; primazia da responsabilidade estatal e regulação de novas bases para a relação do Estado com as organizações da sociedade civil, entre outros aspectos que caracterizam a institucionalidade desse sistema público, descentralizado, participativo, destinado à gestão do conteúdo específico da assistência social no sistema protetivo brasileiro. (Silveira, 2017, p. 487)

Por outro lado, verificou-se que um dos maiores desafios à consolidação do SUAS é a capilarização do seu domínio público. Isto é, deixar evidenciado à população em geral e em especial aos usuários dos serviços socioassistenciais que o novo desenho de gestão reflete e consolida a materialização do Direito. Temos encontrado gestores, técnicos e estudiosos, que equivocadamente advogam que a ampliação do domínio público da política se daria a partir do momento em que usuários (e sociedade em geral) conseguissem traduzir e aplicar em seu cotidiano conceitos complexos como "referência e contrarreferência", "vigilância socioassistencial", "proteção social e seus níveis de complexidade" etc., conceitos muitas vezes inalcançáveis até mesmo para os próprios gestores ou para os técnicos operadores dos serviços.

A politização do atendimento durante o processo de implementação do SUAS, ou seja, a necessidade premente dos usuários serem informados sobre seus direitos, se confundiu, para muitos prefeitos, governadores e secretários de assistência social (dentre outros atores políticos) com partidarização dos serviços, o que, dentre outros aspectos, contribuiu para que as antigas práticas do assistencialismo de Estado ocupassem o lugar das proposituras inovadoras do SUAS, sobretudo no âmbito da proteção social básica, ou, no melhor dos casos, trocando a placa do antigo "Centro Social" pela nova placa de "CRAS", sem alterar a essência e a dinâmica dos processos de trabalho.

Caso houvesse ocorrido, a politização do atendimento implicaria massivo investimento na construção de sujeitos coletivos de direitos que, pela via da assistência social, adquiririam condições de tomar consciência da situação de exploração e opressão a que estão submetidos e orientar-se-iam, a partir daí, por uma direção social "emancipatória".

Evidente que se tal processo se viabilizasse a Assistência Social se tornaria uma bolha no conjunto das políticas públicas nos municípios, pois, por mais que possa haver tendências progressistas em outras políticas públicas, a hegemonia que se verifica nelas é sempre de cariz conservador e de bases liberais, pela natureza estrutural da sociedade capitalista como expomos anteriormente.

E essa constatação coloca a política pública (nesse caso imputa tarefas aos sujeitos políticos que fazem a política acontecer) no campo das permanentes disputas societais, mas é importante observar que essas disputas acontecem nos marcos da democracia liberal, logo, toda sorte de concertações é esperada. Pactuações, acordos, intercâmbio de experiências e inovações passarão a fazer parte da estruturação do SUAS e as feições que o Sistema adquirirá irão depender do modo como estarão dispostas as correlações de forças em dada conjuntura histórica.

E é por esse motivo que na conjuntura da autocracia de novo tipo, inaugurada no Brasil em 2018 com o governo de Jair Bolsonaro, o SUAS vem sendo desconstruído rapidamente, e sobre seus escombros são recolocadas as piores práticas do assistencialismo de Estado.

Aproximações conclusivas

Sem esgotar, buscamos trazer para este capítulo alguns apontamentos que podem nos inspirar a pensar e a lutar pela Assistência Social como direito. Para isso, é necessário compreender o que são os "direitos" na esteira da constituição dos Estados Democráticos para com isso enxergar a política pública como ela é, para, a partir daí, pensar como ela deveria ser.

Na história dos direitos, os já conhecidos direitos individuais (civis e políticos) se somaram aos direitos sociais (de natureza individual, mas também coletiva) fazendo com que a prevalência de um ou de outro se tornasse o fator decisivo na definição do tipo de Estado e consequentemente do nível de democracia conquistado, uma vez que a democracia liberal já estaria consagrada como a forma política essencial dos Estados modernos burgueses.

No geral, as Cartas Constitucionais desses Estados ou mesmo as declarações de Direitos de que são signatários buscam conjugar a defesa das liberdades individuais à defesa da propriedade privada e, por pressão dos segmentos subalternos, admitem como direito humano o direito de resistir a opressões e de terem um conjunto de seguranças sociais que mais tarde viriam a ser a base dos Estados de Bem-Estar Social.

A supremacia do capital sobre todas as formas de sociabilidade possibilitou que as vertentes do "contratualismo" vinculadas à legitimação das sociedades de mercado encontrassem ressonância numa acepção de Democracia que difundisse a ideologia liberal como sendo o estágio mais avançado da civilização. Assim, a democracia liberal passa a ser a forma política dominante nos Estados nacionais capitalistas que surgem após as revoluções burguesas. Apesar do anúncio de um novo patamar de relações sociais conquistado com as possibilidades sufragistas, com a separação dos poderes e com as garantias jurídico-políticas de direitos individuais e mais tarde coletivos, os novos tempos vieram imersos em avanços e armadilhas, pois as possibilidades suplantaram as garantias e a desigualdade produtiva como elemento estrutural dessas novas sociedades fizeram com que as noções de igualdade e liberdade ficassem aprisionadas nos domínios mortos da letra jurídica. Assim, embora as Constituições dos Estados modernos iniciem por elencar o direito à igualdade e à liberdade como princípio e em alguns casos como diretriz, sua realização plena se torna impossível dados os limites impostos pela relação de classes e pela atuação dos Estados hegemonicamente voltados para o atendimento dos interesses das classes dominantes.

É, portanto, na esteira das tensões entre direitos individuais e coletivos que a assistência social vai se constituir como uma área que é ao mesmo tempo vilã e fidalga no confronto de interesses imediatos e de longo prazo no bojo das disputas de projetos societários ou simplesmente nas disputas que se travam em torno do desenho que se deseja aos sistemas de proteção social.

Essas disputas possuem muitas feições e são travadas em espaços distintos. O debate e as divergências e convergências acadêmicas, por exemplo, não são necessariamente consoantes ao debate/divergência/ convergência que se trava no âmbito da gestão da política pública, do mesmo modo que também podem ser distintas as preocupações e considerações dos trabalhadores da área e mesmo as aspirações dos usuários da Assistência Social. Consideramos contraproducente que um grupo social tente impor sua agenda e seu tempo histórico a outro grupo. Temos assistido a isso e verificamos que esse movimento causa muito mais fissuras, cisões, sectarismos do que constrói pontes, quando deveria gerar consensos possíveis e ampliar as bases de diálogo. Logo, reconhecer a diversidade, as contradições e os limites presentes no âmbito de uma política pública não significa sucumbir a sua aceitação acrítica nos ditames do conservadorismo, ainda que os posicionamentos possuam filiação teórico-metodológica, política ou até mesmo partidária.

O SUAS ainda é muito frágil enquanto sistema público, e, portanto, carece de ser fortalecido em suas virtudes para que suas imperfeições sejam adequadamente identificadas, prospectando-se assim ações mais condizentes com a realidade em curso e com a realidade que se quer alcançar.

Referências

ABREU, Marina Maciel. O controle social e a mediação da política de Assistência social na sociedade brasileira na atualidade — indicações para o debate. *In: Revista de Políticas Públicas/UFMA*, v. 6, n. 1, São Luís, EDUFMA, 2002.

ALTHUSSER, Louis. *Aparelhos ideológicos de Estado:* notas sobre os aparelhos ideológicos de Estado (AIE). Introdução crítica de José Augusto Guilhon Albuquerque. 2. ed. Rio de Janeiro: Edições Graal, 1985.

BOSCHETTI, Ivanete. *Assistência Social no Brasil:* um direito entre originalidade e conservadorismo. [Publicação independente]. Brasília/DF, 2001.

BRASIL. *Política Nacional de Assistência Social* — PNAS/2004. Resolução CNAS n. 145, de 15 de outubro de 2004.

COUTO, Berenice Rojas. *O Direito Social e Assistência Social na sociedade brasileira:* uma equação possível? 2. ed. São Paulo: Cortez Editora, 2006.

IAMAMOTO, Marilda Villela. O Serviço Social na cena contemporânea. *In: Serviço Social:* Direitos Sociais e competências profissionais. Brasília: CFESS/ABEPSS, 2009.

MACPHERSON, C. B. *A teoria política do individualismo possessivo.* De Hobbes a Locke. Rio de Janeiro: Paz e Terra, 1979.

PAULA, Renato Francisco dos Santos. *Estado Capitalista e Serviço Social:* o neodesenvolvimentismo em questão. São Paulo/Campinas: Papel Social, 2016.

PEREIRA, Camila Potyara. *Política Social* — Verbete — Observatório das Desigualdades UFRN. Acessível em: https://www.youtube.com/watch?v=VEF2MGD3Tl4

SILVEIRA, Jucimeri Isolda. Assistência social em risco: conservadorismo e luta social por direitos. *Serv. Soc. Soc.* [online]. 2017, n. 130, p. 487-506. ISSN 0101-6628. http://dx.doi.org/10.1590/0101-6628.120.

SPOSATI, Aldaíza. Assistência Social: polêmicas e perspectivas. *Cadernos do Núcleo de Seguridade Social e Assistência Social da PUC-SP.* São Paulo: PUC-SP, 1995. Essa publicação é resultado do Seminário de Assistência Social: polêmicas e perspectivas, realizado em maio de 1994.

TELLES, Vera da Silva. *Direitos Sociais.* Afinal do que se trata? Belo Horizonte: Ed. UFMG, 1999.

VIEIRA, Evaldo. *Os Direitos e a política social.* São Paulo: Cortez Editora, 2016.

YAZBEK, Maria Carmelita. *Classes subalternas e Assistência Social.* 5. ed. São Paulo: Cortez Editora, 2006.

YAZBEK, Maria Carmelita. A política social brasileira nos anos 90: refilantropização da questão social. *In: Cadernos ABONG* n. 11, 1995.

Política de Saúde no Brasil:
lutas, tensões, resistências e persistências

Carla Agda Gonçalves
Gabriel Alexandre Gonçalves

Considerando que a temática dos Direitos Humanos assume centralidade nas discussões deste livro, o presente capítulo expressa parte de estudos e pesquisas desenvolvidos pelos autores. Assumimos aqui o objetivo de identificar e analisar a apropriação da consciência sanitária em suas relações com a política pública de saúde, marcada por *lutas, tensões, resistências e persistências*. Para tanto, apresentamos alguns apontamentos iniciais pertinentes ao debate, como o conceito de consciência sanitária, baseado nas proposições do sanitarista italiano Giovanni Berlinguer[1], que assim a define:

> Por consciência sanitária entendo a tomada de consciência de que a saúde [...] é um direito da pessoa e um interesse da comunidade. Mas como esse direito é sufocado e este interesse descuidado, consciência

---

1. Senador do Partido Comunista Italiano e uma das lideranças da Reforma Sanitária na Itália, contribuiu significativamente com o Movimento de Reforma Sanitária Brasileira.

sanitária é a ação individual e coletiva para alcançar este objetivo. (Berlinguer, 1996, p. 34)

Assim, por meio de análises documentais e investigação bibliográfica, além de estudos preliminares de campo, apreendemos a política de saúde a partir da percepção de sujeitos diversos, construída nos enfrentamentos, nos conflitos e nas disputas, dentro do solo contraditório da realidade brasileira, frutificados na luta pelo direito à saúde e pelas forças políticas que o engendram.

Pensar os sujeitos que compõem a luta e a constituição dos direitos humanos, particularmente no que diz respeito à saúde, nos remete à concretude histórica dos momentos em que se forjam os valores, as pautas e as tensões que compõem as sínteses e dão à análise a dialética necessária para compreensão e atuação do *ser-precisamente--assim-existente*. Diante disso, destaca-se que o conhecimento aqui é comprometido com a ação do sujeito no mundo, realizada a partir de *mediações necessárias ao desenvolvimento da ideia de tornar-se mundo.* Assim, transformá-la em *práxis* é o desafio, posto que o "comprometimento [...] não é apenas uma visão de mundo, um conhecimento dogmático ou relativista, mas é, ao mesmo tempo, uma ação sobre o mundo, no sentido de que nasce da ação e prepara a ação". (Sartre, 1986, p. 26)

Nesse sentido, a abordagem dos limites da unidade dialética que se apresenta no movimento do *ser-precisamente-assim-existente* arremete à identificação dos momentos históricos que lhe dão forma. Esse processo se nutre, em um movimento de autoconstrução da história, pela humanidade, mesmo nas "[...] condições em que não querem". (Marx, 2002) Assim, a tese da imanência e da objetividade (Heller, 2000), fundamental na concepção marxista, corrobora esse movimento de apreensão da realidade implicando teleologia e construção dos projetos construídos pelos sujeitos, decorrendo na causalidade. Entretanto, para se evitar o risco de empreendermos análises idealistas, Heller (2000, p. 11) explicita:

> [...] os homens aspiram a certos fins, mas estes estão determinados pelas circunstâncias, as quais, de resto, modificam tais esforços e aspirações, produzindo desse modo resultados que divergem dos fins inicialmente colocados.

Com isso, compreendemos as circunstâncias não como objetos mortos que influenciam as atitudes da humanidade, mas como a unidade de forças produtivas e estruturais, além das formas de pensamento; um complexo de inúmeras posições teleológicas objetivadas nelas mesmas.

Denota-se que na sociedade burguesa, as classes se põem em projetos conflitantes que determinam sua inserção na produção social a partir de projetos em disputas. Assim, finalidades (teleologias) e causalidades (objetividades) — nas análises de Heller (2000) sobre os textos de Marx — são fatos ontológicos-sociais fundamentais para as legalidades sociais.

Como resultante dessas legalidades sociais, identificamos que no campo das políticas públicas existem projetos políticos que estão em permanente disputa. No que diz respeito à política pública de saúde, essas disputas têm sido intensas, antes mesmo da redemocratização, com destaque para os conflitos entre o Projeto Privatista e o Projeto de Reforma Sanitária[2]. Conquanto, longe de conceber uma visão dualista, a tensão entre eles imprime uma materialidade diferenciada conforme a conjuntura e o lugar em que se inserem. Nesse bojo suscitam algumas indagações frente à lógica da política de saúde: quais perspectivas sócio-históricas podem ser apreendidas? Que tendências são sinalizadas? Quais configurações são assumidas nessa conjuntura?

Diante disso, buscamos, neste capítulo, inicialmente, situar a apropriação da concepção de saúde na lógica do capital; e, posteriormente, evidenciar a construção sócio-histórica da política de saúde

---

2. Segundo Bravo; Pelaez; Menezes (2020), nos governos Temer e Bolsonaro, além do Projeto da Reforma e o Projeto Privatista, entra em cena o Projeto da Reforma Sanitária Flexibilizada, tornando a luta pelo direito à saúde ainda mais complexa.

brasileira enfatizando as lutas e tensões diante da "ideia-proposta-projeto-movimento-processo" (Paim, 2008) da Reforma Sanitária, seja na construção do Sistema Único de Saúde (SUS) seja nos enfrentamentos atuais pulsados pela precarização, privatização, negacionismo[3], dentre outras características que expressam a barbárie do capital em contraposição à consciência sanitária.

Com isso, esperamos contribuir para o debate na defesa da política de saúde brasileira enquanto direito social; destacando as tendências ideopolíticas formuladas pelos sujeitos coletivos que a constroem, percurso repleto de lutas, tensões, resistências e persistências.

Saúde na lógica do capital

> *A defesa da vida deveria vir antes de tudo. Sem isso, a medicina, a política, a arte e muitas outras atividades humanas se perdem e viram puro egoísmo, tão-somente. (Campos, 1997).*

A saúde é uma das áreas que mais lidam com as vulnerabilidades humanas, na medida em que a mesma está diretamente ligada à sociabilidade; as formas de ser, pertencer e aparecer do indivíduo, sem perder de vistas seus aspectos coletivos. Percorrendo caminhos diferenciados e tensionados conforme o processo sócio-histórico, a apropriação da saúde como conceito vai se alterando no movimento da história e é por ela alterado.

Inspiradas na Medicina Social desenvolvida na Europa, a apropriação do conceito ampliou-se para além de seus aspectos biológicos, agregando tanto os determinantes sociais das doenças, como o processo

---

3. O negacionismo na conjuntura brasileira pós-golpe de 2016 tem se caracterizado por posturas anti-iluministas, que negam a supremacia do conhecimento racional e consequentemente as descobertas da ciência contemporânea. Essa postura agravou-se, sobretudo, diante da pandemia da covid-19, quando os chamados "negacionistas" se posicionaram contrários à eficiência da aplicação das vacinas próprias ao combate à proliferação do coronavírus.

de trabalho em saúde. Tais concepções foram apropriadas pela OMS em 1948 enfocando os aspectos biopsicossociais; e reiteradas na Conferência de Alma Ata em 1978 em que os países signatários afirmaram a construção de estratégias para garantir a proteção e a promoção da saúde, com metas que deveriam ser cumpridas até o ano 2000.

As antinomias indicam que: se por um lado, tal compromisso avançou na dimensão das ações de saúde rompendo com a dualidade reducionista que a associava enquanto ausência de doença; por outro lado, essa apropriação no contexto da sociedade capitalista, acrescidas das particularidades brasileiras, assumiu proporções que reiteravam a lógica dominante de "[...] um Estado autocrático, de forma a assegurar uma 'contrarrevolução preventiva' *(grifos dos autores)* para que a burguesia débil brasileira e compósita por interesses oligárquicos atravessados e associada ao imperialismo pudessem neutralizar, preventivamente, qualquer forma de protesto popular". (Mendes; Carnut, 2020, p. 18)

Denota-se que embora a concepção e as metas expressem esforços significativos sobre saúde, as mesmas nem sempre respeitam as peculiaridades sociais. Paradoxalmente explicitam e depositam formas genéricas, inócuas e focalistas às políticas sociais, desconfigurando compromissos coletivos construídos socialmente, induzindo uma febre que incita como único antitérmico as medicações impostas pela classe dominante.

Esse processo tende à alienação ao direito coletivo na garantia da saúde, em que as ações individuais reproduzem e reforçam o modelo centrado na "medicalização[4]", impondo a qualidade que atende ao mercado — expressões estas que reiteram e demarcam os ritmos e as atrocidades do modelo excludente de um sistema avassalador. Assim, nesse processo, os avanços ficam subsumidos às grandes determinações que impõem à classe-que-vive-do-trabalho a destituição de sua saúde, e com isso, de sua própria vida. (Berlinguer, 1996)

---

4. Para Berlinguer (1996), a medicalização são tendências que atribuem à medicina e aos medicamentos a centralidade na resolução dos problemas de saúde, ignorando os fatores sociais e assumindo uma função de controle e regulação das questões de saúde, neutralizando os conflitos.

O mercado-saúde, apressado em diagnosticar doenças e não as causas, sob a justificativa de "ajudar e aconselhar" o paciente — quase sempre sem escolha — induz a compra dos serviços (Berlinguer, 1996), estes atrelados às condições objetivas de vida frente à possibilidade de pagá-los. A saúde, portanto, converte-se em mercadoria, voltada à aquisição de bens e recursos alavancada pelo setor privado, adoecendo e culpabilizando o sujeito.

Nesse viés, há a centralidade nos serviços especializados em detrimento da atenção primária, sobretudo porque ações de promoção e de prevenção não atendem à lógica privatista devido ao seu baixo custo e à sua rentabilidade, demarcando, assim, a relação orgânica do Estado com o capital na medida em que o Estado apoia o setor privado oferecendo estratégias que o fortaleça com vistas ao aumento da lucratividade.

Na dialética entre a singularidade e a universalidade, a constituição da particularidade expressa a saúde da classe-que-vive-do-trabalho enquanto um valor social, passível de ser apropriado pelos interesses dominantes diante de uma sociedade, sob o *ethos* burguês, que tem em seu cerne as atrocidades de um modo de produção extremamente excludente, deixando inflamadas, estreitas e inchadas as vias respiratórias do direito social.

Nesse escopo, mesmo que preliminarmente, será provocada uma análise da política de saúde brasileira, com as mediações de sua trajetória frente as contradições que a compõem, evidenciando o levantamento parcial desse processo.

Lutas e tensões empreendidas pelo Movimento de Reforma Sanitária Brasileira

No Brasil, a trajetória da saúde percorreu processos em que diferentes correlações de forças e mutantes fontes de contradição social se estabeleceram, ganhando materialidade diferenciada em cada conjuntura, seja pelo predomínio da concepção de saúde como caridade, seguro ou direito. Constata-se que até o início do século XIX as ações na área da saúde se pautavam por questões pontuais, com foco no atendimento às elites nacionais. Contudo, o atendimento coletivo se fez presente de forma coercitiva frente às epidemias que assolavam o país, minimizando o adoecimento da força de trabalho e contendo eventuais desfalques na produção econômica.

As ações se sobressaíam pelo cunho autoritário e higienista na prevalência de um atendimento às causas graves e emergenciais que atrapalhassem o desenvolvimento de seu trabalho. As tensões percorriam as artérias sociais com requisições para a institucionalização na construção de uma política de saúde pública de responsabilidade do Estado. Contudo, as contradições explicitavam um compromisso com a burguesia nas relações entre o capital e trabalho no processo de produção e reprodução desigual da vida social, diante de um capitalismo comercial.

Mendes e Carnut ao referenciar Mascaro evidenciam que "o Estado se revela como um aparato necessário à reprodução capitalista, assegurando a troca de mercadorias [...]"; tais relações vão sendo constitutivas e constituintes de questões mais amplas, explicitando que este mesmo Estado "[...] não constitui mero resultado da vontade da classe dominante, mas sim de um determinado modo de produção e das relações sociais que lhe são inerentes". (Mendes; Carnut, 2020, p. 16-17)

É nesse bojo que as políticas sociais são concebidas e afirmadas, ou seja, como aparato do capital orientadas pela natureza e pelo lugar que o lucro ocupa no movimento desse processo. E, na particularidade da saúde, assume, ainda, a tônica de manutenção nas relações entre capital e trabalho na perspectiva da saúde do trabalhador, condição necessária na produção de mais-valia.

Depreendemos que a saúde reafirmava seu projeto vinculado à elite, constituído a partir de ações associadas às condições de trabalho, em que o bem-estar de saúde implicava na relação *stricta* com a ausência de doença. A simetria bilateral relacionada ao modo de produção e regulação das forças capitalistas não se expressava apenas entre as classes, mas também no interior da classe-que-vive-do-trabalho: aos trabalhadores urbanos com carteira assinada o atendimento médico-hospitalar, e aos demais cabiam os serviços filantrópicos.

Reitera-se, com isso, que a circulação sanguínea nas ações governamentais tinha como parâmetros as relações entre capital e trabalho, direcionadas para minimizar prováveis conflitos sociais; institucionalizando-se a partir de estratégias autoritárias de cunho legal com uma série de arcabouços para atender as exigências da burguesia, numa postura conservadora e controladora que imputava à saúde um viés dualista e focal — ao Ministério caberia as ações com ênfase às campanhas sanitárias e à então previdência a responsabilidade das ações médico-assistenciais. Escorel e Teixeira afirmam

> [...] a separação entre saúde pública e assistência médica previdenciária. A saúde pública sobre o controle do MES destinava-se a controlar e erradicar doenças infectocontagiosas, endemias ou epidemias que atingiam a totalidade da comunidade nacional e não grupos populacionais específicos [...] A assistência pública (médica) era de caráter individual, destinadas aos indivíduos acometidos por doenças que lhes impediam de trabalhar. (Escorel; Teixeira, 2012, p. 305)

Os sintomas instalados por essa dualidade, agudizados pelas deficiências do sistema, precarização dos serviços e desvios das verbas, desencadeavam manifestações no interior da sociedade com pleitos para a redemocratização a partir, sobretudo, das demandas na qualidade dos serviços e do acesso universal. As propostas de tratamento dessa "doença social" se expressavam a partir de lutas e de tensões que rompessem com a lógica dos direitos de saúde enquanto cunho curativo na manutenção das condições da força de trabalho. Embora com todas antinomias, havia uma requisição pelas proposições de saúde sinalizadas pela Organização Mundial de Saúde (OMS).

No processo de persistências e de resistências emergem momentos de lutas e tensões em todo cenário nacional. A medicação de amplo espectro foi demarcada com a associação da doença à pobreza, requerendo reformas de base estruturais; mas as antinomias no processo se deparavam com bactérias que gestavam resistências frente aos embates dos grupos — oligopólios — que estabeleciam as chamadas políticas racionalizadoras de cunho modernizante e autoritário, um movimento de mudar-conservando.

Segundo Paim (2008) a assimetria dos serviços assevera "[...] uma medicina de baixa densidade de capital e grande extensão social precariamente organizada, e um componente de alta densidade de capital e com pequeno alcance social, mas voltado para um padrão internacional". (Paim, 2008, p. 75)

Depreende-se que as ações na área da saúde produziam seu próprio adoecimento; no movimento dialético, contaminava todos os espaços de sociabilidade, gerando uma ferida crônica diante da necessidade e da utilidade "dos doentes". Os sinais mais gritantes expressavam serviços precários na saúde pública, tendo como respostas medidas gerencialistas no enfrentamento da chamada "crise", cuja resposta aferida desencadeava afecção societária pelo viés do aumento exponencial das iniciativas privadas, separando nitidamente a população que teria acesso ao atendimento de saúde com qualidade.

No processo de minimizar tais estados patológicos surgiram mobilizações em todo país: desde o segmento popular (exemplo de iniciativas vinculadas ao denominado Movimento Popular de Saúde — MOPS), ao segmento estudantil e o segmento profissional; expressando antecedentes importantes da Reforma Sanitária Brasileira (RSB). "Discutia-se a crise da saúde e o autoritarismo impregnado às práticas de saúde propondo-se uma redefinição de tais práticas a partir de uma crítica por dentro das mesmas." (Paim, 2008, p. 77)

As formas de lutas e tensões se presentificaram na década em toda sociedade, constituindo a disseminação das forças sociais contrárias à lógica privatizante e autoritária. A representação mais expressiva no combate a essa doença social se deu com constituição do Movimento de Reforma Sanitária. Um movimento que, a partir dos processos de resistência e persistências, imprime o ciclo ideia-proposta-projeto--movimento-processo (Paim, 2008, p. 171-172), compreendendo que,

> *Ideia*: constituída pelo pensamento inicial, uma percepção ou representação do fenômeno [...] *Proposta*: a transformação da *ideia* em *proposta*, ou seja, conjunto articulado de princípios e proposições políticas [...] *Projeto*: a Reforma Sanitária como *projeto*, isto é, conjunto de políticas articuladas ou "bandeira específica e parte de uma totalidade de mudanças" [...] *Movimento*: democratização da saúde, "movimento sanitário" ou "movimento da Reforma Sanitária", enquanto conjunto de práticas ideológicas, políticas e culturais que tomam a saúde como referência fundamental [...] *processo* envolve um conjunto complexo de práticas (inclusive práticas de saúde) que integram a totalidade social, não se esgotando nas práticas teórica, política e ideológica *(grifos do autor)*.

Depreende-se com esse ciclo que o Movimento de Reforma Sanitária tem seu protagonismo na luta pela saúde, mas não pode ser limitado a ela, pronto e acabado, requerendo processos, por vezes homeopáticos, no longo percurso pela democratização da saúde. Em que pese sua bandeira de resistências e persistências, assumiu o conceito mais ampliado de saúde, não reduzindo a uma política setorial (com desfecho em si mesma), mas sim a um conjunto amplo de mudanças societárias, tendo o socialismo como horizonte.

Isto posto, demarcamos a compreensão de que o direito à saúde, em seu processo sócio-histórico, requer apreender a dialética da luta de classes que forja a democracia e (re)constitui os sujeitos diante das antinomias expressas no bojo dessa sociedade.

As proposições reconheciam a dislexia intencional da burguesia na processualidade de uma democracia efetiva; na verdade, as ações dessa classe demarcam a democracia restritiva. Diante dessa perspectiva, o Movimento de Reforma Sanitária lutava e tensionava, num movimento de resistências e persistências pela garantia constitucional da saúde como direito de todos e dever do Estado, a partir dos princípios universalidade, igualdade e equidade, e das diretrizes integralidade, descentralização político-administrativo e participação popular.

Esta luta decorreu em grandes conquistas, dentre as quais: a conquista do atendimento integral com prioridade em ações preventivas, sem prejuízos dos serviços assistenciais de promoção e recuperação da saúde; a instituição da descentralização com direção única em cada esfera do governo; a equidade do atendimento no acesso aos serviços; a afirmação da participação da comunidade nas decisões, bem como a participação em caráter complementar das instituições privadas (esta última possibilitou contornos diferenciados ao longo dos anos subsequentes na ferida aberta da privatização da saúde).

A efetivação desse modelo de saúde desencadeou novos arranjos e organizações nos serviços, necessitando uma mudança não apenas organizacional, mas na forma como se apresentavam as relações entre os usuários dos serviços e os gestores, visando a qualidade nas ações prestadas à população de forma democrática e universal, enquanto direito do cidadão e dever de Estado.

Entretanto, as antinomias da realidade reiteraram suas feridas, ao tempo em que a Constituição incorporava um terço da população brasileira ao sistema de saúde, o governo do então presidente Fernando Collor de Melo, utilizando-se de vários bisturis reduziu em quase a metade os recursos da saúde. Nesse bojo, Paim (2008) evidencia que não é difícil compreender o "caos do SUS" no seu nascimento, muito menos no sucateamento dos serviços públicos, denunciando os diferentes projetos e a natureza que se gestaria sob os cortes cirúrgicos do Banco Mundial em suas políticas de ajustes alicerçadas pela ofensiva neoliberal, configurando

> o *SUS para pobres*, centrado numa "assistência primitiva de saúde" mediante focalização [...]; e o *SUS real*, refém dos desígnios da chamada "área econômica", do clientelismo e da inércia burocrática que, a cada momento, amplia os espaços do mercado para o seguro-saúde e os chamados "planos de saúde". (Paim, 2008, p. 211)

Na compreensão dessas diferentes concepções, decorrentes da construção de projetos que se contrapõem, as lutas de classes geram as circunstâncias (Heller, 2000) que são a síntese dessas tensões frente à materialidade no Direito à Saúde Universal. As discussões de Sader (2001) contribuem nesse entendimento ao afirmar que os direcionamentos na efetivação dos direitos, constituído pela luta de classes, são solos férteis de contradições históricas presentes (as elites e seu autoritarismo perante as ações do Estado), requerendo a necessidade de novos sujeitos em suas construções coletivas.

Por meio dessas reflexões depreende-se, ainda, que a RSB se objetivou conforme a correlação de forças estabelecidas na conjuntura do final do século XX, com persistências e resistências desencadeadas pelos avanços e retrocessos; (re)construindo nas lutas e nas tensões do início do século XX conquistas salutares diante da asfixia social instaurada na saúde com vistas à consciência sanitária.

Resistências e persistências na garantia do SUS

> O projeto da Reforma é um projeto civilizatório, que para se organizar precisa ter dentro de princípios e valores que nós nunca devemos perder, para que a sociedade como um todo possa um dia expressar estes valores, pois o que queremos para a saúde é o que queremos para a sociedade brasileira. (Paim, 2008)

Como exposto, a luta pela saúde é garantida na Constituição de Federal de 1988, galgado processos de lutas e de tensões no interior da sociedade pela redemocratização. Uma das expressões mais contundentes desse processo é o SUS, fundado num Estado com bases políticas e ideológicas basilares e orgânicas ao capital; tais resistências e persistências demarcaram garantias legais regulamentadas nas Leis Orgânicas de Saúde (LOS) n. 8.080 e 8.142, ambas de 1990 e operacionalizadas pelas Normas Operacionais Básicas do SUS (NOBs), que, mesmo sob austera ofensiva neoliberal alavancada por interesses burgueses e conservadores, conseguiram se efetivar.

Depreende-se que o novo se faz com o arcaico, imprimindo as velhas conduções típicas da realidade brasileira no movimento de mudar conservando; por vezes, reduzidas às mudanças setoriais, denominadas por Paim (2008) como *Reforma parcial*. Reitera-se que esse caminho é justificado com o discurso de salvar a economia — em resposta à valorização financeira pelo capital em sua forma mais perversa que é o capital portador de juros —, formou-se uma grande úlcera na sociedade, uma vez que a bactéria geradora tem como resposta o aumento da exploração do trabalho; a compressão do salário; o barateamento do capital constante; o aumento da superpopulação relativa dentre outras estratégias que acirram ainda mais a desigualdade. E a população acometida por essa ferida sofre pela falta de interesse para a "cura social", sob o discurso de que a resolução se dá a partir de uma medicação paliativa que perpassa a defesa "do SUS possível" e não do SUS real.

Dessa forma, as sínteses proteicas do SUS foram interrompidas pelos caminhos tortuosos das ações governamentais, carregados por elementos políticos e culturais da burguesia brasileira que imprimiram respostas às patologias suscitadas de forma pontual e fragmentada. Tais ações superficiais circunscritas ao financiamento, à gestão, ao acesso e outras ebuliram tensões dos movimentos sociais em defesa da saúde. Embora com êxitos, não resolveram os problemas de uma sociedade necrosada pelos interesses da burguesia diante do lugar que o lucro ocupa na circulação do capital.

Sob o cenário da ofensiva neoliberal, com crises econômicas e grandes questões políticas, a instabilidade na alocação dos recursos federais e os contingenciamentos no orçamento da saúde, sob o discurso ministerial de "flexibilização do SUS", potencializaram a inserção dos serviços privados, na prestação do serviço complementar ou suplementar. Em diferentes governos e períodos as estratégias têm divergências de nomes, implantação, financiamento e gestão; mas a realidade denota que transitam pela mesma convergência, a descentralização e desresponsabilização da política de saúde como responsabilidade de Estado, seja pelo viés da privatização dos planos, da flexibilização, da complementaridade etc.

Na década de 1990, exemplifica-se a regulamentação pelo Sistema de Assistência Médica Supletiva, com a criação da Agência Nacional de Saúde Suplementar (ANS); na década de 2010 temos as Organizações Sociais, a EBSRH, os Planos de Saúde Flexibilizados dentre outros (evidenciadas a seguir). Entretanto essas antinomias imprimiram resistências e persistências decorrendo em avanços e retrocessos na política de saúde; expressões mais prementes nos governos do presidente Luiz Inácio Lula da Silva; dentre os avanços temos uma nova arquitetura para a atenção básica de saúde através da Estratégia Saúde da Família e com ela a implantação de ações pelo Programa Saúde da Família (PSF), com foco na promoção e prevenção da saúde, sobretudo diante da criação do Núcleo Ampliado de Saúde da Família (NASF).

Ressaltamos, ainda, a implementação da Reforma Psiquiátrica, a efetivação do SAMU e das ações de Saúde Bucal; a elaboração do Plano Nacional de Saúde; a manutenção dos Programas Especiais (por exemplo: Combate ao Tabagismo e o Programas de HIV/Aids); e os Pactos pela Saúde (desdobrado em três dimensões e compromissos entre os entes federados: Pacto pela Vida, o Pacto em Defesa do SUS e o Pacto de Gestão). Também se destacam nesse governo o Programa Farmácia Popular.

Assim, denota-se que as primeiras décadas do século XXI engendraram avanços no âmbito da política de saúde. Mas, no movimento dialético, as contradições desse período se desdobraram em alguns retrocessos, que, diante de interesses divergentes e respaldados por políticas de ajuste macroeconômico, contrapuseram os direitos sociais. Bravo e Menezes (2008, p. 18) destacam que no governo Lula "as questões centrais não [foram] enfrentadas, tais como: a universalização das ações; o financiamento efetivo; a Política de Gestão de Trabalho e

Educação na Saúde e a Política de Medicamentos". Esse movimento tem seu registro, por exemplo, com a adoção de um novo modelo jurídico-institucional para a rede pública de hospitais, seja pela criação da Empresa Brasileira de Serviços Hospitalares (EBSERH) ou pelo fortalecimento das Organizações Sociais (OSs).

Entretanto, as lutas e tensões protagonizadas pelo Cebes e pela Abrasco ganham fôlego maior com a criação do Fórum da Reforma Sanitária Brasileira (2005) e da Frente Nacional contra a Privatização da Saúde (FNCPS), em 2010 — convergindo e divergindo em algumas proposições, mas resistindo à privatização na saúde e persistindo na defesa do direito à saúde.

Essas disputas políticas foram vitaminadas e se fortaleceram com o golpe em 2016 (aplicado pela via parlamentar, com a chancela da burguesia brasileira[5]), reforçando a hegemonia neoliberal, que procura dar a tônica do Estado pela flexibilização e a privatização. As ações mais aderentes à acumulação financista imputa num sistema político e econômico vinculado aos ditames da valorização dos juros da dívida e das especulações do capital portador de juros e o fictício — concomitante ao desmonte do Estado ocorrem as ações sociais e o fortalecimento para os especuladores.

Segundo Bravo, Pelaez e Pinheiro, "o governo ilegítimo de Temer trata-se de uma restauração conservadora de um projeto político ultra-neoliberal, assumidamente pró-capital, que visa resolver os impasses de acumulação e favorecer os interesses da classe dominante do país e aprofundar sua dependência junto ao capital internacional". (2018, p. 12) Acrescentam, ainda, que foram apresentados ao governo pelo PMDB, entre 2015 e 2016, documentos que sinalizavam a necessidade de redução dos gastos com as políticas sociais e, no caso da saúde,

---

5. É bastante emblemático o áudio vazado de uma palestra de um dos fundadores do BTG, André Esteves, na qual o banqueiro não só faz alusão ao golpe de 2016, afirmando que fora golpe, bem como afirmando as estratégias dos setores financeiros na política nacional. Disponível em: https://www.redebrasilatual.com.br/politica/2021/10/audio-de-andre-esteves-revela-na-tureza-fascista-da-burguesia/; ver também em: https://www.brasildefato.com.br/2021/10/25/leia-o-que-disse-andre-esteves-sobre-conselhos-a-lira-campos-neto-e-ministros-do-stf

imputava a focalização dos serviços. Bravo e Pelaez, em estudo mais recente com Menezes, acrescentam que a

> aceleração dos processos de contrarreforma e a continuidade do processo de privatização *não clássica* na saúde, adensados pelo congelamento de recursos orçamentários para as políticas sociais por vinte anos, cortes orçamentários na política de saúde; a proposição dos chamados planos de saúde acessíveis; propostas de retrocessos na política de saúde mental e de mudanças na Política Nacional de Atenção Básica (PNAB); articulação efetiva com o setor privado por meio da Coalizão Saúde (2017). Em síntese, o governo Temer repete na saúde a sua tática para o conjunto da gestão, que consiste no aprofundamento das contrarreformas e na aceleração do desmonte das políticas públicas e universais. (Bravo; Pelaez; Menezes, 2020, p. 196)

Essas ações vêm a reboque da EC-95 que congela os gastos da saúde por 20 anos, com perdas significativas dos recursos direcionados ao SUS, perpassando a casa dos R$ 654 bilhões de reais se o crescimento médio do PIB for de 2% ao ano. Já em uma estimativa de crescimento maior de 3% ao ano, as perdas chegarão a R$ 1 trilhão. Ou seja, quanto mais a economia brasileira crescer nesse período, maior a perda de recursos para a Saúde. (Bravo; Pelaez; Pinheiro, 2018; Bravo; Pelaez; Menezes, 2020)

Denota-se a centralidade da lógica gerencialista, com o discurso de que os problemas do SUS reduzem-se à gestão, e que tais estratégias privatistas resolveriam suas deficiências. Isso demarca a transposição histórica da problemática do subfinanciamento para o desmonte da saúde, que, com a EC-95, transplantou-se para desfinaciamento.

Focando nessa tática do subfinaciamento do SUS, são presentes na análise de pesquisadores os direcionamentos e prejuízos à saúde, apresentando o principal ataque neoliberal na precarização dos serviços. Segundo Mendes e Carnut (2020), as três décadas de existência do SUS expressaram uma combalida sustentabilidade financeira, cujas evidências desse subfinanciamento estão nos gastos do Ministério da

Saúde com ações e serviços, que representaram apenas 1,7% do PIB, entre os anos de 1995 a 2019; ao passo que os gastos com a dívida pública representaram, segundo os autores, 6,6%.

A segunda evidência apresenta o artigo 55 das Disposições Constitucionais Transitórias da Constituição Federal, o qual prevê que 30% dos recursos da Seguridade Social deveriam ser destinados à saúde. Entretanto, dos R$ 750 bilhões da seguridade, apenas R$ 122,3 bilhões foram destinados à pasta, muito aquém aos R$ 225 bilhões (efetivos 30%). Essas evidências apresentam o quadro crônico e estagnante de desfinanciamento do SUS.

O caminho do subfinanciamento, e a sangria da artéria de financiamento ao SUS, apresenta outra infecção: o aumento da alíquota da Desvinculação das Receitas da União (DRU), cuja funcionalidade, desde 1994, é de retirar das receitas do Orçamento da Seguridade Social 20%, com possibilidade de renovação de quatro em quatro anos, de fundos ao pagamento dos juros da dívida pública. Atualmente, a alíquota se apresenta em 30%. Segundo os autores:

> Com a elevação do percentual de desvinculação, a subtração de recursos da Seguridade passou de uma média de R$ 63,4 bilhões, entre 2013 e 2015, para R$ 99,4 bilhões, em 2016, R$ 113 bilhões, em 2017, R$ 120,1 bilhões, em 2018, e R$ 116,6 bilhões, em 2019 (ANFIP, 2020). Em síntese, o significado da DRU, ao longo de sua existência, correspondeu a uma perda de recursos para a Seguridade Social, entre 1995 e 2019, de R$ 1,2 trilhão. (Mendes; Carnut, 2020, p. 21)

Além dos esgotamentos de fontes de financiamento do SUS, as ações autoritárias encabeçadas com mais proeminência no governo Bolsonaro estão o fechamento de canais democráticos: os conselhos. O Decreto n. 9.759/2019 estabeleceu limitações e extinguiu conselhos no âmbito da administração pública federal, reduzindo os canais para a atuação da sociedade civil organizada, cerceando as participações populares na decisão de poder.

Outra explicitação desse controle no mesmo viés é demarcada pela forma como o mesmo trata os movimentos sociais, a imprensa e demais cidadãos que contraponham e/ou interfiram em seus intentos: por vezes, ainda muito arcaico, mas por vezes requintado de institucionalidade, vide PEC 193/2019[6].

Como se percebeu, tais ações se intensificaram e aumentaram a hipertensão do SUS com o advento do governo Bolsonaro, posto que o mesmo empreendeu novas e antigas formas de privatização, de sucateamento e de desmonte das políticas sociais, e, com elas, a política de saúde, cuja característica básica, evidenciada por Bravo, Pelaez e Menezes (2020) é o extremo liberalismo; o temor das mobilizações; e o desprezo pela participação da maioria.

No mandato de Bolsonaro (2019-2022), intensifica-se a proposta mais conservadora e radicalizada de neoliberalismo. Sem meios-termos ou ponderações, as falas do presidente se apresentaram em uma pauta de costumes conservadores, acrescido do formato em políticas privatizantes, mais efusivo e banhado em violência. Posto isso, a burguesia nacional (monopólios de mídia, industriais, banqueiros) endossa e viabiliza o "capitão" como o analgésico necessário para a construção da hegemonia neoliberal e o projeto de sociedade que desejam. Se antes o orçamento era disputado no pleito democrático com setores organizados da classe trabalhadora, a elite brasileira refuta essa possibilidade e apresenta o "novo" governo, cujo caráter neofascista se caracteriza em força para as contrarreformas e manter as táticas de privatizar o Estado e desmontar os direitos dos brasileiros.

Bravo, Pelaez e Menezes (2020) destacam, ainda, que a partir da pesquisa empreendida identificaram grandes debilidades para analisar a política de saúde nos seis primeiros meses. Recorrendo ao plano de governo, identificaram uma fragilidade na apresentação

---

6. Sob a justificativa de dar modernidade à atividade sindical, essa PEC reprime mobilizações sindicais e deixa grandes lacunas na forma como os sindicatos estarão participando, e altera a garantia de autonomia dos mesmos sob o jugo de liberdade sindical, dentre outras questões que demarcam retrocessos e liberdade das lutas sociais.

e nas proposições, com explicitações contraditórias e pontuais que caminham com a demarcação da necessidade da continuidade da lógica privatista

Embora o primeiro ministro da Saúde nomeado por Bolsonaro (aclamado pela mídia no momento da pandemia da covid-19)[7] enfatizasse em seu discurso de posse a saúde como direito, o fez com uma forte sinalização de fortalecimento da rede privada. Ainda que a Constituição preveja a participação do mercado na oferta dos serviços de saúde, sabemos que a fala do ministro não diz respeito ao entendimento da rede privada como complementar à rede pública, mas sim como substitutiva dessa. Dessa forma, fica evidente a estratégia de enfraquecimento da rede pública.

Destacamos que não são as políticas administrativas e financeiras, sob o viés gerencialista, que devem alterar a política de saúde, embora pareça que seja essa a tônica da lógica impressa na sociedade do capital a partir do ideário do "SUS possível" — direcionado pelo mercado tendo como carro chefe das ações a processualidade dos direitos do consumidor. O fio condutor que deve balizar as lutas e tensionamentos são direitos constitucionais que demarcam e direcionam a política de saúde em suas demandas e condicionalidades sociais.

Sendo assim, na contraposição, o governo federal vem conferindo uma série de medidas que não apenas ferem e contaminam o direito à saúde, mas retrocede e desmonta o que se construiu. Dentre as ações, se destacam: o adiamento de Conferências (mesmo antes da pandemia); a redução da importância dos CAPS em fortalecimento das Comunidades Terapêuticas (nitidamente já comprovados seus interesses privatistas em detrimento do cuidado aos/às pacientes); a liberação da compra de aparelhos de choque elétrico e fortalecimento dos manicômios (desconsiderando a reforma psiquiátrica); a proposta de criação de *voucher*/vale-saúde à população, dentre outras

---

7. O governo Bolsonaro foi marcado pela sucessão de Ministros, sobretudo no Ministério da Saúde. Até o momento foram Ministros da Saúde do governo Bolsonaro: Luiz Henrique Mandetta, Nelson Teich, Eduardo Pazuello e Marcelo Queiroga.

proposições que demarcam o deslocamento das ações de saúde para outros ministérios e a descaracterização do modelo de estrutura organizacional do SUS (modelo bravamente elaborado e admirado no mundo — sendo referência para outras políticas). (Bravo; Pelaez; Menezes, 2020) Ressaltamos dois outros programas que foram desmontados nesse governo: o Programa Mais Médicos e o Núcleo de Apoio à Saúde da Família (NASF). No primeiro, sob o discurso de reformulação do programa com vistas a um caráter mais técnico do que político (como se fosse possível), denota-se que não ocorreu essa substituição e imprimiu um caráter político e antidemocrático em desconstruir uma política implantada pelo governo anterior. E, no que tange ao NASF, instituiu-se a Norma Técnica n. 3, de 2020, a qual revoga seus serviços, instituindo o Programa Previne Brasil, a partir de um novo modelo de financiamento de custeio da Atenção Primária à Saúde (APS). Lembrando que desde 2017 o NASF já vinha sofrendo ataques no que tange à natureza das ações desenvolvidas no bojo da atenção básica de saúde[8].

Como se não fosse possível aumentar a ferida (embora não saibamos o quanto pode abrir mais), essas contradições tiveram seu ponto mais alto com a chegada da covid-19, infecção respiratória gravíssima causada pelo coronavírus SARS-CoV que atingiu níveis globais — sendo, com isso, considerada pandemia pela OMS.

A pandemia alterou as condições de vida da população, mas, diferente do que se propalava, que a doença era horizontalmente social, a realidade vem demonstrando que é uma doença vertical, com recorte explícito de gênero, classe e raça, rebatendo diretamente na população que vive em comunidades periféricas, precárias de serviços e de acesso aos mínimos sociais de sobrevivência. A pandemia apresentou a olho nu as fragilizações das condições sociais brasileiras. Com ela, passamos a enxergar melhor a necessidade de programas sociais de combate à pobreza extrema e socorro à fome e ao desemprego.

---

8. Para maiores informações, ver http://cebes.org.br/2020/02/novo-financiamento-da--atencao-basica-impactos-sobre-o-nasf-ab/

Outra questão que merece destaque se presentifica com a realidade de um país que se destacava pela ampla cobertura vacinal, mas, que no momento de pandemia, por decisão do governo, as vacinas de prevenção à covid-19 não foram adquiridas em tempo hábil, e o pior: tanto o presidente quanto seus ministros, e parte da população que o apoia, difundem reiteradamente informações falsas sobre curas milagrosas ou tratamentos precoces para a covid, além de incentivarem a população a não acreditar na proteção trazida pelas vacinas[9].

Esse comportamento, chamado de negacionista, por desprezar a importância do conhecimento racional e científico, coaduna com a prevalência da economia sobre as vidas humanas. É de causar espanto o fato de que, no momento em que o SUS deveria mais ser fortalecido, ele é sucateado. O autoritarismo do governo Bolsonaro aliado ao despreparo e incompetência para gerir a "coisa pública" também reforçam *o laissez faire*, pois o mercado passa a agir de modo desimpedido, o que pudemos verificar com o aumento exponencial das teleconsultas, dos telediagnósticos, além da oferta de tratamentos sem comprovação científica por empresas operadoras de serviços médicos[10].

Reafirmando o atual momento de ataque ao direito à saúde: com a palavra, os movimentos sociais

Como já exposto, a trajetória da política de saúde no Brasil advém de longos processos de lutas, tensões, resistências e persistências na

---

9. A consequência do chamado "negacionismo" do governo foi a morte de cerca de 600 mil pessoas (até janeiro de 2022), o que levou o Senado Federal a instalar uma Comissão Parlamentar de Inquérito (CPI) com a missão de investigar a omissão do governo no combate à pandemia.

10. O caso mais emblemático foi o da operadora de Planos de Saúde Prevent Senior, investigada pela CPI da covid. A empresa foi denunciada por oferecer aos seus pacientes o chamado *kit* covid, tratamento alternativo sem comprovação científica que levou ao óbito muitos de seus clientes, a maioria idosos. Disponível em: https://g1.globo.com/economia/noticia/2021/09/28/prevent-senior-a-empresa-pivo-de-um-dos-maiores-escandalos-medicos-na-historia-do-brasil.ghtml

defesa dos direitos. Dentre os movimentos populares que estiveram à frente dessa luta e constituíram a saúde na perspectiva da consciência sanitária, destacam-se: a UMPS (União dos Movimentos Populares de Saúde), constituído no início de 1997; e a Central de Movimentos Populares (CMP), congregando um amplo arco de movimentos de luta pela moradia, saúde, assistência social, camelôs (cada movimento é denominado de setoriais).

Neste texto, busca-se apresentar a fala dos sujeitos para consubstanciar a conjuntura atual, esquadrinhando a dialética desses embates[11]. Para tanto, o constructo contou com dois quadros políticos, quais sejam: um representante da UMPS e outro da CMP, Hugo Fanton[12].

A análise de conjuntura constituída pelos mesmos indica os ataques que os direitos à saúde vêm sofrendo, expressados pelo chamado desmonte do SUS:

O Golpe que destituiu Dilma da Presidência da República trouxe para o cenário um desfinanciamento do Sistema Único de Saúde (SUS). O grande agente disso é o governo Temer, com suas políticas econômicas e sociais, que, além da saúde, atacaram diferentes áreas, tais como habitação, cultura e educação (UMPS).

Para o representante da UMPS,

Na questão da saúde, o que eu vejo, como dificuldade, como intenção é exatamente o desmonte do SUS (UMPS).

---

11. As falas aqui apresentadas visam contribuir com o esquadrinhamento da conjuntura atual da saúde em tempos de barbárie; não sendo pretensão deste texto analisá-las no escopo da discussão sobre a apropriação do saber saúde pelos movimentos sociais, isso caberá à pesquisa que vem sendo realizada e será publicizada em outro momento.

12. A participação de ambos os sujeitos foi devidamente autorizada para consubstanciar esse texto. No que se refere ao representante da UMPS é um militante na área da saúde por mais de 30 anos. Já o representante da CMP é o jornalista Hugo Fanton (autorizou divulgar seu nome), militante no direito à saúde e liderança da CMP, que vem desenvolvendo estudos e pesquisas na área, construindo significativamente a leitura da realidade a partir de dados colhidos para sua pesquisa, que será publicada em indexação específica neste ano de 2018.

Denota-se nas entrevistas a ação do atual Governo, que procura estreitar ao máximo os laços com o setor privado. No processo sócio-histórico da luta popular, expressa com a RBS, os ataques à saúde empreendida na conjuntura atual representam um sufocamento à consciência sanitária. Para o representante da CMP "[...] isso torna mais impactante, por se caracterizar um ataque à Democracia, reduzir os espaços de debate e de participação popular".

O SUS nasceu por conta de uma mobilização imensa, em meados de 1975, a nível da periferia, feito de forma horizontal. De fato, a população se colocando enquanto sujeito. E influenciou e muito o movimento Sanitarista Brasileiro, que, na Constituição de 1988, nos artigos 196 a 200, que fala sobre a saúde. E, depois, a lei que cria o próprio SUS (CMP).

A fala do representante da CMP afirma a importância dos movimentos populares no processo da consciência sanitária, tendo a partir da RSB seu expoente mais significativo da luta, o SUS. Denota-se, com isso, a apropriação da importância dos sujeitos na construção dos direitos, a partir das lutas, tensões, resistências e persistências, colocando os movimentos sociais no cenário político brasileiro. Sader (2001) explicita que tais organizações estão pautadas pelas contradições cotidianas de necessidade de acesso aos direitos básicos.

A aterosclerose da saúde ocorre diante de gorduras, do colesterol e outras substâncias expressas no modo de produção capitalista que interrompem e endurecem o estreitamento das artérias que compõem o SUS, assim explicitadas:

Ocorre o seguinte, que aqueles que sempre dominaram esse país, o Capital, perceberam o prejuízo se fosse de fato implantado o sistema de saúde único, como preceitua a lei e a Constituição. Aí a reação, ou seja, como dependia vários artigos de lei complementares que foram sancionados pela presidente Dilma, muito tempo depois (UMPS).

É interessante o cenário de construção do SUS para identificar a capacidade de implementação da política frente aos condicionantes

históricos, demonstrando a correlação de forças no interior da sociedade brasileira. Em sua contextualização macroeconômica,

> *É importante pensar o contexto de construção do SUS. Em uma das minhas
> entrevistas[13] que fiz para um artigo da ADUSP, entrevistei Áquiles Mendes,
> professor da USP, de economia política da saúde, ele evidencia que nos últi-
> mos 30 anos de hegemonia do capital financeiro, a saúde passa a ter ataques
> de privatização e desfinanciamento. O financiamento da saúde é alvo fácil
> por não ter uma origem, garantida em Constituição, com fontes definitivas.
> Somente em 2012, pela lei complementar 141/2012, surge um horizonte, mas
> sem fixação de recursos da União, em base das correntes brutas. Chegamos
> com a EC 86/2015 que coloca os gastos públicos pela receita corrente líquida.
> Pelo que parece, o governo Temer quer fechar a torneira para o financiamento
> do SUS (CPM).*

Aqui expressa uma medida mais geral implementada pelo governo Temer no direcionamento do Estado brasileiro, sob a ofensiva
neoliberal reduz gastos sociais com a Desvinculação das Receitas da
União (DRU), retirando o dinheiro da Seguridade para pagar os juros
da dívida, sob a alegação que o Estado é muito oneroso.

Vale ressaltar que em 2015 o Estado brasileiro liberou R$ 501.786
milhões para pagamento de juros da dívida pública; no que tange
à saúde, os gastos despendidos foram de R$ 121.011 milhões. Esses
dados foram coletados pelos economistas a partir do Banco Central,
demonstrando as (des)medidas e expressões das políticas econômicas
neoliberais, cujo foco se dá na sucção do Estado pelo mercado financeiro. (Belluzo; Gallípolo, 2017)

Esse discurso de "fechar a torneira" (desfinanciamento) precariza
cada vez mais as políticas sociais, dentre elas a política de saúde — o
que pode causar um Acidente Vascular Cerebral no SUS. Assim,

---

13. Hugo Fanton refere-se a um artigo que fizera para a revista ADUSP (2018). Esse artigo
ainda está no prelo, mas, segundo o entrevistado, trouxe-lhe mais informações a respeito das
táticas utilizadas para os desmontes do SUS.

Os gastos com saúde são apenas 3,9% do Produto Interno Bruto (PIB), ao contrário de outros países que utilizam 8% em média do PIB. Países com sistemas universais, semelhantes ao SUS (CPM).

Nesse exposto,

O governo Temer congelou o gasto público e o capital privado pressionou para receber recursos. É mais ou menos assim: se ele entra na saúde com alguma atividade, ele tem renúncia fiscal, não paga imposto, chegando em 2018, R$ 40 bilhões (CPM).

O desfinanciamento é uma das doenças que mais matam o SUS, com táticas nefastas para o desarme do mesmo. As decorrências desse processo se intensificam na saúde:

O que temos é um setor privado, que está abrigado na saúde e que vive se aparelhando no Estado brasileiro. Isso é mais visível com a aprovação da EC-95, a "PEC do fim do Mundo", que congelará os gastos com saúde por mais de 20 anos. É claro, com essas medidas, que no atual Governo (Temer) é mais próximo do núcleo de poder, deram o Golpe, para não dividir com ninguém. O único jeito de retirar essa influência é uma Reforma Política, como foi o Plebiscito da Constituinte, que reduza a influência das empresas no Estado (CPM).

Denota-se nesse processo de consciência sanitária que o representante da CPM tem como parâmetro as proposições sinalizadas pela RSB, ainda que em caráter mais setorial, com perspectivas à ampliação e garantia dos direitos sociais.

Para um dos representantes entrevistados,

A saúde necessita arrumar novos fundos, e não cortá-los ou restringir. Parte da previdência recebe ataques pelos cortes, e o capital financeiro que já abocanha os 22% do orçamento federal quer mais recursos. Isso inviabiliza outras medidas de garantia dos direitos e qualidade do SUS (CPM).

Vê-se que as renúncias fiscais, a diminuição do financiamento ao SUS e a EC-95 são mediações que as elites, em seu projeto particular, impingem à classe que vive do trabalho com vistas a transformar suas necessidades e gerar valor; assim, transforma em universal, por fórceps, as necessidades de dividendos. Se, por um lado, o projeto de reforma sanitária, via movimentos sociais, luta e tenciona o financiamento a partir do PIB do Estado, por outro lado, o projeto privatista apercebe os ganhos com a saúde e faz disso moeda de troca. Com isso,

> *Os inimigos do SUS são [os] que defendem os planos de saúde, as entidades terceirizadas que têm interesse de entrar no ramo da saúde; são esses que infelizmente acabam tendo parte do dinheiro público* (UPMS).

Essa fala remete a ações empreendidas pelas elites no enfrentamento dos problemas relacionados à política de saúde, evidenciando a fusão gradativa entre o público e o privado, com perspectivas da substituição do SUS por um Sistema Nacional de Saúde — dimensões jamais expressas na trajetória da política de saúde brasileira.

Essa forma imbricada de relacionamento abrange tanto as terceirizações, diante da contratação dos diversos serviços existentes nos espaços de saúde, com maior destaque para as Organizações Sociais de Saúde, recebendo dinheiro do SUS (direta ou indiretamente); mas também ocorre o incentivo à expansão das operadoras dos planos de saúde por meio de ações que perpassam desde a flexibilização dos serviços à alteração das regras vigentes que "beneficiavam" os segurados — proibindo a aplicação do Código de Defesa do Consumidor nos contratos de planos de saúde[14].

No contexto de crise estrutural do capital, a saúde tem sido um espaço de grande interesse de grupos econômicos pelos lucros para

---

14. Ver matéria em: https://www12.senado.leg.br/noticias/materias/2017/10/02/novas-normas-podem-prejudicar-usuarios-de-planos-de-saude-dizem-especialistas. Acesso em: 20 ago. 2018.

impor a lógica privada nos espaços públicos, asfixiando-a ainda mais a partir da ameaça ao caráter público e universal da saúde.

Desta forma, a conjuntura atual expressa o perecimento do SUS e o estrangulamento gradativo dos direitos de saúde construídos coletivamente, repercutindo na arquitetura da política de saúde atual. As instâncias de participação que historicamente resistiram e persistiram na RSB se veem sufocadas diante do arcabouço teórico-legal que a constituem, na medida em que os conselhos de saúde se deparam com tensionamentos calcados na lógica patrimonialista e paternalista brasileira. Segundo o representante da UPMS,

> É o primeiro golpe na política e democracia do SUS [...] Eles estão aí em cima, para sondar a forma de organização da população e os diversos conselhos enfraquecendo a participação da população. Se atacarem isso, o SUS estará condenado (UPMS).

Tais apontamentos denotam que as pressões da sociedade civil, sobretudo representadas por diversos movimentos sociais ligados diretamente à defesa da saúde pública, não têm sido suficientes para salvarem a defesa do direito à saúde. Contudo, não pode desmerecer os avanços significativos empreendidos até os dias de hoje, pois, se não os tivesse, a ferida poderia estar necrosada. Para tanto, a luta deve ser o fio condutor permanente desse processo de defesa da saúde pública: "Se o movimento quando se transforma em sistema tende a fazer dominar a dimensão instituída do processo sobre a instituinte, a recuperação e a transformação do movimento poderiam conquistar novas energias instituintes transcendendo, portanto o sistema". (Paim, 2008, p. 256)

Dessa forma, torna-se imperioso e necessário ROMPER com a percepção de saúde como resultado de ações pontuais e fragmentadas, reforçando a compreensão da mesma como ausência de doença, o que implica uma busca por mudanças parciais e setoriais, que tem em sua marca a mercadorização da vida, associando o acesso e o direito à saúde ao consumo.

Apreender as proposituras da RSB enquanto "ideia-proposta-projeto-movimento-processo" pressupõe assumir lutas, tensões, resistências e persistências de forma contínua no bojo da sociedade capitalista. Se inicialmente a bandeira da RSB foi a implantação do SUS, nesse momento torna-se imprescindível romper com as discussões setoriais em volta do financiamento, organização, acesso e qualidade. Para tanto, é impreterível buscar mudanças profundas numa orquestração histórica de elementos políticos, ideológicos, econômicos e técnicos a partir da relação dialética entre o específico e o geral, na perspectiva de transformar a sociedade, com rupturas qualitativas. (Paim, 2008)

Nesse sentido, os movimentos sociais são sujeitos políticos fundamentais no processo de mobilização para a difusão e a ampliação da consciência sanitária (que nada tem a ver com a perspectiva higienista do sanitarismo da década de 1920) com vistas a alterar a correlação de forças no processo de lutas, tensões, resistências e persistências de uma sociedade mais democrática na perspectiva assumida pela RSB.

À luz das considerações na defesa das lutas, tensões, resistências e persistências

Como exposto, os ataques que o SUS vem sofrendo, ao longo de seus trinta anos de existência, revelam as fragilidades "cultivadas" e se apresentam na conjuntura. Entretanto, antes de calcular as faltas de gestão ou qualidade dos serviços, é preciso trazer à luz que não é apenas relapso ou acaso conjunturais; mas sim, um projeto de privatização e apropriação do maior sistema público e universal de saúde do mundo. É antes de tudo uma estratégia que impulsiona as ações se setores de classe que pretendem retirar dividendos e transformá-los em negócio rentável ao capital em seu movimento que faz com o lucro.

Explicitam táticas constituídas por meio do subfinanciamento, restrição dos agentes sociais na decisão de poder e limitações de fontes destinadas ao fomento (seja ela via PEC/95, ou pelo aumento de alíquotas da DRU). Essas deixam os fundamentos e ações de classe planejadas; equivoca-se quem atribui ao problema de gestão ou administração. As decorrências deste processo se presentificam cotidianamente na qualidade dos serviços de saúde prestados (quando os tem); e que no momento pandêmico frente às medidas privatistas contraditoriamente colocam em evidência a toda população o SUS, seja pela vacinação universal ou pela fragilidade e precarização que o mesmo enfrenta, contrapondo os direitos de saúde.

Destaca-se que uma parcela da população, diante destes fatos, vem denominando o governo atual como genocida, uma vez que nega a ciência e tenta resolver a pandemia com a imunidade de rebanho[15] pela infecção. Entretanto, compreendemos que não são características desse momento, mas nele, se tornam agudas. Percebemos que as medidas empreendidas contra o SUS, sobretudo desde 2016, já demarcavam o descaso, o desmerecimento e o sucateamento dos serviços que, de forma precária, era "ofertado", e incentivam, assim, a saúde privada em detrimento da saúde pública — selecionando a população que mais interessa ao capital.

Depreendemos, ainda, que a desconstrução e o desmonte vêm se dando pelo viés da supressão e da compressão da política de saúde, colocando na UTI os programas e as ações histórica e coletivamente construídos. Isso representa mais do que minar e asfixiar o SUS, expressa a negação da sociedade democrática e dos direitos conquistados e, com isso, afirma a relação orgânica do Estado com o capital em detrimento da classe que vive do trabalho.

Vivenciamos momentos nos quais temos as guinadas e ofensivas mais nocivas e ultraliberais de cariz autoritário e fascista, que se encontra no atual governo de Jair Messias Bolsonaro; uma inação

---

15. A imunidade coletiva, ou de rebanho, é obtida quando a maior proporção de indivíduos em uma comunidade está protegida, seja porque teve a doença ou porque foi vacinada. Com poucas pessoas vulneráveis, a circulação do agente que causa a doença cai, protegendo de modo indireto aqueles que não estão imunizados. Disponível em: https://sbim.org.br/covid-19/75-perguntas-e-respostas-sobre-as-vacinas/vacinas-covid-19-eficacia-seguranca-e-duracao-de-protecao/1503-para-que-aconteca-a-tal-imunidade-de-rebanho-quanto-da-populacao-brasileira-precisara-ser-vacinada. Acesso em: 17 mar. 2022.

antes de ser erro ou inaptidão é sim um projeto de demolição, cujas consequências explicitam, em dezembro de 2021, 625.000 vidas brasileiras ceifadas diante de um programa de lucros acima das vidas, um genocídio em troca do dinheiro.

Todavia, em nome dessas vidas, e de outras que correm atrás de caminhão de coleta de lixo por comida, que as lutas, tensões, resistências e persistências se fazem presentes, com destaque às ações de movimentos sociais contramedidas e tecendo enfrentamento à privatização da vida no bojo das políticas sociais. É expressando movimentos das classes em luta que o motor da história brota aos olhos defendendo direitos na perspectiva da consciência sanitária.

Referências

BARBOSA, S. de S. *Humanização em saúde:* estado da arte de dissertações e teses (2006-2016). Dissertação (Mestrado em Serviço Social) — Pontifícia Universidade Católica de Goiás, Goiânia, 2018.

BELLUZO, L.; GALLÍPOLO, G. *Manda quem pode, obedece quem tem prejuízo.* Campinas: Ed. Contracorrente, 2017.

BERLINGUER, G. *Ética da saúde.* São Paulo: Hucitec, 1996.

BRAVO, M. I. S.; MENEZES, J. S. B. de. Política de saúde no governo Lula. *In: Política de saúde na atual conjuntura:* modelos de gestão e agenda para a saúde / Organizadores, Maria Inês Souza Bravo [et al.]. — 2. ed. Rio de Janeiro: Rede Sirius/Adufrj-SSind, 2008.

BRAVO, M. I. S.; PELAEZ, E. J.; MENEZES, J. S. B. de. A saúde nos governos Temer e Bolsonaro: lutas e resistências. *Revista Ser Social:* Estado, democracia e saúde, Brasília, v. 22, n. 46, jan./jun., 2020.

BRAVO, M. I. S.; PELAEZ, E. J.; PINHEIRO, W. N. As contrarreformas na política de saúde do governo Temer. *Revista Argumentum.* Vitória-ES: UFES, v. 10, n. 1, p. 9-23, jan./abr. 2018. Disponível em: http://10.18315/argumentum.v10i1.19139 Acesso em: 15 jul. 2018.

CABRAL, M. do S. R.; ASSIS, I. M. de; SOUZA, G. de A. C. (org.). *Crise capitalista, pandemia e movimentos Sociais*. São Paulo: PUC-SP, 2021.

CAMPOS, G. W. S. Médico: herói, vilão ou um profissional em apuros. In: *Saúde em debate*. São Paulo: Moderna, 1997. (Coleção debate na escola).

CARVALHO, J. M. de. *Os bestializados* — o Rio de Janeiro e a República que não foi. 3. ed. São Paulo: Companhia das Letras, 2001.

COUTO, B. R. *O direito social e a Assistência Social na sociedade brasileira:* uma equação possível? São Paulo: Cortez Editora, 2004.

ESCOREL, S.; TEIXEIRA, L. A. História das Políticas de Saúde no Brasil de 1822 a 1963. In: GIOVANELLA, L. *et al.* (org.). *Políticas e Sistema de Saúde no Brasil*. 2. ed. Rio de Janeiro: Fiocruz, 2012.

GIOVANELLA, L.; ESCOREL, S.; LOBATO, L. V. C. L.; NORONHA, J. C.; CAR-VALHO, A. I. (org.). *Políticas e Sistema de Saúde no Brasil*. 2. ed. Rio de Janeiro: Fiocruz, 2012.

GONÇALVES, C. A. *Direitos à saúde:* um estudo sobre as práticas dos assistentes sociais das unidades de saúde de Sorocaba-SP — 2006. Dissertação (Mestrado em Serviço Social) — Pontifícia Universidade Católica de São Paulo, São Paulo, 2006.

GONÇALVES, G. A. *A territorialização do uso e controle da água a partir da abertura à participação do capital privado na Sabesp*. Dissertação (Mestrado em Geografia, Desenvolvimento Territorial na América Latina e Caribe) — Universidade Estadual Paulista/ Escola Nacional Florestan Fernandes/Unesco, São Paulo, 2017.

HELLER, A. *O cotidiano e a História*. 6. ed. São Paulo: Paz e Terra, 2000.

LUKÁCS, G. *Socialismo e democratização:* escritos políticos 1956-1971. Rio de Janeiro: Ed. UFRJ, 2010.

MARX, K. *O dezoito Brumário de Luiz Bonaparte e Cartas a Kugelman*. 11. ed. São Paulo: Paz e Terra, 2002.

MENDES, A.; CARNUT, L. Capital, saúde, crise e a saúde pública brasileira: golpe e desfinanciamento. *Revista Ser Social:* Estado, democracia e saúde, Brasília, v. 22, n. 46, jan./jun., 2020.

MENDES, A.; CARNUT, L. Capitalismo contemporâneo em crise e sua forma política: o subfinanciamento e o gerencialismo na saúde pública brasileira. *Revista Saúde e Sociedade.* São Paulo, 27, n. 4, 2018.

PAIM, J. S. *Reforma sanitária brasileira*: contribuição para a compreensão e crítica. Salvador: EDUFBA; Rio de Janeiro: Fiocruz, 2008.

SADER, E. *Quando novos personagens entram em cena:* experiências e lutas dos trabalhadores da Grande São Paulo (1970-1980). 4. ed. Rio de Janeiro: Paz e Terra, 2001.

SARTRE, J. P. *Sartre no Brasil*: a conferência de Araraquara, filosofia marxista e ideologia existencialista. Tradução de Luiz Ribeiro Salinas Fortes. São Paulo: Ed. Unesp, 1986.

PARTE II

Direitos Humanos e Seguranças Econômico-sociais

Segurança de convivência no SUAS:

proteção em situações de violação de Direitos Humanos*

Abigail Torres

A segurança da vivência familiar ou a segurança do convívio (...) supõe a não aceitação de situações de reclusão, de situações de perda das relações. (...) A dimensão societária da vida desenvolve potencialidades, subjetividades coletivas, construções culturais, políticas e, sobretudo, os processos civilizatórios. As barreiras relacionais criadas por questões individuais, grupais, sociais por discriminação ou múltiplas inaceitações ou intolerâncias estão no campo do convívio humano. A dimensão multicultural, intergeracional, interterritoriais, intersubjetivas, entre outras, devem ser ressaltadas na perspectiva do direito ao convívio. (PNAS, 2004, p. 26)

---

* Esse texto foi elaborado a partir de intensos diálogos com Stela Ferreira e Ana Lígia Gomes, parceiras de muitos trabalhos, especialmente nesses atuais "tempos de pandemônio e pandemia". A ambas, minha gratidão.

O propósito deste texto é explicitar a direta relação entre proteção de direitos humanos e os diálogos sobre convivência social estabelecidos no Sistema Único de Assistência Social, o SUAS. Desenvolvem-se aqui alguns argumentos iniciais, para estimular a continuidade dos debates, na aposta de que essa aproximação favorece a responsabilização pública por produzir reparação e proteção a grupos que têm seus direitos violados ao mesmo tempo que oportuniza o reconhecimento do campo específico de proteção do SUAS, afirmado no projeto político que dá sustentação ao arranjo institucional em implementação, após a aprovação da Política Nacional de Assistência, em 2004. Por consequência, essa relação pode, adicionalmente, contribuir com maior controle social sobre os resultados esperados dos serviços socioassistenciais, produzindo debates sobre a qualidade da atenção no SUAS, para além dos agentes que nele atuam.

A necessidade de aproximação da pauta do SUAS com os movimentos de Direitos Humanos foi fortemente enfatizada quando da realização da Conferência Nacional Democrática de Assistência Social — CNDAS, realizada em novembro de 2019[1], num esforço exclusivo da sociedade civil organizada e de ativistas e militantes do SUAS em todo o território nacional. O debate da CNDAS se espelha na carta aberta aprovada e assinada por todas as pessoas que participaram desse amplo movimento de mobilização que enfrentou obstáculos e o boicote do Governo Federal. Seguem alguns trechos do documento:

> Diante do cenário de retrocessos e de ameaças à democracia, anunciamos o compromisso coletivo em fortalecer e intensificar a luta popular em defesa do Direito à Assistência Social, da Seguridade Social e da Democracia, e uma agenda de lutas que deve orientar as ações do movimento em defesa do SUAS em todo o Brasil. Reafirmar o SUAS como conquista história no Estado Democrático de Direito, como sistema que

---

1. Organizada por representantes da sociedade civil e por ativistas e militantes do SUAS, a CNDAS adotou novas metodologias na realização do encontro de modo a que predominassem a voz de cidadãos e cidadãs, que houvesse maior representatividade desse segmento e ainda que houvesse maior tempo para manifestações de representantes de movimentos sociais.

compõe a seguridade social na concepção ampla, universal, distributiva, indivisível e democrática;

- Defender a transversalidade dos direitos humanos na política de Assistência Social, as especificidades territoriais, como o fator amazônico, e as diversidades de povos tradicionais e indígenas; da população LGBTI; das mulheres; da juventude; das infâncias; da população idosa; das pessoas com deficiência; da população em situação de rua; de migrantes; entre outros grupos e demandas específicas.
- Fortalecer a integralidade e a indivisibilidade dos direitos por meio de ações que fortaleçam a intersetorialidade, a relação entre políticas setoriais e transversais, com enfrentamento da desigualdade e das violências;
- Ampliar as agendas de lutas com movimentos sociais e organizações populares, em defesa dos direitos, da democracia e dos sistemas públicos, no combate à desigualdade étnico-racial, social e de gênero, e do autoritarismo;
- Fortalecer a agenda de lutas pelas reformas que efetivamente reduzam as desigualdades no Brasil;
- Defender o Estado laico, em defesa da democracia e dos direitos humanos;
- Articular ações em defesa da democratização do sistema de justiça e da segurança pública, contra o Estado penal, a violência e a criminalização da população em situação de pobreza e dos movimentos sociais;
- Combater a agenda reacionária que viola direitos, fere a liberdade, a dignidade e os direitos humanos;
- Fortalecer as lutas sociais em defesa da Democracia e dos Direitos, de uma Seguridade Social universal, redistributiva, pública, por uma sociedade justa e igualitária

Desse modo, estabelece-se na pauta contemporânea uma correlação direta entre o fortalecimento político institucional do SUAS e a proteção dos direitos humanos, ressalte-se que essa direção está dada há quase duas décadas, quando o Estado Brasileiro reposiciona a Assistência Social como política pública que tem atribuições específicas no Sistema de Seguridade.

É em 2004 que essa mudança paradigmática se estabelece na assistência social brasileira, momento em que é aprovado no espaço ampliado de controle social um Sistema Nacional e Unificado, o SUAS, para produzir intervenção profissionalizada no combate às desigualdades sociais. Essa direção expressa na Política Nacional de Assistência Social — PNAS afirma a assistência social como uma política pública que produz seguranças[2] em momentos de incerteza e insegurança que se estabelece ao longo do ciclo de vida; como também define como eixo organizativo a atenção a famílias em seus territórios de vivência, logo, tomando em conta os contextos desiguais e iníquos em que estão inseridas e, por fim, estabelece que as seguranças de convivência e acolhimento são resultados esperados da atenção em serviços.

Esses enunciados afirmam a responsabilidade de Estado por desvelar, combater e reparar violações aos direitos humanos. Especialmente ao afirmar a convivência social como uma resposta de proteção do SUAS, assumindo responsabilidades na atenção ao direito já estabelecido em várias legislações[3] que indicam a necessidade de ações estatais continuadas para assegurar a convivência familiar e comunitária.

Inserir a convivência social no campo da responsabilidade pública significa confrontar o olhar centrado no indivíduo isoladamente, pois põe em questão o próprio processo de construção desigual das relações sociais que têm como efeito nos sujeitos que a vivenciam o isolamento, o abandono, a discriminação, a segregação e a apartação social. De um lado, esse reconhecimento exige a revisão de práticas de institucionalização historicamente adotadas, mas vai além, estabelece

---

2. Em 2004, o texto legal aponta seguranças de sobrevivência, acolhimento e convivência como resultantes da intervenção de assistência social, posteriormente à Resolução 109/2009 do Conselho Nacional de Assistência Social, órgão deliberativo do SUAS, aprova a segurança de autonomia como aquisição esperada de cidadãs e cidadãos resultante da intervenção em serviços. Essa resolução detalha os padrões de atenção nos serviços socioassistenciais.

3. Lei Orgânica de Assistência Social (Lei n. 8.742/93, atualizada pela Lei n. 12.435/11), no Estatuto da Criança e do Adolescente (Lei n. 8.699/90) e no Estatuto do Idoso (Lei n. 10.471/2003). Em outras legislações, há dispositivos que sinalizam para relações mais democráticas, mas nessas três a expressão convivência familiar e comunitária como um direito é explícita.

parâmetros de sociabilidade que devem ser respeitados cotidianamente e responsabiliza, inclusive criminalmente, pessoas, grupos ou instituições que cometam violações ao convívio respeitoso e democrático entre as pessoas.[4] Assim, é possível afirmar que uma inflexão importante se estabelece no momento em que a convivência social é afirmada como direito, esse reconhecimento traz uma novidade importante para o trato das relações sociais como objeto de intervenção de políticas públicas ao explicitar a responsabilidade estatal pelo fomento a uma sociabilidade democrática e fortalecedora dos sujeitos. Assim como estabelece medidas de proteção e de reparação para vítimas de crimes de ódio. Ou seja, estabelece a obrigatoriedade de que, no âmbito estatal, sejam oferecidas oportunidades de convivência social protetiva, respeitosas, democráticas e promotora do desenvolvimento humano. O que requer, por consequência, a revisão das metodologias de trabalho social desenvolvidas em serviços, de modo que assegurem a experiência de viver relações horizontais, respeitosas e fortalecedoras da participação.

> Vivenciar uma desproteção social é uma expressão da questão social que materializa desigualdades nas condições de vida e viver dos humanos. Acesso às atenções de proteção social, sobretudo como política pública, coletiva e estatal, em uma sociedade, é marca ética de respeito à dignidade da condição humana, sua antítese é a discriminação social e o preconceito. Proteção social além de significar o acesso como direitos cidadãos a apoios, significa ter reconhecimento social no mundo da justiça social. (Sposati, 2020)

Dialogar sobre convivência social como um direito requer olhar para a construção histórica da sociedade brasileira que se assentou fartamente em processos de institucionalização, logo, de segregação

---

4. É o caso, por exemplo, da Lei n. 7.716/1989, que tipifica racismo como crime, a Lei n. 11.340/2006, que cria mecanismos para coibir a violência familiar contra mulheres; Decisão recente do STF que coíbe atos de repulsa e intolerância à vivência da sexualidade e tipifica como crime atos de homofobia e transfobia; a Lei n. 13.104/2015, que tipifica feminicídio como crime de ódio e o qualifica como hediondo; a Lei n. 13.146/2015, que institui a inclusão de pessoas com deficiência, dentre outras legislações, decretos e Projetos de Lei em debate.

e de interdição de convívios. Vários estudos sobre a intervenção pública na lida com expressões de desigualdade apontam a banalização de práticas de confinamento institucional como forma de lidar com situações de conflito, de intolerância ou mesmo de ignorância sobre alguma síndrome e até de desejo de controle sobre o comportamento das pessoas. (Rizzini, 2011) E, embora essas práticas não sejam uma invenção de nossas terras tropicais, o fato é que aqui o uso indiscriminado e por longos períodos históricos, inclusive até a contemporaneidade, trazem uma configuração muito distinta para a questão, por ser exemplo de práticas eugenistas e extremamente violentas que colocam o Brasil frequentemente entre os países com maiores índices de violência institucional, com fartos exemplos de torturas e práticas abusivas no Sistema Prisional, nas unidades de internação de adolescentes, na Institucionalização de Idosos, Crianças e Adolescentes e pessoas com deficientes, nos Hospitais Psiquiátricos etc. etc. etc.

A teoria eugenista que sustentava ideias de limpeza social também por muito tempo cometeu e justificou abusos em alguns hospitais psiquiátricos brasileiros — os antigos manicômios. Um exemplo que ficou conhecido pelas repercussões jornalísticas, foi o hospital Colônia, como é chamado o maior hospício do Brasil, localizado na cidade de Barbacena — Minas Gerais. Neste regime de isolamento em que se encontraram pacientes diversos, cerca de 70% não tinham diagnóstico de doença mental. Eram epiléticos, alcoolistas, homossexuais, prostitutas, gente que se rebelava, gente que se tornara incômoda para alguém com mais poder. Eram meninas grávidas, violentadas por seus patrões, eram esposas confinadas para que seu marido pudesse morar com a amante, eram filhas de fazendeiros as quais perderam a virgindade antes do casamento. Eram homens e mulheres que haviam extraviado seus documentos. Alguns eram apenas tímidos. Pelo menos trinta e três eram crianças. (Arbex, 2019, p. 14 *apud* Aloraldo, 2021, p. 44)

De modo que marca o processo de democratização do país, a declaração do direito à convivência familiar e comunitária como um direito de vários grupos sociais, o que se expressa em distintas legislações. Entretanto, um breve olhar para a implementação das políticas públicas permite afirmar que a convivência social concebida como direito ainda não está consolidada. Práticas segregadoras estão muito presentes na intervenção estatal junto aos diferentes públicos, considerados *subcidadãos* ou *subgente,* que se dá por meio de: discriminação na atenção, omissão e negligência de cuidados, limitação de oportunidades; intervenção baseada em julgamentos morais, preconceitos e estereótipos que ignoram a realidade desigual do país; desvalorização de capacidades; práticas religiosas travestidas de práticas profissionais, enfim, uma infinidade de intervenções que terminam por violar direitos, ao invés de assegurá-los, gerando vivências que ilustram o que Jesse Souza denomina "má fé institucional".

No âmbito da Seguridade Social, a Assistência Social é a política pública responsável pela proteção decorrente da desigualdade e das incertezas que as vivências de desproteção ocasionam. Logo, as violações aos direitos humanos, independente do agente causador, exigem intervenção pública que expresse reparação e proteção. Entende-se, assim, que há atribuições específicas do SUAS na atenção ao cidadão e à cidadã que vive violações geradas por intolerância e crimes de ódio.

> A política de assistência social, nos marcos do SUAS, tem como tarefa lidar com as multifacetadas formas de desigualdades e desproteções sociais e, sem dúvidas, o racismo é uma de suas significativas expressões. [Entretanto] não raras vezes, a política é concebida por profissionais e gestores única e exclusivamente enquanto provisão material, desconsiderando todas as múltiplas possibilidades de trabalhar no enfrentamento de outras desproteções relacionais, como é o caso do racismo, do machismo, LGBTfobia, xenofobia, preconceito geracional, de classe etc. (Moreira, 2019, p. 9)

Fato é que há ainda muita distância entre a luta por reconhecimento de direitos de grupos e indivíduos na sociedade brasileira e o SUAS, e essa distância está presente na terminologia adotada por profissionais ao se referirem a cidadãs e aos cidadãos que atendem, na ausência de diálogo com movimentos sociais e especialmente na intervenção cotidiana em serviços, ainda fortemente marcada por uma leitura reduzida das demandas sociais, muitas vezes limitada exclusivamente à leitura da renda familiar e à capacidade de consumo de cidadãs e cidadãos que demandam atenção do SUAS. De outro lado, também há baixo reconhecimento no âmbito governamental e na sociedade em geral, das responsabilidades do SUAS na produção de proteção ao sofrimento humano decorrente da desigualdade. Esse mútuo desconhecimento termina por alimentar um ciclo pelo qual a pauta dessa política pública tem pouca pressão de setores mais organizados da sociedade e de movimentos sociais, limitando-se, também, quando essa relação se estabelece, à demanda por transferência de renda, colocando em segundo plano a responsabilidade dos serviços.

> É incongruente, no campo da proteção social, que seus agentes públicos — suas/seus trabalhadoras/es — considerem que a natureza de seu trabalho é a de processar a avaliação do poder de compra de cidadãs/ãos por meio do *per capita* dos membros da sua família. E por consequência tratem, quando o fazem, como secundário o relato e a leitura institucional das desproteções sociais vivenciadas e o agravo de precarização que sofrem as condições humanas da/o cidadã/ão usuária/o. **Demandar proteção é direito, por ser cidadã/ão em uma sociedade que tem como fundamentos a cidadania e a dignidade da pessoa humana (art. 1º, II e III da CF/1988) e por escopo garantir segurança humana e social para todos**. (Sposati, 2020, p. 10 — grifos da autora)

A ausência de comunicação clara sobre os compromissos de proteção do SUAS impede, de um lado, o controle social e a pressão da sociedade para seu avanço ao mesmo tempo que dá margem à discricionariedade de seus agentes que passam a estabelecer critérios e parâmetros de atenção, por vezes, a partir de juízos e valores pessoais, ignorando as normativas institucionais e os pactos legais de responsabilidade[5].

---

5. Avançam os estudos apontando a elevada discricionariedade de profissionais do SUAS no trato com os direitos sociais de usuários e usuárias de serviços (LOTTA, 2012; COSTA, 2016;

Ao analisar a relação entre comunicação pública e Assistência Social, Figueiredo (2018) aponta que não houve ações governamentais deliberadas para comunicar as responsabilidades dessa área em meios de comunicação de massa, desse modo, permanece uma visão limitada e reducionista dessa política pública, associada às suas marcas históricas de assistencialismo, benemerência e controle dos pobres.

> Além de não prestar contas de seus feitos, o governo comprometeu o desempenho dos serviços, negligenciou o desempenho dos serviços, negligenciou o direito à comunicação e, consequentemente, não fortaleceu a democracia, o exercício de cidadania e nem colaborou para o rompimento com a cultura da subalternidade. (Figueiredo, 2018, p. 67)

A conjuntura atual da pandemia, decorrente da contaminação por coronavírus, torna essa situação ainda mais evidente e oferta exemplos vivos que ilustram a questão, a análise desse momento nos parece importante para observarmos tendências no trato da desigualdade social e os riscos de retração do SUAS e de suas responsabilidades de proteção. É possível observar, por exemplo, que a expressão "*população invisível*" tem sido muito usada ao longo da pandemia[6], como também ganha mais expressão o debate sobre os impactos do desastre epidemiológico na desigualdade social.

A crise econômica, social, sanitária e mesmo política tem sido tratada sob diferentes aspectos e em diálogo com várias políticas

---

COSTA, 2019; SANDIM e ASSIS, 2019; JACOUD e ABREU, 2019; MARINS, 2019), tais análises apontam a distância de concepção entre o projeto político do SUAS e as que orientam a intervenção profissional, como também apontam ausência de parâmetros profissionais balizando a atuação no cotidiano dos serviços. Tais questões, embora sejam presentes em outras políticas públicas, parecem ser ainda mais agravadas no SUAS pelo desconhecimento coletivo sobre suas responsabilidades institucionais.

6. É quase um modismo na linguagem da imprensa o uso dessa expressão. Seguem alguns exemplos: "Auxílio emergencial de R$ 600 revela 46 milhões de brasileiros invisíveis aos olhos do governo!" (Fantástico, TV Globo, 26/04/2020). "Invisíveis, 5,5 milhões de informais correm risco de perder ajuda de R$ 600,00." (Jornal *O Estado de S. Paulo*, 20 de abril de 2020). "Brasil invisível: como 11,3 milhões de analfabetos vão receber os R$ 600,00?" (Portal UOL, 16/04/2020). "A descoberta dos invisíveis." (*Correio da Bahia*. 12 de maio de 2020). "Invisíveis nos hospitais, funcionários de limpeza relatam medo e ansiedade." (Portal UOL, 24 de maio de 2020).

públicas, mas nesses debates mais ampliados, as responsabilidades do SUAS na proteção às pessoas impactadas por essa calamidade, via de regra, estão restritas à garantia de renda, todas as demais situações de violação e de conflito social que ganham relevo durante a pandemia, são tratadas como se fossem questões da própria sociedade e/ou temáticas de outras políticas públicas como a Educação, a Saúde e mesmo a Segurança Pública. Há um silêncio coletivo sobre responsabilidades de proteção imediata às vítimas de violações dos direitos humanos[7].

A ameaça sanitária vivida nesse biênio gera uma crise social e econômica sem precedentes nas últimas décadas. Sabidamente, esses períodos de crise são vividos de forma muito distinta na sociedade a depender das condições de proteção que estejam à disposição das pessoas e a depender do alcance e efetividade de políticas públicas. Especificamente no que se refere às vivências de desproteção no campo das relações sociais, que estão associadas a conflitos, abandono, confinamento, discriminações, isolamento, violência, apartação territorial, corre-se o risco de serem desconsideradas ou invisibilizadas ou ainda permanecerem como questão do âmbito particular/privado, o que representa a negação ao direito de reparação e proteção.

> (...) o abandono social e político, "consentido por toda a sociedade", de toda uma classe de indivíduos "precarizados" que se reproduz há gerações enquanto tal. Essa classe social, que é sempre esquecida enquanto uma classe com uma gênese e um destino comum, só é percebida no debate público como um conjunto de indivíduos carentes ou perigosos, tratados fragmentariamente por temas de discussão superficiais, dado que nunca chegam sequer a nomear o problema real, tais

---

7. Como exemplos, pode-se mencionar situações emblemáticas que ganharam relevo na imprensa durante a pandemia, como a violência contra mulher, e mesmo situações como a polêmica em torno da necessidade de realização de aborto em uma criança de 10 anos violentada há anos, a atenção a mulheres que perderam seus filhos mortos pela polícia e mesmo a atenção a Mirtes, que perdeu seu filho Miguel de 5 anos por negligência de sua patroa. Em todas essas situações, há responsabilidades de proteção do SUAS e em nenhum momento especialistas dessa área foram chamadas a se manifestar, tampouco seus serviços foram mencionados como parte dessa atenção.

como "violência", "segurança pública", "problema da escola pública", "carência de saúde pública", "combate à fome" etc. (Souza, 2011, p. 21)

Invisíveis ou negligenciados?

> *A naturalidade com que se noticiam os casos de chacinas nos territórios negros ou a recorrência com que são relatados episódios diários de violência e discriminação racial explicitam essa indiferença cruel. Felipe Freitas. Portal Geledés. Junho/2020.*

Para o filósofo português José Luís Gonçalves (2007), a invisibilidade é um fenômeno social coletivo que tem impactos muito danosos para quem deixa de ser visto. A invisibilidade é uma relação que se estabelece entre quem não vê e quem deixa de ser visto, tornando-se invisível. Embora possa não ser consciente, o processo não é inocente: seus efeitos são os mesmos e ocorrem independentes da intenção ou não de quem não vê. Afirma esse autor que há uma certa forma de olhar pessoas em situação de subordinação ou inferiorizadas na hierarquia social. É como se esse modo de olhar atravessasse a pessoa desconsiderando sua singularidade e sua humanidade. A condição de humanidade exige saciar necessidades humanas **"a alegria, a felicidade e a liberdade são necessidades tão fundamentais quanto aquelas, classicamente, conhecidas como básicas: alimentação, abrigo e reprodução." (Sawaia, 2003)**

Outra expressão da produção coletiva da invisibilidade ocorre quando se dirige um olhar que limita a pessoa a um aspecto de sua aparência, ao seu sotaque ou mesmo às suas vivências de gênero. Reduz-se, assim, toda a sua trajetória a "uma história única" carregada de estigma e estereótipos[8]. Assim, as pessoas são encaixadas numa

---

8. ADCHIE, Chimamanda. *O perigo de uma história única*. Rio de Janeiro: Companhia das Letras, 2009.

classificação prévia que lhes atribui um determinado comportamento, que, portanto, é esperado que ocorra.

Os cientistas sociais diriam que este é um caso típico de "profecia que se autocumpre". O olhar preconceituoso que provoca a "invisibilidade" do outro e, assim, o anula e esmaga, exprime bem as limitações dos "olhos interiores" de quem projecta o preconceito. Neste sentido, o preconceito diz mais acerca de quem o enuncia ou projecta do que de quem o sofre. (Gonçalves, 2007, p. 87)

De modo que meninos negros são tidos como "aprendizes de bandidos perigosos". Não importa se seu comportamento reforça ou não essa sentença prévia sequestradora de projetos de vida em uma sociedade mais justa, eles sempre serão vistos assim. Um rapaz negro de capuz indo em direção a alguém parado no ponto de ônibus será tratado como um potencial assaltante. Adolescentes negras são tidas como promíscuas e, portanto, prontas para se relacionarem com quem lhes desejar, pouco importa, nesses casos, o interesse dessas adolescentes, muitas vezes tratadas como mulheres precocemente submetidas ao machismo e à violência sexual. (Morais, 2020)

Afirma ainda Gonçalves (2007), se de um lado a invisibilidade produz a indiferença para quem olha, ao mesmo tempo, fere moralmente quem não é visto. A vivência de ser desrespeitado em suas singularidades ou em suas necessidades fere a integridade social. A depender da intensidade, repetição e das circunstâncias dessas vivências, a invisibilidade das pessoas inferiorizadas pode legitimar a ideia de que suas necessidades e desejos não têm o mesmo valor e importância do que de outras pessoas.

A incapacidade de reconhecer que essa é uma construção estruturante da sociedade é um fator agravante, pois impede acessos, reduz capacidade de desenvolvimento humano e, em muitas situações, extingue a vida. Sendo estruturante, suas ramificações vão além das relações pessoais cotidianas. Todavia, é importante não minimizar a relevância dessas formas de tratamento, pois elas alimentam, legitimam e perpetuam desigualdades. Atos corriqueiros, aparentemente inofensivos, às vezes até pequenas brincadeiras, são produtores de humilhações e invisibilidades:

> [...] Não nos devemos surpreender com a imensa crueldade em grande parte não intencional de homens de boa vontade. [...] **O que nos deixa pasmados é como puderam ser produzidas [as injustiças] se cada um de nós só fez coisas inofensivas.** Quanto mais se reforça inconscientemente a distância psíquica e social entre o acto praticado e as suas consequências, tanto mais se acentua o fosso entre decência moral pessoal e imoralidade das repercussões sociais desse mesmo acto. A invisibilidade das vítimas torna-se ainda mais refinada quando, esvaziando-as da sua humanidade, as excluímos do nosso "universo de obrigações". (Gonçalves, 2007, p. 92)

A produção coletiva da invisibilidade tenta apagar a responsabilidade pelas humilhações que dela decorrem. Assim, a invisibilidade faz par com a injustiça social.

Refletir e qualificar a responsabilidade coletiva pela invisibilidade remete a outra face dessa questão, ainda mais perversa: quando a indiferença com relação às necessidades do outro é produzida por agentes públicos, ou seja, a **violência institucional**. A negação das oportunidades de desenvolvimento e dos direitos sociais completam o cenário de horror, pelo qual se intensifica a desumanização e se reproduz a injustiça social. De modo que a violência policial banalizada, a negligência no atendimento de saúde, de educação ou de assistência social, ou ainda a exigência de desempenho sem considerar as condições desiguais para responder aos requisitos colocados, são expressões dessa invisibilidade e desrespeito.

Entende-se que ante tantas e já sabidas situações de violação que se agravam na pandemia, se o SUAS ficar limitado à provisão material, também contribui para a produção de invisibilidade e negligencia cuidados a outras expressões de sofrimento. Nesses processos, as narrativas dos humilhados não são ouvidas; seus reclamos não têm valor; suas demandas são moralmente avaliadas como apatia, falta de espírito empreendedor, dificuldade de adaptação. Esse discurso dos agentes públicos, muitas vezes, passa a ser considerado a "história verdadeira", aquela que supostamente realiza a profecia do estigma.

> (...) temos tido a oportunidade de refletir sobre como certa fixação nos significantes "pobres", "coitados", "carentes" opera uma desvitalização das intervenções (...). É como se uma representação congelada a respeito de quem são esses outros aos quais assistimos não nos deixasse jamais ver a quantidade de força vital que portam e da qual sua própria sobrevivência em condições tão adversas é a prova mais cabal. Assim, quando enxergados e (não)-escutados apenas como pobres-carentes-que--nada-possuem, transformam-se, por obra e graça de nossas percepções cristalizadas, em objetos de intervenção. Ou serão até chamados de sujeitos, porém serão sujeitos passivos que devem mudar em função de parâmetros estranhos, que têm que incorporar novos estilos de vida, mais civilizados e mais de acordo com o cientificamente correto. **Mas quais estilos de vida? Os nossos? Se tivessem feito isso, já teriam sido exterminados**. (Campos; Campos, 2006, p. 685, grifo nosso)

A invisibilidade da proteção social do SUAS

Ao longo da pandemia, tem sido possível comprovar que houve uma redução muito significativa do SUAS, decorrente de vários fatores muito importantes e impactantes, dentre os quais registra-se a concentração da atenção em provisão de benefícios materiais. Por vezes ofertados com muita morosidade e procedimentos burocráticos de acesso, ignorando e secundarizando todas as situações de sofrimento que a vivência da crise e das medidas de afastamento social têm gerado. Assim, não é exagero afirmar que tais práticas denotam uma redução das necessidades humanas a uma residual e precária provisão material, desconsiderando todos os compromissos legais de proteção. Mas a situação torna-se ainda mais grave, posto que não há uma pressão coletiva para que outras responsabilidades sejam assumidas, visto que as responsabilidades estatais de proteção pública também estão invisíveis.

A pandemia revela a insuficiência histórica das respostas de políticas públicas, no que se refere à sua cobertura, mas também quanto às ações desenvolvidas que terminam por acentuar a desigualdade ao invés de combatê-la. É o que se observa quando, por exemplo, para acessar renda, educação e serviços de assistência social, o cidadão e a cidadã precisam ter adquirido anteriormente um celular e/ou um computador[9]. Precisam ter equipamentos com tecnologia e armazenamento suficiente para baixar aplicativos, precisam ter recursos para financiar uma transmissão de internet de qualidade[10] e, ainda, precisam estar em condições de lidar com a tecnologia e a linguagem dos aplicativos, independentemente de seu grau de escolaridade ou de sua faixa etária. Ou seja, nessas situações, as políticas públicas só conseguiram prever atenção para uma parte da população e planejaram sua intervenção para atender a esse público que cumpre pré-requisitos para atender às demandas dos serviços públicos.

---

9. A provisão material disponibilizada na pandemia, no âmbito federal, tem sido incerta, ofertada por meio de um mecanismo único a que poucas pessoas têm acesso, com muita morosidade para análise e efetivação. No âmbito estadual e municipal, a provisão se dá majoritariamente por meio de cestas básicas, por vezes inclusive a partir de arrecadação de doações da própria sociedade. É fato que essa provisão é insuficiente, vexatória e não se constitui em um direito. Mas este ensaio não se ocupará dessa questão, por entender que esse debate está amplamente visível a partir de estudos de diferentes instituições e movimentos sociais.

10. Segundo dados recentes publicados pelo Unicef, no Brasil, 4,8 milhões de crianças e adolescentes, na faixa de 9 a 17 anos, não têm acesso à internet em casa. Eles correspondem a 17% de todos os brasileiros nessa faixa etária. Registre-se ainda que, segundo dados do Centro de Estudos da Metrópole, publicados em 12/05/2020, das pessoas que deveriam receber o auxílio emergencial, 7,4 milhões não têm acesso à internet, logo, não conseguiram cadastrar-se. Para além desse grupo, a Pesquisa por Amostra de Domicílio — PNAD, publicada pelo IBGE em 2019, dava conta de que 20% das residências não tinham acesso à internet, ou seja, 71,7 milhões de brasileiros e brasileiras.

Especificamente no SUAS, responsável por ofertar serviços e benefícios para os segmentos mais desprotegidos e desiguais na sociedade brasileira, tem sido pouco presente, nesse momento, a produção de informações e análises sobre questões afetas ao campo das desproteções relacionais. Dessa forma, não há legitimidade e visibilidade para os sofrimentos decorrentes da vivência de racismo, violência de gênero[11], violências e violações decorrentes de xenofobia, entre outras situações relacionadas às formas de tratamento. A ausência dessas informações termina por dissociar essas vivências do campo de proteção do SUAS.

A proteção social humana é resultante de um conjunto de relações e acessos aos bens coletivos (materiais, culturais, socioambientais, educacionais etc.) que constroem a reparação às vivências de violação por meio de múltiplas formas. A proteção social, como direito de cidadania, é baseada num pacto para garantir medidas de prevenção e apoio baseado em relações familiares, afetivas, de vizinhança e, sobretudo, dos serviços públicos. Assim, proteção social pública expressa a certeza de ter "com quem e com o que contar" em situações de fragilidades e desproteções sociais. Em tempos marcados por insegurança e incerteza como o atual, isso é ainda mais necessário.

> O que se espera da proteção social aos cidadãos? Em uma sociedade de mercado a resposta mais usual tem sido a que relaciona, mecanicamente, o acesso à renda como condição para "estar protegido". (...) Duas realidades são ocultadas por esse modo de pensar. Primeiro a de que a proteção social é mais do que um objeto de compra e venda; segundo, que ela ultrapassa o campo individual. A produção da segurança social é efeito de um pacto coletivo, que estabelece os patamares dignos e indignos de viver e de lidar com as incertezas e

---

11. *Visível e invisível:* a vitimização de mulheres no Brasil. 2. ed. Brasília: Fórum Brasileiro de Segurança Pública e Ministério Público de Interesses Difusos, 2019. Disponível em: http://www.iff.fiocruz.br/pdf/relatorio-pesquisa-2019-v6.pdf

inseguranças geradas pela própria dinâmica da sociedade de mercado. Portanto, sentir-se seguro não é uma decisão pessoal, posto que diz respeito ao campo das responsabilidades púbicas e coletivas. (Sposati, 2011, p. 6)

Assim, pode-se afirmar que o SUAS tem se mostrado frágil para responder aos seus compromissos de proteção; dentre outros aspectos, é possível identificar essa fragilidade em situações como: i) centralidade em benefícios, sendo que o principal deles — Auxílio Emergencial — operacionalizado pela União, é executado em parceria com a rede bancária; ii) redução do atendimento em serviços; iii) morosidade na oferta das condições mínimas de biossegurança para o desenvolvimento do trabalho e, ainda, iv) despreparo e falta de orientação das equipes para desenvolver um trabalho profissionalizado[12] e planejado para lidar com o sofrimento humano em um dos momentos mais impactantes na história recente da humanidade.

Depreende-se então o entendimento de que **para proteger é necessário ver e conhecer como ocorrem as desproteções.** Como se tecem as relações miúdas, cotidianas, mas também as mais amplas e alargadas que produzem e reproduzem a desigualdade.

[Trata-se] de trabalhar a partir daquilo que o dialético conhecimento da realidade proporciona a respeito daquela população. Ouvi-la, ouvir o que diz, pois a população sobrevive em situações tão adversas que nenhum trabalhador social é capaz de supor. Sem ouvir e pensar junto, de fato, pode-se até apresentar a melhor intenção, mas será vazia de potencial transformador. (Couto, 2014, p. 397)

---

12. De acordo com a pesquisa "A pandemia de covid-19 e os profissionais da Assistência Social no Brasil" realizada pela Fundação Getúlio Vargas (Lotta, 2020), 80% dos profissionais do SUAS não se sentem preparados ou não souberem responder se estão preparados para atuar na pandemia. Mostra ainda a pesquisa que somente 12,98% receberam algum treinamento para a atuação nesse momento e que 41,46% não contam com suporte de suas coordenações para atuar na crise.

Sendo assim, caberia indagar o que está deixando de ser visto e debatido pelo SUAS? Que impactos na sociabilidade contemporânea decorrem dessa crise sanitária?

Pandemia e invisibilidades

> *A humilhação ou é uma realidade em ato ou é frequentemente sentida como uma realidade iminente, sempre a espreitar-lhes, onde quer que estejam, com quem quer que estejam. O sentimento de não possuírem direitos, de parecerem desprezíveis e repugnantes, torna-se-lhes compulsivo: movem-se e falam, quando falam, como seres que ninguém vê. (José Moura Filho)*

Ao buscar olhar para as dinâmicas sociais cotidianas, na perspectiva de compreender as diferentes expressões da desigualdade, nos deparamos com um conjunto distinto de padrões relacionais e que produzem emoções distintas a depender das formas de tratamento que se estabelecem.

O filósofo alemão Axel Honneth (2009), em seus estudos, tem se dedicado a identificar o que os modos de relação produzem nos sujeitos. Sua direção é definir padrões de reconhecimento desejáveis para que as pessoas vivam a experiência de: i) autoconfiança possível quando há vínculos familiares e afetivos que expressam amor e cuidado; ii) estima social que advém da sensação de que suas características, crenças, cultura e modos de estar no mundo são tomados como valores positivos para a sociedade e iii) autorrespeito, que advém da sensação de ser tratado com igualdade e sem discriminação nos serviços públicos. A vivência da cidadania social produz na teoria do reconhecimento formulada por Honneth (2009), o autorrespeito, de modo que a experiência de maus-tratos ou negligência na relação com serviços públicos para esse autor produz uma ferida na integridade social.

Identifica esse autor que, quando as formas de relação ofertam experiências de desrespeito podem desencadear processos de luta por reconhecimento, cuja característica tanto pode ser de disputa física propriamente dita, por meio de guerra ou violência, como por estratégias políticas mais pacíficas, manifestações, organização de movimentos coletivos reivindicando tratamento distinto e respeitoso ou mesmo por meio das resistências cotidianas. Poder-se-ia dizer que a resistência cotidiana, denominada como luta moral, é, para Honneth, o elemento-chave para compreender padrões relacionais. Seguindo esses padrões relacionais nominados, podemos identificar situações que se tornam mais agudas na pandemia e que ao permanecerem negligenciadas agravam os sofrimentos humanos decorrentes da injustiça e da desigualdade.

Impactos da pandemia nos vínculos sociais

> *A periferia está sangrando. Já nasce lutando. Nos colocam em último plano. Mas nós seguimos sonhando. A periferia está ligando os pontos. Ou vocês acham que não estamos enxergando? Acorda, Bozo. Porque a periferia às 4 da manhã já está trabalhando.*
>
> Cynthia. Poeta Youtuber, moradora de Parelheiros/SP.

É impossível compreender a desigualdade brasileira desconsiderando a questão racial. Diferentes ativistas de movimentos sociais, artistas, jornalistas, pesquisadoras/es e intelectuais, vêm buscando explicitar a intensidade do racismo no Brasil e suas formas de expressão. Apontam que há uma banalização e até uma busca de negação dessa violência que estrutura a sociedade brasileira.

Silvio Almeida (2019) explica que o racismo é decorrente da própria estrutura social. As formas em que se estabelecem todas as relações estão atravessadas pelo racismo, sejam elas jurídicas, políticas, econômicas ou familiares. Desse modo afirma: "comportamentos individuais e processos institucionais são derivados de uma sociedade cujo racismo é regra e não exceção". O racismo produz a história e é uma produção histórica.

O racismo se intensifica em situações de crise, posto que os não brancos serão mais impactados pelas mazelas que períodos de crise acentuam. O racismo estrutural impacta nas condições em que se nasce, na vivência da infância, juventude, maturidade e velhice, como também define as chances maiores ou menores de se chegar à maturidade e à velhice. O determinante racial na mortalidade é visível também em tempos de pandemia.

> Somos a maioria entre as pessoas que continuam pegando trem ou ônibus lotado para poder ir trabalhar. A pergunta que fica é: como fazer a quarentena nessas condições? Ele vai se isolar aonde? No seu barraco de dois metros quadrados, com filhos, avós, esposa? Como ele vai se cuidar? É urgente que as autoridades sanitárias e as autoridades políticas em geral desenvolvam estratégia de contenção da covid-19 nesses grupos, ou a gente vai presenciar uma carnificina sem precedentes. (Faustino, 2020)

Desse modo, o racismo estrutural está presente nas formas de ocupação dos territórios da cidade e nos maiores riscos de viver ou morrer que esses territórios apresentam. Os mapas da violência são uns dos exemplos que demonstram bem isso, a distribuição territorial dos homicídios, inclusive de crianças, por "balas perdidas que têm endereço certo".

As cidades apresentam condições de igualdade muito distintas em seus territórios. Como também apresentam capacidades de resistência muito diferentes, a depender da organização territorial, tendo em vista a ausência e insuficiência da presença estatal. São inúmeros os exemplos de soluções criativas produzidas pelas iniciativas locais e pela autogestão territorial. Todavia, essa ausência do Estado para produzir atenções mais equitativas não pode ser considerada natural, posto que a sustentação do Estado é feita coletivamente.

Centro do universo é onde nós estamos. E se estamos na periferia, então aqui é o centro. Não basta adorar um deus chamado trabalho, é preciso fazer pequenos milagres cotidianos e a literatura faz esses pequenos milagres, porque quando a pessoa descobre a literatura de forma crítica ela vira cidadã e se sente humana e o ser humano muda o seu lugar, muda o seu bairro, muda o país e muda o mundo. Antes queríamos mudar da periferia, agora queremos mudar a periferia. (Sérgio Vaz)[13]

As vidas negras são ceifadas e a sobrevivência é fortemente marcada pela resistência e pela luta cotidiana. Os indicadores mostram que morrem mais meninos negros do que brancos, vítimas de violência, especialmente a policial; há mais pessoas negras desempregadas, há mais mulheres negras violentadas, há mais pessoas negras morando em condições precárias. Enfim, há menos acesso a direitos e mais humilhações e incertezas para a população negra, no Brasil, em especial.

Ser vítima da violência do racismo provoca adoecimento, dor e sentimentos de tristeza, deixando marcas inimagináveis. Dessa maneira se configura em uma realidade brutal. Segundo o antropólogo Gilberto Velho, a violência é muito mais agravante quando dá origem ao desrespeito, à negação do outro, à violação dos direitos humanos, e nesse sentido nem sempre a violência acontece como um ato ou como uma relação identificável; muitas vezes, ela é naturalizada. (Ferreira, 2020)[14]

É inquestionável e inegável que se está diante de uma vivência de desigualdade e injustiça que se expressa nos pedaços da cidade e nas relações nesses pedaços estabelecidas.

---

13. Conferir: AmarElo Prisma. Movimento 4: coragem/coração. Disponível em: https://open.spotify.com/show/0xfztI0qN9g4CuTpgcq5WS

14. FERREIRA, Almunita dos Santos. *Pesquisas sociais mostram que racismo é critério para acesso a direitos.* Observatório do Racismo. São Paulo, PUC-SP, 2020. Disponível em: https://www.redebrasilatual.com.br/blogs/blog-na-rede/2020/05/pesquisas-sociais-mostram-que-racismo-e-criterio-para-acesso-a-direitos/

Impactos da pandemia nos vínculos com os serviços públicos

O vínculo com serviços públicos se estabelece quando se reconhece a presença de atenção estatal para equacionar e se corresponsabilizar por situações de calamidade vivida pela população. Ao longo da pandemia se observou diferentes e contraditórias formas dos governos estarem presentes ou se ausentarem no trato com a questão. No Brasil, para além das questões da intensidade da desigualdade, o cenário se agrava com os "desencontros intergovernamentais", para usar uma expressão bem eufemística.

Enquanto se estabelecem competições, desencontros, debates eleitorais entre os governos, se observa que a população permanece à deriva e quem é mais desigual sofre mais impactos. É o que ocorre com a população negra.

A covid-19 mata mais pessoas negras: são 55% de óbitos entre negros, contra 38% de mortes do total de infectados entre brancos[15]. As mulheres negras estão entre os grupos mais expostos à covid-19[16]: são maioria nas equipes de enfermagem e higienização que atuam nas unidades de saúde. Publicação recente[17] aponta que negros e negras são maioria vivendo em moradias precárias, são maioria dentre os trabalhadores que dependem de rendimentos diários para garantir sobrevivência, 80% da população negra depende exclusivamente do SUS. Durante a pandemia, registra-se a intensificação de mortes e agressões por ação policial, especialmente nas áreas periféricas, e dirigidas a jovens negros.

A análise de indicadores sociais do SUAS mostra que é inescapável inserir nas análises sobre o alcance de proteção do sistema os

---

15. Fonte: Núcleo de Operações em Inteligência e Saúde (NOIS)/Junho/2020.

16. De escravizadas a cuidadoras: mulheres negras na linha de frente da luta pela saúde em tempos de pandemia. *In: Alma preta:* jornalismo preto e livre. Disponível em: https://www.almapreta.com/editorias/o-quilombo. Acesso em: jun. 2020.

17. População negra e covid-19: desigualdades sociais e raciais ainda mais expostas. *In: Especial coronavírus.* Rio de Janeiro: Associação Brasileira de Saúde Coletiva — Abrasco, 2020.

indicadores raciais, esse é um debate que aos poucos vai ganhando maior densidade e visibilidade:

> Indicadores e pesquisas apontam que o público majoritariamente atendido pela Assistência Social é constituído por mulheres negras. Entre as quase 14 milhões de famílias beneficiárias do Programa Bolsa Família, mais de 90% dos responsáveis são mulheres e 75%, entre elas, são mulheres negras. (CadUnico, abril de 2018)
> [...] Dados do Sistema de Informação do Serviço de Convivência e Fortalecimento de Vínculos (SISC) revelaram que [...] cerca dos dois milhões de atendimentos realizados trimestralmente nesse serviço, 608.651 são para pretos e pardos em situações prioritárias, enquanto 268.172 são para brancos e 5.725 para indígenas. Entre crianças e adolescentes que vivenciam situações de trabalho infantil, 81,9% são pretos e pardos e 16,7% brancos. Em situação de abuso e/ou exploração sexual, 68,6% dos participantes do serviço são pretos e pardos e 29,8% são brancos. (MDS: 2018, p. 8-9)[18]

Em tempos de pandemia, a população em situação de rua, majoritariamente composta por negros e pardos, também é uma expressão da questão ignoradas ou não vistas, quando é necessária a adoção de medidas de proteção da vida. Presente em todas as grandes cidades brasileiras, os dilemas, anseios, desejos, violências e violações vividas por esse grupo são, de fato, invisíveis especialmente nas pautas em que se decide o uso de fundos públicos. Na cidade de São Paulo, por exemplo, os movimentos sociais e organizações que atuam na área estimam que mais de 30 mil pessoas permanecem nas ruas da cidade.

Trata-se, portanto, de situações intensas em número e gravidade, são expressão da desigualdade que desafiam o debate sobre padrões de proteção pública, posto que não há possibilidade de superação desse patamar de injustiça sem políticas de Estado. Para o SUAS, reconhecer os processos de produção dessas injustiças é elemento essencial para

---

18. BRASIL. Ministério do Desenvolvimento Social. *SUAS sem racismo*: promoção da igualdade racial no Sistema Único de Assistência Social. Brasília, 2018.

a revisão das ações em curso, para ampliar o campo de conhecimento e capacidade de análise das equipes e para incorporar os contextos territoriais em que se produz a desigualdade. Processo que pode ser impulsionado ao longo da pandemia, posto a gravidade que essa vivência representa e considerando os intensos debates que o uso mais frequente de diálogos virtuais tem proporcionado.

Impactos nos vínculos familiares

> *Me preocupava muito quando ele ia à escola. (...) a vida toda vigiei o João. Quando aconteciam essas operações, eu pedia para ele ficar na casa da tia, que mora próximo à escola. Com a pandemia de coronavírus, nossa preocupação era de João adoecer de covid-19, pois ele tinha bronquite. Estávamos o protegendo ao máximo e não imaginávamos que ia acontecer essa tragédia.*
>
> Rafaela Matos[19]

A convivência familiar é uma das questões mais paradoxais nessa pandemia e que mais intensamente torna visível a desigualdade brasileira. Para uma imensa maioria que vive em habitações precárias e adensadas, o período de pandemia tem se constituído em momento de sofrimento, de conflitos, inseguranças, profundo cansaço, medos e angústia.

Quando esses conflitos se intensificam e se tornam violências que chegam a ser registradas como ocorrência policial é possível reconhecê-las, mas há, sem dúvida, a intensificação da subnotificação da violência doméstica, o que torna a questão invisibilizada, assim ao sofrimento se agrega a indiferença da sociedade. Ressalte-se que dentre as diferentes expressões de violência, quando ela se dá no âmbito

---

19. Rafaela Matos é mãe de João Pedro, adolescente negro de 14 anos, assassinado em sua casa pela polícia no Rio de Janeiro por um tiro de fuzil nas costas, quando brincava com cinco amigos e primos. Na operação, a casa se tornou um alvo, e recebeu 72 tiros.

doméstico é de fato mais difícil a identificação, dificuldade que se expressa quando se trata de violências físicas e que se agravam quando se refere às violências psicológicas que são ainda mais invisíveis.

Mas, seguramente de todas as questões que não podem ser ignoradas nessa pandemia, o impacto na sociedade brasileira da perda de milhares de pessoas é das mais intensas. O relatório sistemático e contínuo de quantas pessoas morrem ao dia, quantas são infectadas, e ainda do reconhecimento que há uma subnotificação, produz um certo amortecimento. Assiste-se, por meio de gráficos e tabelas, a perda das vidas, o abandono de quem fica, a dor de quem perde alguém muito importante para si, mas talvez nem tão importante para os demais, posto que no dia seguinte já serão outras centenas de pessoas sepultadas.

Ademais, em virtude do isolamento dos pacientes e da necessária suspensão de rituais funerários, o sepultamento também é silencioso e invisível. Como estão as pessoas em luto, isoladas em suas casas? Que impactos essa vivência tem trazido? O luto silencioso e isolado se constitui em mais uma face da tragédia vivida, naturalizada e não vista. As mortes e limitações de saúde em decorrência da doença acarretam perdas de pessoas que são âncoras e referências de vínculo afetivo e de apoio cotidiano.

O SUAS e a produção de visibilidade às injustiças sociais

Propõe-se que se desenvolva um modo de olhar que expresse uma "atenção cívica" (Gofmann), um olhar intrometido, metido no que normalmente se desolha, mas também comprometido. E que esse compromisso se traduza na obrigação de denúncia, de desocultação, de desvelamento e de superação. O que exige também superar as teorias e práticas do desvio: "Desvio do olhar de uma realidade desviante". (José Machado Pais)

Caberia então refletir: o que cabe aos serviços socioassistenciais? Como é possível romper com o ciclo denominado de invisibilidade, mas que de fato se constitui na negação do direito? Nos parece estratégico para além dos diálogos sobre mecanismos de gestão intensificar a leitura e o debate sobre as formas de entrega da proteção do SUAS, porque é nesse momento que ele se torna visível à população violentada em seus direitos. Se essa entrega ofertará uma experiência de reconhecimento ou de reiteração de violência, é o que está em questão.

Ao nos valermos da reflexão do sociólogo português José Machado Pais, é possível afirmar que para ver a desigualdade é necessário olhá-la sem desviar, sustentar o olhar para a crueza do sofrimento humano. Mas, além disso, afirma que é imperativo que sejamos capazes de ter um olhar corresponsável sobre a realidade desigual, temos que olhar e nos meter e nos comprometer com o que estamos vendo. É mister olhar com uma atitude de quem quer contribuir com a superação da injustiça, logo, não se trata de uma constatação, uma reportagem, um relato de um observador externo.

É fundamental que se desenvolva essa postura de *atenção cívica*, que se expressa na capacidade de tornar visível para o coletivo da sociedade essas violações, ou seja, um olhar que denuncie, conteste, se indigne com a desigualdade. Aponta ainda que é fundamental um olhar que dispute explicações e justificativas teóricas para a desigualdade, de modo que ao invés de basear-se em análises que terminam por naturalizar a desigualdade, sustenta-se no desvelamento dos processos que as reproduz e legitima. Para produzir reconhecimento e reparação.

Um primeiro aspecto de uma atuação voltada a produzir visibilidade à desigualdade, favorecendo proteção, reconhece o direito de quem é atendida/o. Assim, quando uma política pública afirma que é responsável por enfrentar determinada situação, ela está afirmando imediatamente que aquela questão é produzida coletivamente e que há várias pessoas que a vivem, reconhece também que tal violação não poderia ter acontecido e tampouco pode continuar acontecendo. Essa dinâmica, que se expressa em diferentes movimentos dos agentes públicos, **produz autorrespeito.**

Produzir autorrespeito também deixa claro ao cidadão e à cidadã as responsabilidades e obrigações do serviço ainda que não se consiga efetivá-las de imediato. Pois é fundamental que se saiba que **o Estado reconhece suas obrigações e está em dívida com os grupos** em vivência de violação, o que evidentemente exige uma postura diametralmente oposta àquela que responsabiliza as pessoas pelas situações que vivem.

Reconhecer o direito é ter clareza da demanda de um serviço e conseguir afirmar responsabilidades de atenção, mesmo quando não há cobertura suficiente para tal. Essa conduta de quem reconhece responsabilidades favorece a luta pela expansão da atenção.

É fundamental compreender que a construção de uma demanda não se expressa por automático; ela é fruto de uma relação que se estabelece entre as equipes profissionais e cidadã/ãos que buscam os serviços públicos. Essa interação pela qual se explicitam as responsabilidades do serviço e se reconhecem as vivências das pessoas que a ele se dirigem está fortemente baseada na escuta e no diálogo.

A escuta profissional, processo de trabalho muito valorizado no SUAS, requer uma postura acolhedora de todos os profissionais que atuam nas unidades dessa política pública. A qualidade da escuta favorece a vinculação com o serviço, assim como amplia o entendimento sobre a realidade vivida não somente nas relações familiares, mas também nas relações com os serviços públicos e com os territórios da cidade.

> (...) as perguntas que orientam a intervenção das equipes são, por si, uma intervenção. Perguntas podem (e devem) deslocar lugares cristalizados do "pobre", da "negligente" e todas as formas pseudocientíficas de rotulação e estigmatização dos cidadãos que demandam proteção da assistência social. Fazer novas perguntas, para ouvir outras narrativas que os sujeitos fazem de si, dos seus limites e das suas possibilidades é uma forma de acolhida em referências mais humanizadas. Essa postura desestabilizadora, curiosa e responsável com o sofrimento ético-político do cidadão é das formas mais potentes para criar e sustentar vínculos de confiança entre as equipes e os cidadãos. Ao mesmo tempo, obriga olhar o que a sociedade (re)produz, e ao mesmo tempo esconde e silencia. (Torres e Ferreira, 2019, p. 288)

Estudar a realidade, requer ouvir e incorporar o saber de quem vive as adversidades e sobrevive a elas, ou seja, se aprende muito da realidade ouvindo cidadãos e cidadãs que vivem e sofrem a desigualdade — esse é um primeiro saber necessário. É fundamental também **conhecer a pauta e a leitura dos movimentos sociais**, não se pode assegurar direitos, quando aqueles que pressionam pelo reconhecimento dos direitos não são ouvidos. Essa atitude de aproximação dos movimentos sociais produz uma outra intervenção fundamental que é a transição de casos individuais para o debate coletivo[20]. Fortalecer participação política amplia a aliança entre os serviços e a população que atende, sem reforçar estereótipos e sem reducionismos que *invisibilizam*:

Os territórios populares, em especial as favelas, apresentam relações de vizinhança e parentesco marcadas por vínculos de solidariedade e reciprocidade; forte valorização das áreas comuns como lugar de convivência; elevado grau de autorregulação do espaço público, afirmando experiências e exercícios de autonomia; o convívio entre grupos de nacionalidades, etnias e religiosidades distintas; formas alternativas de serviços e equipamentos urbanísticos, como resposta à insuficiência, ausência e/ou inadequação dos investimentos públicos e privados; bem como modelos participativos e coletivos, como movimentos e organizações sociais, de luta pela afirmação e invenção de direitos, ampliando as referências de demandas e de ações públicas de democratização da cidade. (Carta da Maré — Manifesto das Periferias, 2017)

Portanto, conhecer as dinâmicas territoriais na sua diversidade é outro saber fundamental para que **o SUAS seja visto** e veja a realidade como ela se apresenta.

Reconhecimento guarda relação com a ideia de que não só as necessidades são legítimas e devem ser consideradas, como também as potências e capacidades não são minimizadas ou reduzidas. É

---

20. O CREAS Diversidade no Distrito Federal usa essa estratégia na atenção à população LGBTQ+, e desde o processo de acolhimento insere a população que busca o serviço nas atividades dos movimentos da área.

fundamental ainda reconhecer a resistência cotidiana para sobreviver em condições tão adversas, de modo que ao invés de se sobrepor às vozes de pessoas injustiçadas, a intervenção numa política pública potencializa vozes, aprende com a resistência, valoriza os saberes construídos na experiência de viver e resistir à desigualdade. De modo que, como vimos afirmando nesse texto, o fortalecimento do SUAS favorece a visibilidade das situações com as quais atua.

Comentários finais

Reafirma-se aqui nessas notas finais a perspectiva estratégica do ponto de vista ético e político de alargar o estreitamento de diálogos entre o SUAS e os movimentos políticos de defesa dos direitos humanos. Por entender que a responsabilização de políticas públicas na produção de reconhecimento e proteção alarga a oportunidade de vivenciar o direito, como também amplia a possibilidade de resistência e de pressão para ampliar os pactos já estabelecidos.

Para tanto é necessário expurgar definitivamente do SUAS a visão distorcida e estereotipada da assistência social como campo de benemerência e filantropia, que tem sua matriz assentada não na cidadania, mas sim na reprodução da subalternidade. O trabalho com seguranças relacionais em serviços socioassistenciais é o grande diferencial para reproduzir essa lógica ou sepultá-la em definitivo no SUAS, por isso é tão estratégico que se discuta a profissionalização desse sistema.

Essa ruptura paradigmaticamente já foi feita do ponto de vista do ordenamento jurídico institucional do SUAS, produção insuficientemente conhecida pelos diferentes agentes que implementam o Sistema, como também por seus analistas e mesmo pelos organismos de controle social. E, especialmente, pela população que tem direito a usufruto da proteção pública.

Nesse sentido, a aposta é que é possível produzir um ciclo virtuoso pelo qual, ao ampliar-se o conhecimento sobre as responsabilidades estatais tornando visível a especificidade de proteção do SUAS será mais efetiva a pressão e o controle social externo ao SUAS o que favorecerá a qualificação de sua atenção.

Esse movimento pressupõe impulsionadores internos tais como: i) intensificar estudos sobre a realidade social na qual o SUAS atua; ii) dar visibilidade às desproteções relacionais ainda que não atendidas, o que requer capacidade para identificar essas demandas; iii) combater corporativismos que camuflam violências e omissões no interior do SUAS; iv) ampliar a participação autônoma de cidadãos e cidadãs nos serviços; v) desenvolver diálogos externos ao SUAS, com políticas setoriais e com outros setores da sociedade; vi) superar a associação clássica entre segurança de convivência e atividades de recreação e/ou reforço escolar, reconfigurando as intervenções cotidianas na atenção; vii) estimular o espaço do contraditório e dos distintos projetos no interior do SUAS, para eliminar a dissociação entre o discurso do direito e as práticas institucionais restritivas de acesso, que estão presentes em todos os níveis do Sistema; viii) ampliar espaços de ouvidorias e denúncias no interior do SUAS para favorecer medidas internas de responsabilização de seus agentes e de distinção nas intervenções em curso; e, por fim, dar visibilidade às ações em curso no SUAS, por meio do trabalho social dos serviços, tendo como parâmetro para disseminação dessas experiências o seu alinhamento político e ideológico ao projeto ético-político do SUAS presente em suas normativas institucionais.

Nos unimos àqueles que afirmam que só é possível a vivência de direitos sociais, com políticas públicas fortes, continuadas e de Estado. Logo, só é possível viver a proteção aos direitos humanos, se o Sistema Público de Proteção for forte e tiver característica de política pública de Estado. A luta contra qualquer forma de opressão é irmã siamesa da luta pela proteção estatal. O SUAS e a Defesa dos Direitos Humanos, assim, se fortalecem mutuamente.

Do ponto de vista operativo, não há magia que transforme usuárias/os em cidadã/ãos na travessia das atenções do SUAS. Os registros impressos condicionam nova prática às/aos gestoras/es e trabalhadoras/

es do SUAS fundamentalmente com um diálogo horizontal que compartilha o poder de decisão com as/os cidadãs/ãos. Conferem-lhes direito de escuta atenta sobre suas necessidades de proteção social e aberta à avaliação das respostas conferidas. Constrói referências sobre essas desproteções para poder direcionar ou redirecionar o conteúdo do SUAS e seus recursos. Uma dinâmica de *presença* das/os cidadãs/ãos no processamento de serviços e benefícios que constituem um conjunto de direitos de cidadania. (Costa, 2020, p. 46)

Referências

ADCHIE, Chimamanda. *O perigo de uma história única.* Rio de Janeiro: Companhia das Letras, 2009.

ALMEIDA, Silvio. O que é racismo estrutural. *In:* RIBEIRO, Djamila. *Coleção Feminismos Plurais.* São Paulo: Pólen Livros, 2019.

ALORALDO, Vanelise. *Juventudes em acolhimento familiar:* Fragilização de vínculos e estratégias de fortalecimento em contexto de capitalismo dependente. Tese de Doutorado em Serviço Social. Pontifícia Universidade Católica do Rio Grande do Sul, Porto Alegre, 2021.

BRASIL, MDS. *Tipificação Nacional de Serviços Socioassistenciais* — Resolução CNAS n. 109, de 11/11/2009. Brasília: CNAS/MDS, 2009.

BRASIL, MDS. *Concepção de convivência e fortalecimento de vínculos.* Elaborado em consultoria técnica por Abigail Torres e Maria Júlia Azevedo. Brasília: MDS, 2013.

CAMPOS, Gastão Wagner; CAMPOS, Rosana T. O. Co-construção de autonomia: o sujeito em questão. *In:* CAMPOS, Gastão Wagner *et al.* (coord.). *Tratado de Saúde Coletiva.* São Paulo: Hucitec; Rio de Janeiro: Fiocruz, 2006.

COSTA, Raquel Cristina Serranoni. *Entre a autonomia e a complacência:* imbricamentos do processo de gestão e das manifestações da desproteção social no trabalho sob ordem. Dissertação (Mestrado em Serviço Social) — Pontifícia Universidade Católica de São Paulo, São Paulo, 2019.

COSTA, Raquel C. Serranoni; LEÃO, Paula. Cidadania, Direito e Proteção Social. *In:* SPOSATI, Aldaíza (org.). *SUAS e proteção social na pandemia covid-19* — nota técnica do NEPSAS. São Carlos: Pedro & João Editores, 2020.

COSTA, Eliete Cristina Rezende. *A implementação de serviços socioassistenciais:* uma análise do PAIF e seus desafios para a garantia das seguranças sociais. Dissertação (Mestrado em Administração Pública), Fundação João Pinheiro, Belo Horizonte, 2016.

COUTO, Berenice Rojas. Protagonismo popular, subalternidade e direito ao trabalho: consensos e dissensos no debate da Assistência Social. In: PAIVA, Beatriz (org.). *Sistema Único de Assistência Social em perspectiva:* direitos, política pública e superexploração. São Paulo: Véras Editora, 2014.

FERREIRA, Almunita dos Santos. *Pesquisas sociais mostram que racismo é critério para acesso a direitos.* Observatório do Racismo. São Paulo, PUC-SP, 2020. Disponível em: https://www.redebrasilatual.com.br/blogs/blog-na-rede/2020/05/pesquisas-sociais-mostram-que-racismo-e-criterio-para-acesso-a-direitos/

FIGUEIREDO, Kênia Augusto. *Comunicação pública e assistência social:* conexão entre os direitos humanos e a democracia. Brasília: Biografia Editora, 2018.

GONÇALVES, José. Invisibilidade e reconhecimento: a construção da literacia moral em Pedagogia Social. *In: Cadernos de Pedagogia Social,* n. 01, 2007.

HONNETH, A. *Luta por reconhecimento:* a gramática moral dos conflitos sociais. São Paulo: 34, 2009.

JACOUD, Luciana; ABREU, Maria Cristina. Entre o direito e a culpabilização das famílias: o que pensam os trabalhadores do Sistema Único de Assistência Social (SUAS) sobre as ofertas e os beneficiários. *In:* PIRES, R. (org.). *Implementando desigualdades.* Reprodução de Desigualdades na Implementação de Políticas Públicas. Brasília: IPEA, 2019.

LOTTA, G. O papel das burocracias do nível da rua na implementação de políticas públicas: entre o controle e a discricionariedade. *In:* FARIA, C. A. (org.). *Implementação de políticas públicas.* Teoria e Prática. Belo Horizonte: Editora PUC-Minas, 2012.

LOTTA, G. *et al. A pandemia de covid-19 e os profissionais da Assistência Social no Brasil.* São Paulo: FGV, Núcleo de Estudos da Burocracia, 2020.

MARINS, Mani Tebet. Estigma e repercussões do *status* de beneficiária. *In:* PIRES, R. (org.). *Implementando desigualdades.* Reprodução de Desigualdades na Implementação de Políticas Públicas. Brasília: IPEA,2019.

MORAIS, Yasmim. *Ser uma adolescente negra pode matar-te por dentro.* Disponível em: https://qgfeminista.org/ser-uma-adolescente-negra-pode-matar-te-por-dentro/

MOREIRA, Adilson. O humor racista é um tipo de discurso de ódio. Entrevista à *Carta Capital* em dezembro de 2018. Disponível em: https://www.cartacapital. com.br/justica/adilson-moreira-o-humor-racista-e-um-tipo-de-discurso-de-odio/

MOREIRA, Tales Willyan Fornazier. Serviço Social no combate ao racismo: reflexões a partir da experiência profissional no âmbito de um CRAS no interior paulista. *In: 16º CBAS*, Brasília, 2019. Disponível em: https://broseguini.bonino. com.br/ojs/index.php/CBAS/article/view/1383

PAIS, J. M. *Nos rastos da solidão:* deambulações sociológicas. 2. ed. Porto: Ambar, 2006.

PEREIRA, G. N.; LOTTA, G. S.; BICHIR, R. M. Implementação de políticas públicas no nível intramunicipal: o caso das supervisões de Assistência Social da cidade de São Paulo. *Revista Brasileira de Políticas Públicas e Internacionais*, v. 3, n. 1, junho/2018. p. 286-311.

RIZZINI, I. *O século perdido.* Raízes históricas das políticas públicas para a infância no Brasil. Rio de Janeiro: AMAIS Ed./EDUSU, 1997. Reeditado pela Ed. Cortez em 2009. São Paulo: Cortez. Terceira edição: 2011.

SANDIM, Tatiana Lemos; ASSIS, Marcos Arcanjo. O arranjo institucional de implementação do PAIF e seus potenciais efeitos no cotidiano de operação do serviço: introduzindo questões para o debate. *In:* PIRES, R. (org.). *Implementando desigualdades.* Reprodução de Desigualdades na Implementação de Políticas Públicas. Brasília: IPEA, 2019.

SAWAIA, Bader. O sofrimento ético-político como categoria de análise da dialética exclusão/inclusão. *In:* SAWAIA, Bader (org.). *As artimanhas da exclusão:* análise psicossocial e ética da desigualdade social. Petrópolis: Vozes, 2004.

SAWAIA, Bader. Fome de felicidade e liberdade. *In:* CENPEC. *Muitos lugares para aprender.* São Paulo: CENPEC, Fundação Itaú Social, Unicef, 2003.

SILVA, Antonio; CHAVES, Silvane. Problematizações sobre vulnerabilidade social e racismo institucional nas ações desenvolvidas por CRAS quilombola. *In:*

Revista Brasileira de Psicologia, 02. Salvador, Bahia, 2015. Disponível em: https://portalseer.ufba.br/index.php/revbraspsicol/issue/download/Edi%C3%A7%-C3%A3o%20Especial/510.

SOUZA, Jessé. *A ralé brasileira:* quem é e como vive. Belo Horizonte: UFMG, 2011.

SPOSATI, Aldaíza (org.). *SUAS e proteção social na pandemia covid-19* — nota técnica do NEPSAS. São Carlos: Pedro & João Editores, 2020.

SPOSATI, Aldaíza. Assistência social: de ação individual a direito social. *In: Revista Brasileira de Direito Constitucional* — RBDC, n. 10 — jul./dez. 2007. Disponível em: www.esdc.com.br/RBDC/RBDC-10/RBDC-10-435-Aldaiza_Sposati.pdf. Acesso em: 10 jun. 2013.

SPOSATI, Aldaíza. O cidadão pode contar com o quê? *Le Monde Brasil.* Publicado em 01 fev. 2011. Disponível em: http://diplomatique.uol.com.br/artigo.php?id=865.

SPOSATI, Aldaíza. Proteção e desproteção social na perspectiva dos direitos socioassistenciais. *Caderno e Textos da VI Conferência Nacional de Assistência Social.* Brasília: CNAS/MDSCF, dez. 2007.

TORRES, Abigail Silvestre. *Convívio, convivência e proteção social:* entre relações, reconhecimentos e política pública. São Paulo: Veras Editora; Centro de Estudos, 2016.

TORRES, Abigail S.; FERREIRA, Stela S. Trabalho profissional: responsabilidade de proteção nos serviços socioassistenciais. *Revista O Social em Questão.* Rio de Janeiro, PUC, 2019. Disponível em http://osocialemquestao.ser.puc-rio.br/media/OSQ_45_art_13.pdf

TORRES, Abigail S.; FERREIRA, Stela S. Provocações conclusivas: pós-pandemia. (Pósfacio). *In:* SPOSATI, Aldaíza (org.). *SUAS e proteção social na pandemia covid-19* — nota técnica do NEPSAS. São Carlos: Pedro & João Editores, 2020.

TORRES, Abigail S.; FERREIRA, Stela S. Trabalho profissional: responsabilidade de proteção em serviços socioassistenciais. *Revista O Social em Questão,* n. 45, Rio de Janeiro, PUC, 2019. Disponível em http://osocialemquestao.ser.puc-rio.br/media/OSQ_45_art_13.pdf

A cidadania tributária e os indicadores de capacidade contributiva:
renda, consumo e patrimônio

Douglas Antônio Rocha Pinheiro

Introdução ou desfazendo equívocos

No Estado contemporâneo, o empoderamento dos sujeitos passa necessariamente pela cidadania tributária — o que não significa a posse de um conhecimento propriamente técnico, contábil e exaustivo sobre a fórmula segundo a qual cada tributo é calculado. Cidadania tributária aponta, na verdade, para uma compreensão ampliada tanto do significado real do tributo em um Estado democrático de direito, quanto das opções sociopolíticas que moldam a matriz tributária de um determinado povo. Para tanto, logo de início, é importante questionar duas afirmativas bastante recorrentes no discurso construído pelo senso comum fiscal: a de que o tributo é um confisco estatal e a de que ricos suportam a carga tributária para que pobres desfrutem de serviços públicos.

A ideia de que o tributo teria por si só uma natureza confisca-
tória parece ser uma herança da visão contratualista liberal de John
Locke (século XVII), segundo a qual a propriedade corresponderia a
um direito individual natural e prévio à existência do Estado. Em tal
perspectiva, a principal função estatal seria a de garantir a propriedade do indivíduo sobre sua própria vida, sua liberdade e seus bens, o
que faria do tributo uma ferramenta potencialmente ameaçadora das
posses do cidadão. Jeremy Bentham (século XVIII) reagiu, porém, a
tal visão lockeana ao defender que o direito de propriedade só existe
porque o Estado o regula segundo o interesse público. Aperfeiçoando
o argumento de que o direito de propriedade é uma criação social,
especialmente estatal, Richard Ely, já no início do século XX, defendeu
que a propriedade se assemelharia a um feixe de direitos. Desse modo,
ela não se confundiria com a posse ou o controle exclusivo de uma
coisa, mas corresponderia a um número potencialmente infinito de
relações simultâneas sobre tal coisa, enfeixadas por meio da regulação
do Estado[1]. Afinal, não pode a assembleia geral de um condomínio
de apartamentos, resguardada pelo direito civil, restringir certos usos
do imóvel? Não pode o Município, com respaldo no plano diretor,
vetar o uso comercial desse mesmo imóvel caso ele esteja situado em
área residencial? Quantas outras relações sobre esse bem poderiam
estar reunidas em uma única rede?

Nessa perspectiva, a propriedade não é prévia ao Estado; ela
é o que remanesce da regulação feita por todo o ordenamento jurídico — o que inclui o direito tributário. Exemplificando: não existe
um direito natural de herdar os bens dos ascendentes. Como forma
de não incentivar o ócio dos filhos de indivíduos ricos, a sociedade
poderia ter deliberado que todo o patrimônio dos cidadãos mortos
fosse incorporado pelo Estado. Porém, se o direito civil garantiu tal
direito aos herdeiros, mas o direito tributário exigiu que tal transmissão

---

1. ADELSTEIN, Richard. The origins of property and the powers of government. *In:* MER-
CURO, Nicholas; WARREN, J. Samuels (ed.). *Fundamental interrelationships between government
and property.* Stamford: JAI Press, 1999. p. 26-28, 31-33.

sofra a incidência de um imposto, parece contraditório aceitar um instrumento normativo e rejeitar o outro, já que a transmissão da propriedade só se aperfeiçoa pelo somatório de ambos. Assim, o tributo não é, por sua natureza, um confisco, na medida em que ele integra a própria regulação estatal, ou seja, o processo responsável por moldar, efetivamente, o que é a propriedade de cada cidadão.

Neste processo, obviamente, o Estado acaba garantindo para si os recursos necessários ao desempenho de suas funções. Especialmente em um Estado que se configure como de bem-estar social, vários direitos são dele demandados, tais como o acesso à educação, ao transporte, ao lazer, à moradia, dentre outros. Tais direitos, afirmados historicamente como reação à exploração gerada pelo liberalismo burguês, têm uma clara pretensão de redistribuir riquezas, com o fim de reduzir as assimetrias sociais. Com isso, criou-se uma equivocada compreensão de que os impostos incidentes sobre os ricos servem especialmente para garantir direitos aos pobres. Tal estereótipo é reforçado pela clássica distinção dos direitos entre positivos e negativos, ou seja, direitos que exigem uma prestação estatal, como os direitos sociais (o direito à saúde, por exemplo), e direitos que se voltam contra o Estado, limitando-o e pretensamente exigindo sua inação, tais como os direitos civis (a faculdade de ir e vir, por exemplo).

Ocorre, porém, que tal classificação é apenas didática. A rigor, todos os direitos têm um custo econômico, nem que seja o ônus exigido para garanti-lo. Assim, na realidade, todos os direitos são positivos em alguma medida. Aquele que é indevidamente preso, privado, pois, do seu direito de ir e vir, maneja o remédio constitucional do *habeas corpus*, que apesar de gratuito para quem impetra, gera para o Estado o custo de manutenção do juiz e de toda a estrutura que lhe subsidia para que o preso possa ver-se solto. O direito de propriedade, que pretensamente seria considerado negativo, também exige prestações do Estado — afinal, qual o custo envolvido na garantia de uma propriedade? Não deveria ser levado em conta o ônus exigido na manutenção de um sistema confiável de registros públicos, de um judiciário capaz de reagir às tentativas de furto ou esbulho, de um efetivo de segurança pública interna e de forças armadas capazes de rechaçar as pretensões territoriais dos soberanos estrangeiros?[2]

Os tributos, assim, nem são um mero confisco à propriedade, nem se prezam apenas aos menos favorecidos. Eles acabam constituindo a própria noção da propriedade, por integrarem o todo regulatório estatal, além de suportarem economicamente a garantia dos diversos direitos civis e sociais. Esclarecidos tais pilares introdutórios, resta avançar para as opções normalmente existentes em meio às quais cada povo transita para constituir seu próprio sistema tributário — o que significa compreender as razões e as consequências envolvidas na ênfase dada a cada um dos indicadores de capacidade contributiva. Em outras palavras, trata-se de perceber as diferenças existentes entre tributar renda, consumo ou patrimônio. Os próximos itens abordam cada um desses indicadores, relacionando-os às orientações sociopolíticas a que normalmente se vinculam.

A tributação sobre a renda

A par das condicionantes vinculadas a uma dada realidade histórica, a matriz tributária de um povo também sofre influência das construções teóricas ideais, conhecidas como sistemas tributários racionais. Na década de 1960, período em que o sistema tributário brasileiro sofreu uma reforma ampliada[3], cujos fundamentos, em grande parte, ainda hoje pautam a prática fiscal, a teoria que estava em evidência era a da tributação equitativa. Objetivando a justa distribuição da carga tributária, tal teoria defendia que o ônus fiscal a ser suportado pelo indivíduo devia ser compatível com sua capacidade

---

2. HOLMES, Stephen; SUNSTEIN, Cass. *The cost of rights*: why liberties depends on taxes. New York: W. W. Norton and Company, 1999. p. 35-48; 59-76.

3. Devem ser incluídos nesse processo a Emenda Constitucional n. 18/65, a Constituição Federal de 1967 e o Código Tributário Nacional que, promulgado em 1966 (Lei n. 5.172), ainda hoje permanece em vigor.

de contribuição pessoal. Para tanto, duas regras precisavam ser observadas: a da equidade horizontal, segundo a qual pessoas em igual situação econômica recebem idêntico tratamento, e a da equidade vertical, segundo a qual pessoas com desigual capacidade contributiva recebem tratamento distinto[4].

De modo pragmático, a teoria da tributação equitativa precisou responder a duas questões para atingir seu objetivo: o que e como tributar. Segundo os autores de tal teoria, em resposta à primeira pergunta, o melhor indicador da capacidade contributiva era a renda que deveria ser utilizada como único ou principal critério para a incidência dos impostos. Por renda entende-se o acréscimo de riqueza líquida auferida por uma pessoa em determinado intervalo de tempo. Em relação à segunda questão, concluiu-se que a solução passava pelo estabelecimento de alíquotas progressivas ao invés de proporcionais — já que, por exemplo, tributar 10% da renda de pobres gera uma redução de poder aquisitivo real bem superior à sofrida pelos ricos quando tributados pela mesma alíquota.

No Brasil, o imposto sobre a renda passou a ter uma legislação própria na década de 1920. Até então, ele tinha sido utilizado como imposto extraordinário durante a Guerra do Paraguai (1867-1869), como imposto regular incidente sobre vencimentos recebidos dos cofres públicos (1879-1910, com períodos descontínuos de cobrança) e como imposto cobrado em função de lei orçamentária anual incidente sobre dividendos dos títulos de companhias ou sociedades anônimas e alguns tipos de vencimentos, tais como os recebidos por parlamentares federais e pelo Presidente da República (1910-1918). Com a Primeira Guerra Mundial (1914-1918), o Brasil foi obrigado a passar por um processo de substituição de importados, afetando, assim, o imposto sobre a importação de produtos que, até aquele momento, respondia por 50% da arrecadação tributária da União[5].

---

4. LAGEMANN, Eugenio. Tributação equitativa. *Ensaios FEE*, Porto Alegre, v. 22, n. 1, jan./jun. 2001, p. 288-290.

5. VARSANO, Ricardo. *A evolução do Sistema Tributário Brasileiro ao longo do século*: anotações e reflexões para futuras reformas. Brasília/Rio de Janeiro: Ipea, 1998, p. 5-6.

O imposto de renda incidente sobre a população em geral surgiu, então, como uma solução compensatória à redução da arrecadação do imposto sobre importação. Nos primeiros anos, a participação na arrecadação foi de 3%, percentual que foi sendo gradativamente ampliado nos anos seguintes. Atualmente, o imposto sobre a renda de pessoas físicas e pessoas jurídicas responde por, aproximadamente, um quinto de toda a arrecadação tributária nacional. Quanto ao grau de progressividade desse imposto, é necessário observar o número de faixas de rendimentos sobre as quais são aplicadas as alíquotas do imposto, do limite de isenção e da alíquota máxima de tributação. Em 1923, uma regulamentação estabelecia, para além de uma faixa isenta, alíquotas progressivas que iam de 1% a 8%. Atualmente, mantida a isenção sobre a renda indisponível, existem apenas quatro faixas, com alíquotas variando entre 7,5% e 27,5%.

A existência de um piso abaixo do qual os rendimentos não são tributáveis é justificada pela natureza indisponível de tal renda, na medida em que se refere à parcela necessária ao mínimo vital. Curiosamente, hoje, esse piso excede em mais de 50% o salário mínimo nacional, o que indica o grau de insuficiência dessa remuneração-parâmetro na satisfação das necessidades básicas do trabalhador. Em relação ao número de alíquotas, o Brasil segue a média internacional. Quanto ao teto da tributação, porém, um grande número de países adota uma alíquota máxima nominal superior a 40%, bem maior, portanto, que a brasileira[6].

Além disso, as alíquotas nominais do imposto sobre a renda de pessoa física ainda sofrem um abrandamento em sua força progressiva por conta dos abatimentos e deduções permitidos pela legislação fiscal. Tais desonerações equivalem a uma renúncia de receita, normalmente chamada de gasto tributário[7], que tem caráter compensatório

---

6. BRASIL. *Indicadores de Equidade do Sistema Tributário Nacional*. Brasília: Presidência da República, Observatório da Equidade, 2009, p. 29.

7. Sobre a origem do termo gasto tributário (*tax expenditure*), cf. SURREY, Stanley S. *Pathways to tax reform*: the concept of tax expenditures. Cambridge: Harvard University Press, 1973.

quando pretende restituir ao contribuinte, integral ou parcialmente, as despesas por ele realizadas na substituição ou complementação de serviços assumidos pelo Estado, mas prestados de modo inadequado[8]. Por isso, as deduções feitas na base de cálculo do imposto sobre a renda de pessoa física dos gastos realizados com saúde e educação são justificadas, ainda que o Estado preste tais serviços à população de modo gratuito. Ou seja, por sua ineficiência, o Estado aceita arcar duplamente com o ônus de tais serviços — além de comprometer o parâmetro de justiça tributária que deveria ser garantido com uma progressividade real das alíquotas.

Por fim, embora tal imposto deva, a princípio, incidir sobre todas as formas de aquisição de disponibilidade jurídica ou econômica, o tratamento conferido aos rendimentos do trabalho e à remuneração do capital nem sempre são idênticos. Afinal, a isenção sobre a distribuição dos lucros e dividendos, além da redução de 25% para 15% na alíquota do imposto sobre a renda de pessoa jurídica, medidas adotadas em meados da década de 1990, acabam fragilizando as pretensões de equidade horizontal e vertical adotadas pelo sistema tributário nacional[9]. Por tudo isso, o imposto sobre a renda, embora seja o mais percebido pelos contribuintes, em razão de sua natureza direta, acaba sendo subutilizado em seu potencial de arrecadação de receitas e de redistribuição de riquezas.

A tributação sobre o consumo

A ênfase na renda como único ou principal indicador de capacidade contributiva não é, todavia, livre de críticas. Uma das mais consistentes questiona a indiferença dos impostos que incidem sobre a

---

8. BRASIL. *Demonstrativo dos Gastos Governamentais Indiretos de Natureza Tributária — 2013 (Gastos Tributários)*. Brasília: Ministério da Fazenda, 2012, p. 6-11.

9. BRASIL. *Indicadores de Equidade do Sistema Tributário Nacional, op. cit.,* p. 28.

renda em relação à igualdade supraperiódica. A tradicional imposição de intervalos rígidos, normalmente anuais, dentro dos quais deve ser medida a aquisição de riqueza líquida, não permite deduzir dos anos de fartura as isenções não utilizadas nos anos de penúria. Assim, dois indivíduos que tenham auferido a mesma renda de vida podem ter sofrido uma tributação desigual, desde que um deles a tenha obtido em menor tempo e se sujeitado a alíquotas mais rigorosas e o outro, um servidor público, por exemplo, a tenha recebido com regularidade em toda a sua vida e se sujeitado, por consequência, a alíquotas mais brandas. Economicamente, é como se a tributação acabasse criando incentivos para um tipo específico de atividade profissional — pública ou assalariada — em detrimento de outras cujos ganhos são variáveis no tempo.

Além disso, o imposto sobre a renda incidente na fonte não geraria incentivos à poupança, fundamental para reduzir os custos de captação de financiamentos para o setor de investimentos produtivos. O Fisco transmitiria, assim, uma mensagem ao contribuinte de que ele já teria sido tributado no nível máximo e de que o valor restante que lhe fora repassado poderia ser livremente gasto. Em contrapartida, uma tributação orientada pelo consumo, tendo como hipótese de incidência a despesa, poderia incentivar o cidadão a ser um consumidor mais consciente e mais previdente em relação ao futuro[10] — obviamente considerando a existência pressuposta de uma remuneração digna, que exceda à capacidade de atendimento às necessidades básicas do trabalhador. Como externalidade positiva, tal postura poderia inclusive ser pensada em termos de tributação ecológica, na medida em que o consumo exagerado e atual de bens supérfluos poderia ser desincentivado[11].

---

10. TIPKE, Klaus; LANG, Joachim. *Direito tributário*. Porto Alegre: Sergio Antonio Fabris, 2008, v. 1, p. 226-229.

11. Sobre ecotributação, cf. LAGEMANN, Eugenio. Tributação ecológica. *Ensaios FEE*, Porto Alegre, v. 23, n. 1, jan./jun. 2002.

Por fim, a escola liberal critica a tributação da renda na fonte já que, contrária ao Estado de Bem-Estar Social, acaba defendendo um Estado menos regulador e menos presente. Segundo o liberalismo, não haveria por que tributar a renda de um trabalhador jovem e saudável para fins de manutenção de um serviço público de saúde[12]. Ao fazê-lo, o Estado estaria tutelando o cidadão acerca do melhor uso de seus próprios recursos — o que acabaria se mostrando problemático quando as preferências e opções estatais divergissem das preferências e opções dos contribuintes tutelados.

Assim, tais críticos acabam apontando o consumo como melhor indicador de capacidade contributiva. E embora existam teorias que o defendam como critério único, normalmente a primazia do consumo é acompanhada subsidiariamente pela renda. Há vários modos de se implementar uma base tributária de consumo. Um dos mais curiosos é o que considera o fluxo monetário; nele, "os indivíduos pagam impostos sobre tudo o que recebem, mas deduzem quaisquer quantias economizadas durante o ano fiscal"[13]. Assim, a tributação do consumo se faz às avessas, por meio da dedução ilimitada das economias que, obviamente, correspondem à renda não consumida.

O mais comum, porém, é que a tributação em tal caso incida sobre as vendas no varejo. No Brasil, a princípio, não há a previsão legal de que o ato de consumir configure hipótese de incidência de um determinado imposto. Todavia, os tributos que incidem sobre a produção de mercadorias (IPI, por exemplo), sua circulação (ICMS) ou sobre a prestação de serviços (ICMS ou ISS) incidem, na realidade, sobre o consumo. Afinal, embora o contribuinte de direito seja quem produza a mercadoria, quem a ponha em circulação ou quem preste um serviço, o valor do imposto é embutido nas mercadorias

---

12. A necessidade de atuação estatal coordenada na conjuntura de Emergência em Saúde Pública de importância Nacional em decorrência da infecção humana pelo novo coronavírus gera um questionamento consistente a tal posição.

13. MURPHY, Liam; NAGEL, Thomas. *O mito da propriedade*: os impostos e a justiça. São Paulo: Martins Fontes, 2005, p. 133.

e serviços e são assumidos indiretamente pelo consumidor, contribuinte de fato[14]. Não sem motivo, por sua invisibilidade fiscal, que faz com que tais tributos sejam pagos pelo contribuinte sem que ele se dê conta disso, os impostos sobre consumo são chamados anestesiantes[15], sendo inclusive recomendados, por alguns autores, quando não houver, por parte da população, uma clara consciência acerca da responsabilidade tributária[16].

A principal crítica que se faz aos tributos sobre o consumo se refere ao seu caráter regressivo, o que significa dizer que sua incidência não observa a capacidade econômica de quem consome. O homem mais rico do país arca com o mesmo valor de imposto que o homem mais pobre do país quando ambos compram o mesmo produto em um supermercado, em uma loja de eletrodomésticos, em uma revendedora de roupas. Tomando os impostos sobre consumo como parâmetro, o percentual comprometido pela tributação no orçamento familiar de pessoas de baixa renda acaba sendo bem superior ao de pessoas de renda elevada. Além disso, os impostos sobre o consumo costumam responder, aproximadamente, por metade da arrecadação tributária nacional — o que deixa claro o tamanho de seu impacto sobre os contribuintes.

Uma possibilidade de se minorar a regressividade de uma base tributária de consumo é a seletividade, por meio da qual, considerando-se a essencialidade do produto, são utilizadas alíquotas diferenciadas para a incidência do imposto. Assim, enquanto bens de primeira necessidade são minimamente tributados, bens supérfluos podem sê-lo de modo mais gravoso. Ocorre, porém, que mesmo a seletividade tem seus limites, tais como a impossibilidade de total isenção dos produtos

---

14. GASSEN, Valcir; SILVA, Rafael Santos de Barros e. Quem pode menos paga mais: tributação sobre o consumo no Brasil e democracia. *Revista Brasileira de Direito*, Passo Fundo, v. 7, n. 2, jul./dez. 2011. p. 181-183.

15. BASTO, José Guilherme Xavier de. *A tributação do consumo e a sua coordenação internacional*: lições sobre harmonização fiscal na Comunidade Económica Europeia. Lisboa: Centro de Estudos Fiscais da DGCI, 1991, p. 28.

16. LAGEMANN, Eugenio. *Tributação equitativa, op. cit.*, p. 294.

essenciais, sob pena de perda arrecadatória considerável, e a delimitação *a priori* de que bens se destinam a que tipo de consumidor: afinal, considerar que eletrodomésticos, por exemplo, são bens supérfluos é, na verdade, cristalizar um modelo-padrão de vida no qual os mais pobres não deveriam ter acesso facilitado à tecnologia doméstica. A preocupação não é imotivada quando se considera que o rol dos produtos que compõem a cesta básica, inicialmente designada "ração essencial mínima", quando criada por meio do Decreto-lei n. 399 de 1938, só foi ampliada para incluir produtos de higiene pessoal, tais como papel higiênico, sabonete e pasta dental, em 2013.

Por conta disso, alguns autores defendem que a seletividade deve se pautar pela regra da complementaridade ao tempo livre, de tal modo que os produtos e serviços relacionados ao lazer sejam mais pesadamente tributados que os demais[17]. Embora possa ser lembrado que o lazer é um direito social constitucionalmente protegido, é difícil propor outro critério menos gravoso à tentativa de reduzir o impacto da regressividade em sistemas tributários que considerem o consumo como indicador de capacidade contributiva. De qualquer modo, tais dificuldades explicam por que normalmente tal indicador, quando adotado, costuma ser conjugado com o da renda.

A tributação sobre o patrimônio

O indicador que, quando utilizado, menos costuma impactar a receita tributária de um Estado é o patrimônio. No Brasil, por exemplo, o somatório de todos os impostos sobre ele incidentes não costuma corresponder a mais do que 4% de toda a arrecadação nacional. E isso mesmo considerando que, quantitativamente, não é reduzido o número de tais impostos, visto que em tal grupo podem ser incluídos

---

17. LAGEMANN, Eugenio. Tributação ótima. *Ensaios FEE*, Porto Alegre, v. 25, n. 2, out. 2004, p. 409.

os incidentes sobre as propriedades territorial rural (ITR), predial e territorial urbana (IPTU), de veículos automotores (IPVA), além dos que tributam a transmissão do patrimônio a título oneroso (ITBI) ou a título gratuito, em razão de morte ou doação (ITCMD).

Obviamente, alíquotas altas para impostos sobre ativos imobiliários sempre podem acabar significando uma transferência parcelada de tais bens para as mãos do Estado, razão por que elas só se justificam quando objetivam fins extrafiscais, tais como o desestímulo de fazendas improdutivas, no caso do ITR, ou o incentivo de parcelamento, edificação ou utilização do solo urbano no caso do IPTU. Ainda assim, a progressividade de alíquotas, durante muito tempo considerada indevida para impostos de natureza real, já é admitida mesmo quando não há expressa previsão constitucional, conforme entendeu o Supremo Tribunal Federal ao julgar, em 2013, o Recurso Extraordinário n. 562.045/RS. Em tal caso, reconheceu-se a constitucionalidade da Resolução n. 9/1992 do Senado Federal que permite aos Estados estabelecer alíquotas distintas para o ITCMD, progressivas segundo o quinhão da herança, desde que a maior não seja superior a 8%.

O percentual não é exagerado. Na França, a título comparativo, a tributação sobre heranças pode alcançar uma alíquota máxima de 40%[18]. Mesmo assim, muitos Estados da federação brasileira subutilizam o ITCMD ao prever alíquotas que raramente excedem os 4%[19]. Esse, porém, não é o único caso de subutilização da potencialidade arrecadatória do patrimônio como indicador de capacidade contributiva. O Judiciário já pacificou entendimento de que o imposto estadual sobre a propriedade de veículos automotores não pode incidir sobre embarcações e aeronaves. Considerando que o Brasil tem uma das maiores frotas mundiais de jatos executivos e helicópteros urbanos, bem poderia a União, por meio de sua competência tributária residual, criar um imposto que incidisse sobre tais meios de transporte,

---

18. Cf. sítio do Global Property Guide: http://www.globalpropertyguide.com/Europe/france/Inheritance.

19. Cf. sítio do GIFE — Grupo de Institutos Fundações e Empresas: https://gife.org.br/osc/itcmd.

assim como os Estados já tributam automóveis, motocicletas, ônibus e caminhões.

Além disso, não se pode esquecer o Imposto sobre Grandes Fortunas que, apesar de previsto na Constituição Federal de 1988, até hoje não foi regulamentado por ausência de lei complementar específica. Ao incidir sobre a riqueza estocada sob forma de bens e direitos, esse imposto poderia corrigir a distorção das rendas relativamente menos tributadas quando destinadas ao consumo. É claro que na regulamentação deste tributo deveria ser considerada uma justa definição de fortuna, bem como a possibilidade de dedução dos demais tributos pagos e incidentes sobre patrimônio[20]. Todavia, tais cuidados não devem obstar a efetividade própria do imposto.

Aliás, a conjugação do imposto sobre grandes fortunas com os demais impostos incidentes sobre os ativos imobiliários se aproxima bastante da proposta feita por Thomas Piketty de tributação do capital. Afinal, o planejamento tributário que permite a algumas famílias acumular fortunas, cindindo a renda tributada da renda econômica, convertendo renda tributável em dividendos isentos, criando verdadeiras *holdings* familiares ou estruturas jurídicas *ad hoc*, tudo isso exponenciado pela baixa tributação das heranças, ainda que seja um artifício legal acaba acentuando as desigualdades patrimoniais, pondo em descréditos um sistema tributário que se crê progressivo e redistribuidor de riqueza[21]. A tributação sobre o capital, assim, incidiria não só sobre os ativos imobiliários, mas também sobre os ativos financeiros — o que permitiria a tributação da renda econômica excedente à fiscal, além da dedução da dívida dos contribuintes no valor de seus bens, prática normalmente não considerada pelos tributos que atualmente incidem sobre o patrimônio[22].

---

20. DIEESE (Departamento Intersindical de Estatística e Estudos Socioeconômicos). *Dez ideias para uma tributação mais justa*. São Paulo: Dieese, 2013, p. 19-20.

21. PIKETTY, Thomas. *O capital no século XXI*. Rio de Janeiro: Intrínseca, 2014, p. 501-512.

22. Aliás, mesmo quando permitida a dedução das dívidas, há situações em que o tributante a desconsidera — exemplo claro disso é regulamentação do Imposto sobre Transmissão Causa Mortis no Estado de São Paulo. Embora o art. 1847 do Código Civil de 2002 preveja

Considerações finais

Seria um exagero dizer que nada tem sido feito em nome da cidadania tributária no Brasil. A Lei de Acesso à Informação pública (Lei n. 12.527/2011) e, na especificidade dos tributos indiretos incidentes sobre o consumo, a Lei n. 12.741/2012, que regulamentou a exigência constitucional de esclarecimento aos consumidores acerca dos impostos que incidem sobre cada mercadoria e serviço por eles adquiridos, servem para fomentar a prática da transparência. Porém, para não iniciados em questões tributárias, ainda é muito difícil compreender o peso real dos impostos, quer pela complexidade do sistema tributário que conjuga cinco espécies distintas de tributos (impostos, taxas, contribuições de melhoria, empréstimos compulsórios e contribuições especiais), quer pela variedade de alíquotas dentro de um mesmo imposto (caso do IPI), quer pelas cobranças por dentro que fazem com que um imposto incida sobre ele mesmo e as alíquotas nominais sejam menores que as reais[23].

Divulgar as opções que permeiam o desenho da matriz tributária nacional é empoderar, aos poucos, o cidadão, fazendo-o consciente da importância de participar dos debates do orçamento em todos os níveis, de acompanhar os gastos públicos, de questionar os seus deputados e senadores sobre projetos de reforma tributária, de exigir um alto retorno tributário pela fiscalização do repasse de verbas para a manutenção e o aperfeiçoamento dos serviços públicos.

---

que as dívidas e despesas do funeral devam ser abatidas dos bens existentes para o cálculo da herança, o fisco paulista, com base na lei estadual n. 10.705/2000, insiste em tributar o total da herança sem descontar as dívidas do *de cujus* e do espólio.

23. "Um exemplo fornecido pela CNI ilustra o problema: supondo uma alíquota de 18% do ICMS, um cidadão que compra uma camisa, cujo preço antes da incidência do tributo é de R$ 100,00, paga um preço final de R$ 121,95 ao invés de R$ 118,00. Portanto, a alíquota efetiva de ICMS que incide sobre este produto é de 21,95%" (BRASIL. *Indicadores de Equidade do Sistema Tributário Nacional, op. cit.*, p. 39). Isso ocorre porque os 18% da alíquota do ICMS são calculados sobre os R$ 121,95 (valor do consumo + valor do imposto), o que resulta em R$ 21,95 de arrecadação. Para o consumidor, isso significa pagar ICMS sobre o próprio ICMS a ser pago.

Tal estratégia é fundamental considerando que o Estado estabeleceu um Novo Regime Fiscal, decorrente da Emenda Constitucional n. 95, de 15 de dezembro de 2016, por meio do qual impôs-se um congelamento real vintenário dos dispêndios primários da União — excluindo, pois, do mesmo somente os gastos com o serviço da dívida pública e outras situações cuja excepcionalidade seja indicada por legislação específica. Tal escolha legislativa significou uma inversão da prioridade estatal: ao invés de demarcar claramente as despesas necessárias à satisfação adequada dos direitos individuais e sociais e, então, buscar as formas de financiamento, o que obviamente colocaria a reflexão tributária em primeiro plano, optou-se por um achatamento linear das despesas em nome de uma austeridade fiscal rigorosa[24].

A vedação ao aumento real de gastos foi uma escolha simples e hegemônica. Simples porque não leva em conta "elementos sazonalmente oscilantes, a exemplo de expansão populacional, transformações demográficas, crescimento econômico ou aumento da arrecadação fiscal"[25]. Hegemônica porque ao evitar o enfrentamento dos debates tributários que afetam os contribuintes com maior arrecadação, tais como a tributação sobre lucros e dividendos, o imposto sobre grandes fortunas e o fim dos privilégios tributários[26] — quer os decorrentes dos gastos tributários, quer os relativos a anistias e remissões —, o Estado afetou não só as camadas mais pobres da população, como também, de modo interseccional mais agravado, a população feminina.

Afinal, as medidas de austeridade e ajuste fiscal geralmente impactam de modo mais forte as mulheres. Estudos europeus demonstraram que, na última década, embora os efeitos imediatos das crises econômicas tenham sido sentidos de maneira mais forte entre os

---

24. TAVARES, Francisco; SILVA, Gustavo. A ciência política brasileira diante do novo regime fiscal: para uma agenda de pesquisas sobre democracia e austeridade. *Dados*, Rio de Janeiro, v. 63, n. 2, p. e20180320, 2020.

25. TAVARES, Francisco; SILVA, Gustavo. *A ciência política brasileira..., op. cit.*

26. O rombo arrecadatório gerado por privilégios tributários pode ser acompanhado pelo privilegiômetro, site criado pela Unafisco Nacional, a Associação Nacional dos Auditores Fiscais da Receita Federal do Brasil. Cf.: https://privilegiometrotributario.org.br.

homens trabalhadores, o que fez com que se equiparasse a recessão a uma *he-cession*, no médio e longo prazo o peso maior recaiu sobre as mulheres. Isso aconteceu ou pela redução dos postos de trabalho no serviço público, em que mulheres por vezes tem mais oportunidades ou condições laborais mais equânimes, ou pela contenção de políticas públicas de bem-estar social, ou pela reocupação dos escassos postos de trabalhos por mão de obra masculina, ou, também, pela desprofissionalização de atividades majoritariamente desempenhadas por mulheres (como as relativas ao *care*), ou, ainda, pelo aumento do trabalho não remunerado familiar que, em épocas de contenção, busca substituir o fornecimento de bens e serviços anteriormente contratados no mercado formal[27].

Nesse sentido, o presente texto se coloca como um fomentador da *accountability*, o controle social da gestão pública em sua dupla dimensão: a *answerability*, que trata do direito de se formular perguntas ao gestor público e de obter respostas relativas aos dados objetivos e às motivações envolvidas nas decisões administrativas, e a responsabilização, que trata da aplicação de sanções ao gestor que fira os princípios regentes da prática fiscal e tributária[28]. Afinal, se todo direito tem um custo, ser cidadão inclui a reflexão ativa do sistema tributário nacional.

Referências

ADELSTEIN, Richard. The origins of property and the powers of government. *In:* MERCURO, Nicholas; WARREN, J. Samuels (ed.). *Fundamental interrelationships between government and property.* Stamford: JAI Press, 1999, p. 25-35.

---

27. Cf. FAWCETT. The impact of austerity on women. *Fawcett Society Policy Briefing*, p. 1-42, mar. 2012; SORJ, Bila. Políticas sociais, participação comunitária e a desprofissionalização do care. *Cadernos Pagu*, Campinas, n. 46, p. 107-128, abr. 2016.

28. SCHEDLER, Andreas. Conceptualizing accountability. *In:* SCHEDLER, Andreas; DIAMOND, Larry; PLATTNER, Marc F. (ed.). *The self-restraining State:* power and accountability in new democracies. Boulder/London: Lynne Rienner Publishers, 1999, p. 14-17.

BASTO, José Guilherme Xavier de. *A tributação do consumo e a sua coordenação internacional*: lições sobre harmonização fiscal na Comunidade Económica Europeia. Lisboa: Centro de Estudos Fiscais da DGCI, 1991.

BRASIL. *Indicadores de Equidade do Sistema Tributário Nacional*. Brasília: Presidência da República, Observatório da Equidade, 2009.

BRASIL. *Demonstrativo dos Gastos Governamentais Indiretos de Natureza Tributária — 2013 (Gastos Tributários)*. Brasília: Ministério da Fazenda, 2012.

DIEESE (Departamento Intersindical de Estatística e Estudos Socioeconômicos). *Dez ideias para uma tributação mais justa*. São Paulo: DIEESE, 2013.

FAWCETT. The impact of austerity on women. *Fawcett Society Policy Briefing*, p. 1-42, mar. 2012.

GASSEN, Valcir; SILVA, Rafael Santos de Barros e. Quem pode menos paga mais: tributação sobre o consumo no Brasil e democracia. *Revista Brasileira de Direito*, Passo Fundo, v. 7, n. 2, p. 167-199, jul./dez. 2011.

HOLMES, Stephen; SUNSTEIN, Cass. *The cost of rights*: why liberties depends on taxes. New York: W. W. Norton and Company, 1999.

LAGEMANN, Eugenio. Tributação equitativa. *Ensaios FEE*, Porto Alegre, v. 22, n. 1, p. 288-306, jan./jun. 2001.

LAGEMANN, Eugenio. Tributação ecológica. *Ensaios FEE*, Porto Alegre, v. 23, n. 1, p. 301-324, jan./jun. 2002.

LAGEMANN, Eugenio. Tributação ótima. *Ensaios FEE*, Porto Alegre, v. 25, n. 2, p. 403-426, out. 2004.

MURPHY, Liam; NAGEL, Thomas. *O mito da propriedade*: os impostos e a justiça. São Paulo: Martins Fontes, 2005.

PIKETTY, Thomas. *O capital no século XXI*. Rio de Janeiro: Intrínseca, 2014.

SCHEDLER, Andreas. Conceptualizing accountability. *In*: SCHEDLER, Andreas; DIAMOND, Larry; PLATTNER, Marc F. (ed.). *The self-restraining State*: power and accountability in new democracies. Boulder/London: Lynne Rienner Publishers, 1999, p. 13-28.

SORJ, Bila. Políticas sociais, participação comunitária e a desprofissionalização do care. *Cadernos Pagu*, Campinas, n. 46, p. 107-128, abr. 2016.

SURREY, Stanley S. *Pathways to tax reform*: the concept of tax expenditures. Cambridge: Harvard University Press, 1973.

TAVARES, Francisco; SILVA, Gustavo. A ciência política brasileira diante do novo regime fiscal: para uma agenda de pesquisas sobre democracia e austeridade. *Dados*, Rio de Janeiro, v. 63, n. 2, p. e20180320, 2020.

TIPKE, Klaus; LANG, Joachim. *Direito tributário*. v. 1. Porto Alegre: Sergio Antonio Fabris, 2008.

VARSANO, Ricardo. *A evolução do Sistema Tributário Brasileiro ao longo do século*: anotações e reflexões para futuras reformas. Brasília/Rio de Janeiro: IPEA, 1998.

O direito ao trabalho na encruzilhada:

tendências, desafios e alternativas na conjuntura latino-americana

Vitor Sousa Freitas

O presente texto foi alinhavado numa conjuntura de crises e busca compartilhar o resultado de reflexões e estudos sobre as estruturas subjacentes aos acontecimentos presentes e sobre os cenários onde se empreendem os conflitos vivenciados por diversos atores. Assim, convidamos o leitor a uma análise de conjuntura cujo fio condutor é o direito humano ao trabalho no atual contexto e especialmente após os primeiros impactos da Reforma Trabalhista no Brasil, cujo conteúdo enfraquece com profundidade os mecanismos estatais de regulação das relações de trabalho e a própria fruição do direito ao trabalho e dos demais direitos trabalhistas que lhe são consequentes.

O foco neste direito em específico se dá por inspirar-se numa concepção de Direitos Humanos e especialmente de direitos econômicos, sociais e culturais em que o direito ao trabalho é central e fundamental para a fundamentação, a gênese, a garantia, a exigibilidade, e a eficácia dos demais direitos.

Essa opção metodológica se justifica por permitir uma articulação entre a linguagem acadêmica especializada e a linguagem do cotidiano visando estabelecer meios de diálogo entre pesquisadores e sociedade e buscando soluções para os problemas comumente vividos. Seguindo as orientações de José Eustáquio Diniz Alves (2008) e Herbert José de Souza (1985), compreende-se a análise de conjuntura como um instrumento de enfrentamento da realidade, uma atividade teórico-prática de compreensão da realidade e de ação política, acionada pelos agentes sociais buscando a resolução de seus problemas concretos. A análise de conjuntura é ela própria uma ação política e, portanto, não se pretende neutra. Sua realização envolve reflexão, descoberta e criação tendo em vista o porvir e pressupõe a compreensão de estruturas sociais de longa duração no tempo que agem dialeticamente articuladas com os fatos do presente. A articulação entre conjuntura e estrutura revela a dialética entre essência e fenômeno.

Com isso, para sua realização é necessário selecionar fatos relevantes e de impacto social, determinar espaços onde se desenvolvem as ações sociais, levantar os atores sociais envolvidos, apontar as relações entre esses atores e os movimentos existentes nessas relações, apontar a articulação entre os acontecimentos, os cenários e os atores evidenciados na conjuntura com as relações sociais estruturais que se processam numa temporalidade longa e numa espacialidade ampla para, por fim, levantar e elaborar estratégias e táticas de intervenção política tendo em vista um ponto de vista igualmente político, teórico, ou situacional. Para tanto, a análise de conjuntura deve articular as dimensões locais, regionais, nacionais e internacionais dos fenômenos, dos acontecimentos, dos atores, e das forças sociais, e permitir a abertura a novas abordagens e aos elementos imprevisíveis da transformação da realidade.

Nesse sentido, a Reforma Trabalhista é um evento que colocou em questionamento os cânones a partir dos quais se estruturou a disciplina "Direito do Trabalho" nos Estados sociais e tem motivado um conjunto de angústias e incertezas sobre o futuro das relações de trabalho. Essa Reforma é aqui encarada como um conjunto de medidas que visam alterar a regulamentação das relações de trabalho no Brasil, e neste momento ela é veiculada por meio da Lei n. 13.429, de 31 de março de 2017, que dá nova regulamentação à terceirização trabalhista, e da Lei n. 13.467, de 13 de julho de 2017, propriamente denominada de reforma trabalhista pelo governo. Ademais, essa reforma pode sinalizar de maneira mais veemente as mudanças no padrão de funcionamento do próprio modo de produção capitalista a nível mundial e regional.

Buscando compreender o significado dessa reforma, propõe-se refletir sobre os caminhos que nos conduziram até este contexto de crise, mas também realizar uma mudança de olhar sobre propostas alternativas que já podem estar sendo vividas ou projetadas. Para tanto, tem-se por referencial de partida um conjunto de propostas teóricas que situam o Brasil no contexto de colonialidade vivida pela América Latina e que exigem reformulações de uma gama de teorias que até então puderam conferir algum conforto teórico aos que se dedicavam ao estudo de nossa realidade. Com essa demarcação, busca-se uma mudança de perspectiva para tornar visíveis práticas de resistência e de projeção de alternativas constituídas no continente latino-americano, com as quais se busca repensar o presente e o futuro do direito humano ao trabalho nesses tempos de barbárie.

Pressupostos teórico-metodológicos do debate

Para José Eustáquio Diniz Alves, o desafio da análise de conjuntura é compreender as inter-relações das partes que formam o todo, pois a totalidade é um conjunto de múltiplas determinações. Ainda segundo este autor:

> a análise de conjuntura funciona como um mapa que nos permite "viajar" na realidade. Existem mapas mais detalhados ou menos detalhados,

assim como existem muitos tipos de mapas: geográficos, rodoviários, ferroviários etc. Cada um é definido em função de um objetivo e tem a sua própria escala. Assim, também, é a análise de conjuntura que busca traçar um mapa da correlação das forças econômicas, políticas e sociais que constituem a estrutura e a superestrutura da sociedade, as quais se vinculam através de relações de poder. (Alves, 2008, p. 1).

Para a elaboração desses mapas é preciso ter em conta uma crítica à perspectiva moderna liberal de tempo linear e uniforme e assumir a existência de múltiplas e contraditórias temporalidades na vida social. Com isso, o tempo da conjuntura não é o mesmo das estruturas. Nessas revelam-se processos de longa duração, processuais e de difícil transformação, que convivem dialeticamente com processos de curta duração que podem aprofundar ou desgastar as estruturas de modo a sinalizar seu vigor ou crise. Nesse sentido, recuperando a contribuição de Fernand Braudel a uma teoria da ciência e da história, Carlos Eduardo Martins aponta que:

A duração é o tempo das estruturas. Significa mudança, processo e, portanto, irreversibilidade. Representa a dialética entre os tempos múltiplos e contraditórios da vida social que não podem existir isoladamente. Nessa dialética se apresentam em conjunto o tempo propriamente dito das estruturas, das conjunturas e dos acontecimentos. O tempo das estruturas significa o lento desgaste da arquitetura que fundamenta a organização suficientemente fixa entre as realidades e as massas sociais. As estruturas representam os apoios, os obstáculos e os limites diante dos quais os homens não podem se emancipar. São as prisões da longa duração. O tempo das conjunturas representa o movimento das oscilações regulares e periódicas que atua sobre as estruturas e as modifica, renovando-as, sem afetar a expansão de seus componentes profundos. O tempo dos acontecimentos é o tempo breve, da crônica, do dia a dia, imediato e anárquico que incide sobre as estruturas e suas oscilações cíclicas.

O conceito braudeliano de duração designa, portanto, um processo que para ser percebido exige um alto nível de abstração: um movimento de reflexão que parte do geral para o particular — e não o inverso, como o liberalismo concebeu —, e que permite dar ao tempo imediato e ao acontecimento seus limites e possibilidades. Esse movimento de reflexão exige não apenas a integração dos tempos múltiplos da vida social, mas também a integração das diversas dimensões da realidade, confrontando a segmentação do saber em tempos ou disciplinas. (Martins, 2011, p. 24)

A viagem proposta por este texto é definida em função do objetivo de compreender os fatores ensejadores da Reforma Trabalhista, aqui tratada como um acontecimento explicável no bojo de uma dada conjuntura e que simboliza um conjunto de medidas tendentes a modificar ou destruir um sistema normativo de proteção aos trabalhadores, e traçar um mapa das relações de poder que conduzem a correlação de forças econômicas, políticas e sociais que constituem a estrutura e a superestrutura das relações de trabalho e sua interface com o sistema normativo em nossa sociedade. Com isso, visamos nos aproximar de uma avaliação sobre a vitalidade ou crise dessas estruturas.

À delimitação de um conjunto de acontecimentos básicos para a análise, situados na segunda metade da segunda década do século XXI, segue a necessidade de também delimitar os cenários e os atores envolvidos. Assim, cumpre dizer que o Brasil e a América Latina, e sua enorme diversidade interna, são o cenário foco de nossas preocupações teóricas e políticas, onde um conjunto de atores disputam os rumos de suas histórias e das instituições por meio das quais e no bojo das quais essas histórias se desenvolvem. Esses atores não podem ser outros que os trabalhadores e as trabalhadoras, igualmente apreendidos em sua diversidade histórica, social, geográfica, os detentores dos meios de produção econômica, mas também do poder político, sem o qual as instituições econômicas não podem cumprir seu mister.

Buscaremos apreender a heterogeneidade e diversidade contidas nas categorias de análise "trabalho" e "trabalhadores" levando em conta pelo menos os seguintes parâmetros ou fatores de estratificação:

1) *econômicos*, em geral diferenciados por modos de organização do trabalho e faixas de contraprestação pecuniária auferida por meio da venda da força de trabalho, o que geral diferentes modos de obtenção de salário e renda, de modo subordinado ou não, aí incluindo-se os trabalhadores que atuam como profissionais liberais; 2) *sexuais*, por meio do qual homens e mulheres são funcionalizados de modos diferentes no contexto da prestação de trabalho; 3) *raciais*, considerando que ao longo da histórias os seres humanos foram classificados conforme sua cultura, seus traços fenotípicos, sua língua etc., e essa classificação repercute nas relações de trabalho; 4) *espaciais*, pois trabalhadores do meio urbano e do meio rural têm diferentes experiências laborais; 5) *etários*, pois verifica-se diferenciação entre trabalhadores crianças, adolescentes, jovens, adultos e idosos no contexto laboral; 6) *culturais*, pois há modos de organização da atividade econômica ainda não subsumidos ao modos de produção capitalista, em que a organização comunitária, cooperativa, solidária, permite a existência de distribuição mais igualitária do que é socialmente produzido; 7) *jurídicos*, considerando a existência de trabalhadores protegidos por lei e outros não; 8) *sensoriais*, pois certos tipos de relações de trabalho desenvolvem-se de modo invisível ou apenas parcialmente visível em determinados contextos o que denota que muitos trabalhadores, além de invisíveis, também não são escutados em suas demandas vitais.

Quanto aos que exploram o trabalho de modo não igualitário, igualmente se faz necessário diferenciar entre diversos fracionamentos: 1) *profissionais liberais*, que exploram atividade alheia de modo permanente ou esporádico, sem deixarem de igualmente atuarem na produção de mercadorias e serviços; 2) *pequenos e médios empreendimentos econômicos*; e 3) *grandes empreendimentos econômicos*.

Quanto ao âmbito do processo produtivo, é preciso diferenciar pelo menos dois: 1) *produção de mercadorias*; e 2) *circulação de mercadorias*.

Quanto ao tipo de capital que envolve, diferenciam-se em pelo menos três: 1) *capital industrial*; 2) *capital comercial*; e 3) *capital financeiro*.

Quanto ao âmbito de desenvolvimento da atividade econômica, embora envolvida em um processo global de circulação de mercadorias, podemos dividi-las em: 1) *atividades locais ou regionais*; 2) *atividades nacionais*; e 3) *atividades transnacionais*.

Quanto ao âmbito geopolítico de desenvolvimento de atividade econômica, pode-se dizer que elas são praticadas em dois polos: 1) *centro do capitalismo*; e 2) *periferia do capitalismo*.

Quanto ao modo de organização do trabalho, propõe-se classificar entre: 1) *trabalho tradicional*; 2) *trabalho duro (fordista-taylorista)*; e 3) *trabalho flexível*.

Reconhecida a heterogeneidade que a categoria "trabalho" enseja, seguimos tratando dos fatores que governam ou determinam a maneira como essas diferenças se organizam ou expressam. Em nosso contexto, os eventos mais recentes respeitantes às relações de trabalho na periferia do capitalismo indicam um avanço de um modo específico de gestão do capitalismo global que vem sendo denominado de neoliberalismo ou ultraliberalismo. A Reforma Trabalhista no Brasil é um claro sinal do avanço deste projeto em nosso país.

Nada obstante, o contexto também é de ataque a projetos alternativos ao neoliberalismo que conseguiram se destacar por meio da eleição de governos de centro-esquerda no continente sul-americano, com destaque para o próprio Brasil, para a Venezuela, a Bolívia e o Equador. Esses governos, por diferentes caminhos e com diferentes intensidades, apresentaram ou apresentam alguns compromissos com pautas de resistência ao neoliberalismo. A crise desses governos tem ocasionado a retomada do projeto neoliberal, com evidentes consequências para a regulação das relações de trabalho e para o direito ao trabalho. Dedicaremo-nos a esses temas adiante.

Em busca das estruturas: a interpretação decolonial

Partimos do pressuposto compartilhado por autores agregados em torno de teorias denominadas decoloniais de que o tempo e o espaço na sociedade moderna não se desenvolvem de modo universal e uniforme. Centro e periferia do capitalismo não se comportam do mesmo modo, embora o primeiro busque ditar os rumos do segundo.

Por pensamento decolonial entendemos um conjunto heterogêneo de formulações que defendem outra genealogia do conhecimento baseada na realidade espaço-temporal da humanidade tornada periferia no processo de colonialidade constitutiva da modernidade. Portanto, trata-se de um conjunto de teorias veiculados por uma série de pensadores articulados em torno da crítica, entre outras, das pretensões universalistas do pensamento hegemônico dos últimos quinhentos anos da humanidade. Pensamento esse que, a pretexto de dizer respeito a toda essa humanidade e se querer atemporal e deslocalizado, porque pretensamente universal, somente revela aquilo que é pensado por parte dela e num horizonte temporal e espacial específico, ou seja, o espaço-tempo da Europa e dos Estados Unidos da América. Nesse sentido, Nelson Maldonado-Torres sustenta o seguinte:

> O conceito de colonialidade do Ser surgiu no decurso de conversas tidas por um grupo de acadêmicos da América Latina e dos Estados Unidos, acerca da relação entre a modernidade e a experiência colonial. Ao inventar este termo, seguiram as passadas de estudiosos como Enrique Dussel e o sociólogo peruano Aníbal Quijano, que propuseram uma explicação da modernidade e uma concepção de poder intrinsecamente ligadas à experiência colonial. À primeira vista, parece existir uma dissonância entre o tema da modernidade e a relação imperial/colonial. Um dos conceitos tem a ver com tempo (o moderno), enquanto o outro faz referência ao espaço (expansionismo e controlo das terras). Dir-se--ia que a modernidade implica a colonização do tempo pelo europeu, isto é, a criação de estádios históricos que conduziram ao advento da modernidade em solo europeu. Todavia, os próprios laços que ligam

a modernidade à Europa nos discursos dominantes da modernidade não conseguem deixar de fazer referência à localização geopolítica. O que o conceito de modernidade faz é esconder, de forma engenhosa, a importância que a espacialidade tem para a produção deste discurso. É por isso que, na maioria das vezes, aqueles que adotam o discurso da modernidade tendem a adotar uma perspectiva universalista que elimina a importância da localização geopolítica. Para muitos, a fuga ao legado da colonização e da dependência é facultada pela modernidade, como se a modernidade enquanto tal não tivesse estado intrinsecamente associada à experiência colonial. (Maldonado-Torres, *apud* Santos, 2009, p. 350-351)

Para Ramón Grosfoguel, a colonização do espaço denominado pelos europeus como "Américas" fez chegar a este lugar uma estrutura de poder dotada de várias hierarquias globais enredadas, ou interseccionalizadas, e coexistentes no espaço e no tempo, a saber:

1. uma específica formação de classes de âmbito global, em que diversas formas de trabalho (escravatura, semi-servidão feudal, trabalho assalariado, pequena produção de mercadorias) irão coexistir e ser organizadas pelo capital enquanto fonte de produção de mais-valias através da venda de mercadorias no mercado mundial com vista ao lucro;

2. uma divisão internacional do trabalho em centro e periferia, em que o capital organizava o trabalho na periferia de acordo com formas autoritárias e coercivas;

3. um sistema interestatal de organizações político-militares controladas por homens europeus e institucionalizadas em administrações coloniais;

4. uma hierarquia étnico-racial global que privilegia os povos europeus relativamente aos não europeus;

5. uma hierarquia global que privilegia os homens relativamente às mulheres e o patriarcado europeu relativamente a outros tipos de relação entre os sexos;

6. uma hierarquia sexual que privilegia os heterossexuais relativamente aos homossexuais e lésbicas (e é importante recordar que a maioria dos povos indígenas das Américas não via a sexualidade entre homens

como um comportamento patológico nem tinha qualquer ideologia homofóbica);

7. uma hierarquia espiritual que privilegia os cristãos relativamente às espiritualidades não cristãs/não europeias institucionalizadas na globalização da igreja cristã (católica e, posteriormente, protestante);

8. uma hierarquia epistêmica que privilegia a cosmologia e o conhecimento ocidentais relativamente ao conhecimento e às cosmologias não ocidentais, e institucionalizada no sistema universitário global;

9. uma hierarquia linguística entre as línguas europeias e não europeias que privilegia a comunicação e a produção de conhecimento e de teorias por parte das primeiras, e que subalterniza as últimas exclusivamente como produtoras de folclore ou cultura, mas não de conhecimento/ teoria. (Grosfoguel, *apud* Santos, 2009, p. 390-391)

Para Aníbal Quijano, numa dada totalidade histórico-social, os indivíduos disputam a distribuição do poder por meio de processos de longa duração, heterogêneos, descontínuos e conflituosos centrados em uma malha de relações de exploração/dominação/conflito em torno do controle do trabalho, da natureza, do sexo, da subjetividade e da autoridade. Esses processos têm um eixo comum que indica a tendência de desenvolvimento do conjunto de relações de poder. Para esse autor, o controle do trabalho é um fator supremo para o controle do poder na modernidade, embora não haja uma homogeneidade histórica para o trabalho, para o capital e para o capitalismo, que, embora coexistam, se articulam e combinam de modos variados. (Quijano *apud* Santos, 2009, p. 73-116) Diante disso, Quijano constata que:

Na América, no capitalismo mundial, colonial/moderno, os indivíduos classificam-se e são classificados segundo três linhas diferentes, embora articuladas numa estrutura global comum pela colonialidade do poder: trabalho, raça, género. [...] Esta articulação estrutura-se em torno de dois eixos centrais: o controlo de produção de recursos de sobrevivência social e o controlo da reprodução biológica da espécie. O primeiro implica o controlo da força de trabalho, dos recursos e produtos do trabalho, o que inclui os recursos "naturais" e se institucionaliza como "propriedade".

O segundo, implica o controlo do sexo e dos seus produtos (prazer e descendência), em função da "propriedade". A "raça" foi incorporada ao capitalismo eurocentrado em função de ambos os eixos. E o controlo da autoridade organiza-se para garantir as relações de poder assim configuradas. (Quijano, *apud* Santos, 2009, p. 101)

Essa organização tem por pressuposto uma divisão internacional do trabalho entre centro e periferia. No centro, a relação salarial é demográfica e estruturalmente dominante e o trabalho é racialmente "branco". Na periferia, a relação salarial é estruturalmente dominante, mas não demograficamente nem geograficamente dominante, pois as diversas formas de trabalho são organizadas por meios autoritários e coercivos, racialmente "negros" ou "mestiços", e em todas se articula de modo diverso a dimensão de gênero. (Quijano, *apud* Santos, 2009, p. 110) Com isso, Quijano pode defender as especificidades das relações de trabalho na periferia do capitalismo:

> No "eurocentro", o que dominam são Capitalistas. Os dominados são os assalariados, as classes médias, os camponeses independentes. Na "periferia colonial", os dominantes são os Capitalistas Tributários e/ou Associados Dependentes. Os dominados são escravos, servos, pequenos produtores mercantis independentes, assalariados, classes médias, camponeses. (Quijano, *apud* Santos, 2009, p. 110)

Acresça-se aqui a contribuição da Teoria da Dependência, de que são expoentes Ruy Mauro Marini, Theotônio dos Santos, Vânia Bambirra e, mais recentemente, Carlos Eduardo Martins, que, ao aprofundarem a leitura de *O Capital*, de Marx, desenvolvendo as teses sobre o movimento do capital no âmbito da circulação, e influenciados pelas teses das teorias sobre o moderno sistema-mundo — referenciados, entre outros, em Immanuel Wallerstein e André Gunder Frank — logram buscar explicar a específica realidade latino-americana em que as relações de produção e circulação capitalistas se desenvolvem de modo periférico, dependente, com tendência à baixa composição orgânica do capital e por meio de relações de trabalho superexploradoras.

Para Ruy Mauro Marini a superexploração do trabalho, por sua vez, se caracteriza por três processos levados a cabo pelas burguesias nacionais oligárquicas e dependentes contra o proletariado, que poderiam atuar de forma conjugada ou isolada: 1) aumento da jornada de trabalho; 2) aumento da intensidade do trabalho; e 3) redução do fundo de consumo do trabalhador. (Cf. Martins, 2011)

Segundo Carlos Eduardo Martins, para chegar a esta constatação, Marini primeiro demonstrou que: 1) o capitalismo não era apenas um instrumento de produção de mais-valia, mas também de apropriação de mais-valia; 2) diferenciou o conceito de formações sociais do modo de produção capitalista, pois enquanto esse se desenvolvia globalmente na economia mundial, aquelas se articulavam a esse desenvolvimento como partes específicas dessa totalidade, inscritas em Estados nacionais, e não como expressão concreta e síntese do capital em geral; 3) apontou que as formações sociais submetidas por monopólio tecnológico internacional sofriam dupla transferência de mais-valia, porque no plano da economia mundial, se especializaram em produtos que envolviam processos de produção abaixo da produtividade média mundial, e, no plano nacional, pelo fato de a produtividade estar principalmente determinada pela entrada da tecnologia estrangeira e sua apropriação pelas corporações multinacionais e o grande capital nacional, criando-se transferências de mais-valia da pequena e média burguesia ao grande capital; 4) as formações dependentes estariam duplamente sujeitas à mais-valia extraordinária — no plano internacional e internamente — que, por estar estruturalmente vinculada à própria dinâmica do progresso técnico no capitalismo, levaria a mecanismos de compensação sobre sua classe trabalhadora, já que as formações dependentes estariam incapazes de neutralizar as transferências de mais-valia por meio da redução dos diferenciais de produtividade. Por consequências, elas recorrem à redução salarial, ou à elevação da intensidade do trabalho e aumento da jornada de trabalho, sem a remuneração salarial equivalente, o que, em conjunto, perfazem a superexploração do trabalho como o mecanismo de compensação por excelência, por meio da qual não se paga ao trabalhador parte do valor de sua força de trabalho. (Cf. Martins, 2011)

Desse modo, no mesmo espaço-tempo coexistem o trabalho assalariado, a escravidão, as relações de trabalho servil, a pequena produção de mercadorias ou de serviços, e organizações mais igualitárias de trabalho. Para Quijano, todas elas estão organizadas pelo capitalismo como fontes de produção de mais-valia (Quijano, *apud* Santos, 2009, p. 110), embora para outros autores ainda existam relações de trabalho irredutíveis à lógica capitalista. Nesse sentido, Alberto Acosta demonstra a manutenção de culturas de trabalho cooperativo, recíproco, comunitário, solidário e equitativo entre os povos originários da América Latina. (Acosta, 2013, p. 147-154)

Nesse contexto, o constitucionalismo social e seu direito do trabalho constituíram um padrão de proteção insuficiente e ineficiente para reconhecer e garantir direitos a um conjunto heterogêneo de sujeitos, bem como para promover a eficácia dos direitos econômicos, sociais e culturais reconhecidos, porque se baseia em relações de trabalho desenvolvidas nos países centrais do sistema-mundo, a partir de uma matriz liberal e individualista de Direitos Humanos, ignora as dimensões raciais e sexuais implicadas nas relações de trabalho na periferia. Portanto, mantém-se sem solução os problemas da superexploração do trabalho nas relações salariais, da utilização de formas coercivas e autoritárias nas relações não salariais, das desigualdades raciais e de gênero nas relações de trabalho e na fruição de Direitos Humanos, e da ausência de reconhecimento de relações de trabalho não redutíveis à lógica capitalista e praticadas por povos de culturas não eurocêntricas.

Vários dos problemas apontados ganharam seus contornos contemporâneos no contexto de crise do constitucionalismo social e do Estado social. Estes, por sua vez, são o resultado das últimas transformações do constitucionalismo e do Estado liberais, por meio das quais, sem questionar seus fundamentos básicos (especialmente a democracia representativa e a propriedade privada dos meios de produção), buscou-se criar e consolidar mecanismos de regulação da economia capitalista e garantir direitos de ordem coletiva (Viciano Pastor; Martínez Dalmau, 2017, p. 3), ou o que aqui denominamos direitos econômicos, sociais e culturais. Com isso, avançou-se rumo à consolidação de um constitucionalismo que teria de se converter em técnica de legitimação e controle do poder econômico e da liberdade econômica, por meio da regulação dos conflitos entre capital e trabalho mediante a regulação das relações de trabalho capitalistas através do Estado e seu direito.

Não obstante, se o Estado social e o constitucionalismo social tiveram na América Latina seu nascedouro, no seio da Constituição mexicana de 1917, não foi neste território que ambos experimentaram seu melhor desenvolvimento e consolidação, tendo em vista os históricos acúmulos de pobreza, marginalização e exclusão e as constantes lutas dos povos do mencionado continente para garantir melhores condições de vida, inclusive com a reivindicação de mecanismos jurídicos dotados de suficiente normatividade para tanto.

Para compreender a carência de normatividade do constitucionalismo social na América Latina adotaremos o percurso teórico sugerido por David Sánchez Rubio, segundo o qual é preciso situar a discussão no interior do campo jurídico e que relacionar e definir o direito com o marco e com o contexto socioeconômico em que se localiza. Não se deve ignorar o âmbito onde se desenvolve o controle do poder nem o espaço no qual se manifesta a capacidade de construir a realidade a favor de determinados interesses. (Sánchez Rubio, 1999, p. 246)

O constitucionalismo social é fruto de transformações no constitucionalismo liberal que, por sua vez, fixou a lógica e os pressupostos teóricos de funcionamento da experiência constitucionalista. Segundo David Sánchez Rubio, esta lógica tem por fundamento um sistema de hierarquização de direitos fundamentais reconhecidos pelas constituições, condicionado por determinada forma de regulação do acesso à produção e distribuição dos bens, por meio do qual todos os Direitos

Humanos se mediatizam por um ou vários direitos fundamentais que determinam as vias legítimas de acesso aos meios sociais e materiais. O significado dos Direitos Humanos está delimitado em função das formas de acesso à propriedade, sendo as relações de produção as que convertem o princípio de hierarquização do conjunto dos Direitos Humanos. (Sánchez Rubio, 1999, p. 253)

A dominância dos direitos legitimadores da propriedade e da liberdade dos proprietários determinou a divisão histórica e lógica dos Direitos Humanos em diferentes gerações ou dimensões — direitos civis e políticos e direitos econômicos, sociais e culturais — dotadas de diferentes graus de exigibilidade, de eficácia, e de efetividade, de modo a conter ou não conferir normatividade aos direitos econômicos, sociais e culturais. Para tanto, foi preciso tornar opaco, mascarar ou ocultar o direito humano ao trabalho como fundamento dos Direitos Humanos e, consequentemente, dos direitos econômicos, sociais e culturais.

Apoiado nas concepções desenvolvidas por Enrique Dussel, David Sánchez Rubio afirma que o direito ao trabalho é o direito essencial do qual provém todos os demais, porque é o direito garantidor do "trabalho vivo", fonte de toda riqueza. Esse direito é também uma necessidade, uma exigência e uma prescrição ética prioritária que serve de veículo e mediação para manter a vida e desenvolvê-la em liberdade. Uma vida digna se consegue por meio do trabalho, instância que possibilita os projetos de vida. (Sánchez Rubio, 1999, p. 270-271, 275, 281)

Apesar de sua importância, o direito ao trabalho é ocultado pelas políticas das grandes empresas capitalistas e dos governos dos países privilegiados, e pelas elites dos países periféricos e semiperiféricos. (Sánchez Rubio, 1999, p. 271) Juridicamente, o direito do sistema capitalista camufla a essencialidade do trabalho humano ao elaborar um ordenamento jurídico que legitima a primazia do capital sobre a pessoa humana, torna invisível a exploração que o capital exerce sobre o trabalhador e desvia atenção do fato de que o trabalhador subordinado perde sua individualidade, sua liberdade e a titularidade do que produz. (Sánchez Rubio, 1999, p. 275)

Os direitos implicados no direito fundamental à vida — como o direito à saúde, o direito à paz, o direito à educação e o direito à seguridade — são apartados do direito fundamental ao trabalho, que se torna oculto mediante um discurso que assinala a possibilidade de todo cidadão obter, por meio de serviços sociais, aquilo que o sistema de trabalho não pode oferecer-lhe. (Sánchez Rubio, 1999, p. 277-279) Com isso, o direito ao trabalho aparece imerso em meio a uma listagem de direitos econômicos, sociais e culturais como mais um direito entre outros, sem que a ele seja reconhecida a devida primazia lógico-jurídica no que tange à fundamentação e exigibilidade dos demais Direitos Humanos. Não obstante, como adverte Leonardo Vieira Wandelli:

> O trabalho, a partir dessas premissas, se constitui como objeto de direito fundamental sem o qual não há dignidade humana. Por isso, pensado com um direito, o trabalho deixa de ser visto como um direito apenas instrumental, que, para o sujeito trabalhador poderia ser substituído por meras prestações securitárias, como se deu na sociedade tecnológica capitalista.
> [...]
> Esse "direito ao trabalho", como direito preeminente em relação a outros direitos fundamentais à saúde, alimentação, habitação, somente pode ser o direito a um trabalho compreendido como dimensão humana mais ampla que aquela do trabalho no sentido reducionista a que foi levado pela modernidade. O trabalho como direito à reprodução e ao desenvolvimento autônomos da corporalidade vivente em comunidade, o que significa muito mais que a sobrevivência física do corpo. (Wandelli, 2012, p. 60-61)

A negação da fundamentalidade do trabalho redunda na redução dos direitos econômicos, sociais e culturais a um conjunto mal definido de necessidades básicas, que motivam a elaboração de "critérios de subsistência" com os quais se determinam condições materiais mínimas que melhoram e fazem mais suportáveis a subsistência. Ao deslegitimar a primazia da dignidade humana que se obtém melhor mediante o trabalho, a lógica capitalista traslada o problema da satisfação das necessidades básicas a um âmbito de concessões generosas realizadas pelo sistema, descentralizando o problema a um marco onde a mera reprodução da força de trabalho é a protagonista, não seu exercício. Em outra via, a linguagem dos povos das nações dependentes se estrutura a partir do *"direito ao trabalho, que vê ao homem como um ser produtivo, criativo, digno"*. (Sánchez Rubio, 1999, p. 276-277)

Daí ser compreensível que a regulação moderna do trabalho tenha por espinha dorsal os direitos individuais dos trabalhadores, privativos de trabalhadores assalariados e vinculativos do Estado e das entidades empregadoras. Esses foram os primeiros Direitos Humanos reconhecidos internacionalmente, quando do nascimento da Organização Internacional do Trabalho (OIT), em 1919, o que denota a centralidade do trabalho como fator articulador das relações de poder na colonialidade/modernidade.

Ocorre que, no âmbito mesmo da OIT e das Nações Unidas, as tensões da colonialidade se expressaram e dela resultaram várias convenções em que as questões da escravidão, da dominação racial e de gênero são tematizadas. Não obstante, a mesma OIT definiu como direitos fundamentais do trabalho (*core labour standards*) um conjunto baseado no binômio liberdade-igualdade e que se cingem ao seguinte: 1) liberdade de trabalho (proibição do trabalho forçado e do trabalho infantil); 2) liberdade de organização e ação coletiva dos trabalhadores (liberdade sindical e contratação coletiva); e 3) não discriminação no trabalho e no emprego. Essa lógica pouco se altera na Declaração Universal dos Direitos Humanos e no Pacto Internacional de Direitos Econômicos, Sociais e Culturais. A todos eles, pode-se atribuir um caráter colonial, pelos seguintes fatores: 1) reproduzem o padrão colonial da relação capital-salário-trabalho como a única existente e dizem respeito a essa relação; 2) deixam de reconhecer os tipos de trabalho praticados na periferia do sistema-mundo e que lhe são igualmente constitutivos; 3) ignoram os fatores estruturantes de raça e gênero que integram necessariamente as relações laborais na modernidade/colonialidade; 4) tem um horizonte cultural e espaciotemporal restrito e dizem respeito somente a um modo de organização das atividades produtivas humanas; 5) são ineficazes, pois ainda não superado o problema da escravidão na contemporaneidade, e nem mesmo a desigualdade salarial e de jornada entre homens e mulheres, o que revela ainda que tais direitos foram apenas muito tardiamente reconhecidos, pois a escravidão e a desigualdade de gênero nas relações de trabalho são marcas indeléveis da história da periferia colonial.

Como direitos de homens, brancos, eurocentrados, heterossexuais e de uma cultural hegemônica, os direitos fundamentais do trabalho não representam um padrão de proteção suficiente e a primazia dos direitos individuais dos trabalhadores corresponde a uma divisão canônica, para usar expressão cunhada por César Augusto Baldi, dos Direitos Humanos em gerações, em que os direitos civis e políticos prevalecem sobre direitos sociais, econômicos e culturais, ou sobre outras gerações possíveis. Nem mesmo a constitucionalização desses direitos, sob um discurso social e democrático, logrou romper com uma cultura de baixa intensidade de Direitos Humanos com vistas a superar essa visão hegemônica.

De um ponto de vista externo a esses direitos, em sua condição funcional à gestão dos conflitos entre capital e trabalho por parte do Estado, a normatividade dos direitos econômicos, sociais e culturais depende da força detida pelo Estado para intervir nas relações econômicas, oferecer garantias laborais e sociais, distribuir rendas e regular os conflitos entre trabalhadores e empresários. No final do século XX e início do século XXI, sem um contraponto à altura, o modo de produção capitalista, governado a partir do norte global, não vê o Estado social como necessário ao avanço do modelo econômico neoliberal. Ademais, ao não representar mais uma ameaça ao Estado liberal, ele é alvo da emergência de concepções ideológicas conservadoras. (Viciano Pastor; Martínez Dalmau, 2017, p. 5-6)

O trabalho, o direito e os direitos na atual conjuntura: uma proposta de análise

Ao analisar os eventos políticos e econômicos recentes da América Latina, os pesquisadores José Seoane, Emilio Taddei e Clara Algranati apontam três tendências ou projetos em disputa no continente. Embora esses projetos sejam identificados com diferentes experiências modelares nacionais, todos eles estão em disputa dentro de cada país latino-americano e, de modo mais amplo, significam projetos societais que ajudam a explicar as correlações de forças e os movimentos de diferentes blocos de classe no continente. Esses três projetos, que trataremos mais detidamente a seguir, são por eles denominados da seguinte forma: a) "neoliberalismo de guerra"; b) "neodesenvolvimentismo"; c) "mudanças constituintes". (Seoane *et al.*, 2010, p. 64)

Neoliberalismo de guerra

Por "neoliberalismo de guerra" entende-se o projeto que visa aprofundar o modelo neoliberal invocando novos padrões para seu desenvolvimento. Este modelo neoliberal, por sua vez, em sua versão originária, tratou de ser um modo de gestão do capitalismo que emergiu como resposta ao Estado de Bem-Estar Social de inspiração keynesiana, num contexto de enfraquecimento do bloco socialista durante a Guerra Fria. Sem um contraponto, seus cultores puderam pregar a retomada de ideais liberais de uma economia global centrada no mercado e sem raízes em nenhum outro sistema que pudesse limitar a autonomia desse mesmo mercado. Trata-se, portanto, de defender o império da dinâmica econômica privada, a qual deve se submeter qualquer normatividade de natureza pública e a atuação estatal. Com isso, visavam subordinar a política, o direito, a cultura, e as instituições aos ditames do mercado global capitalista. Subordinar não significa prescindir dessas estruturas, mas dar-lhes novas funções no contexto de hegemonia neoliberal. Por consequência, a afirmação do domínio político e econômico neoliberal redundou num conjunto de medidas cujo objetivo é destruir os sistemas de proteção social que caracterizaram o Estado de Bem-Estar Social, ou simplesmente Estado Social, cuja função era o de administrar os déficits e excessos do capitalismo e promover coesão social para manter tal sistema, especialmente ante a ameaça concreta de adoção de outro sistema econômico num ambiente geopoliticamente polarizado entre capitalismo e socialismo real. Enfraquecidos seus contrapontos, o neoliberalismo avançou tendo por pressupostos a generalização do sistema capitalista a nível global, a nova revolução tecnológica, e a hegemonia financeiro-especulativa na economia. Daí que o domínio neoliberal propôs-se estruturar a partir de certa ordem de requisitos: 1) alcance de larga hegemonia do neoliberalismo ou ultraliberalismo, que passaria a orientar as estratégias de atuação dos Estados Nacionais; 2) domínio político de longo prazo de lideranças políticas neoliberais em Estados-chave do ocidente; 3) do ponto de vista político-cultural, ausência de experiência sociopolítica que lhe servisse de contraponto no plano externo e, no plano interno, enfraquecimento dos projetos de hegemonia popular, perda de consistência político-programática dos partidos vinculados a esses projetos, enfraquecimento do sindicalismo, e derruição do pensamento crítico (Delgado, 2015, p. 25-29); 4) incorporação, pelos Estados-nacionais periféricos, do pensamento econômico hegemônico, culminando com a oficialização do pensamento único e com a uniformização de práticas políticas e econômicas. (Delgado, 2015, p. 30-31)

A partir desses requisitos, o neoliberalismo pressupõe um conjunto de medidas que lhe dão suporte: 1) redução de investimentos e gastos do Estado, exceto os que correspondam à reprodução do próprio capital financeiro-especulativo; 2) redirecionamento da atuação dos Estados-nacionais para garantir a estreita vinculação de suas economias ao mercado global; 3) mitigação das políticas sociais, inclusive trabalhistas, em favor do exercício cada vez mais desregulado do mercado de bens e de serviços. (Delgado, 2015, p. 22); 4) atuação econômica estatal substantivamente restrita, em contraponto ao modelo intervencionista do Estado de Bem-Estar Social; 5) deslocamento do foco da ação estatal à gestão monetária da economia e à criação de condições mais favoráveis aos investimentos privados; 6) respaldo estatal à nova hegemonia do segmento financeiro-especulativo do sistema, por meio das políticas de gestão da dívida pública, de juros e de câmbio; 7) restrição ao máximo das atividades econômicas estatais, enquadrando o dinamismo desse que é o maior agente econômico institucional do capitalismo, visando sua conversão em mero indutor das livres forças do capital privado e não mais um agente participante ou dirigente da atividade econômica; 8) estabelecimento de programas de privatização de empresas estatais e programas de desregulamentação de atividades econômicas já situadas no âmbito privado; 9) incessante procura de novos campos para a desregulamentação normativa, de modo a reduzir o império da norma jurídica sobre os movimentos dos agentes econômicos privados; 10) derrubada de barreiras ao livre comércio, por meio de garantia de livre acesso de capitais às diferentes partes do globo; 11) desregulamentação do capital financeiro; 12) desregulamentação das relações de trabalho. (Delgado, 2015, p. 24-25)

As consequências dessas medidas para o conjunto dos trabalhadores não poderiam ser mais perversas porque em essência significam uma dupla negação do trabalho. Uma primeira negação já é dada estruturalmente pelo modo de produção capitalista ao não garantir a integralidade dos meios de produção e dos frutos do trabalho, em sua máxima plenitude de sentidos, aos trabalhadores, por meio de institutos jurídicos garantidores desse mecanismo de exploração e centrados num instituto específico que é o da relação de emprego. A segunda negação se consolida ao desproteger juridicamente a própria relação de emprego, de modo a abrir caminho para que as forças do livre mercado decidam sobre os contratos de trabalho. Soma-se a esse processo a promessa do fim do trabalho e do emprego em virtude da revolução tecnológica do final do século XX e início do século XXI, da reestruturação dos modelos de gestão empresarial (com redução de cargos, funções e postos de trabalho, com consequente aumento de agregação de variadas funções nos mesmos indivíduos, ampliação da terceirização trabalhista, e difusão do sistema toyotista/ohnista de gestão do trabalho), e da acentuação da concorrência capitalista em nível mundial. O resultado dessa confluência de fatores seria uma situação de desemprego estrutural e não mais meramente conjuntural, ou seja, colocando em risco a própria realidade do trabalho e da relação de emprego. (Delgado, 2015, p. 35-36)

Uma leitura desses efeitos clivada por um olhar que dá visibilidade às diferenças sexuais nas relações de trabalho pode constatar que o neoliberalismo pressupõe e aprofunda a dominação de gênero no âmbito dessas relações. Nesse sentido, Raewyn Connell aponta que o arquétipo do empreendedor e investidor neoliberal, e as expectativas comportamentais que dele se esperam, é majoritariamente masculino e determina uma masculinidade específica, voltada para o mercado e aprofunda a invisibilidade do trabalho não pago feminino pela execução das atividades de cuidado no âmbito familiar, seja cuidando dos afazeres domésticos ou assumindo a responsabilidade pelo cuidado de crianças e idosos. (Connell, 2010, p. 33) Isso significa que o denominado trabalho reprodutivo, o trabalho no âmbito familiar e doméstico, é um trabalho destinado às mulheres, mas que, por não ser visível na esfera pública, implica em ser considerado um trabalho secundário e não estar reconhecido ou protegido por instrumentos juridicamente exigíveis. Mesmo o ingresso feminino no mercado de trabalho não significa, portanto, que elas deixam de executar o trabalho doméstico, mas sim que há um acúmulo desse trabalho com o trabalho considerado produtivo na esfera pública. Nessa, não obstante, a secundarização é mantida, porque o esquema de hierarquização entre o trabalho masculino e o feminino atribui a este o que são consideradas tarefas típicas ou naturalmente femininas, como aqueles cujos atributos envolvem paciência, atenção, destreza e delicadeza, ao passo que aos homens seriam reconhecidos trabalhos que exigem força física, raciocínio lógico, e habilidades de comando. Nem mesmo o sistema de proteção social em geral e o sistema de proteção do trabalho em específico lograram intervir suficientemente neste esquema hierárquico, mas têm nele um pressuposto invisível, institucionalizando no Estado Providência uma espécie de "patriarcado público" e o aprofundando. (Fraser, 2011)

> Nesse esquema, o arquétipo do cidadão era um homem provedor de recursos e pai de família, no qual o salário era o principal, de fato único, sustento econômico de sua família e, se sua esposa ganhasse um salário, esse serviria apenas de apoio. Esse ideal profundamente sexual de um salário "familiar" constituía o plano central da substância ética sobre a qual se apoiavam os Estados providência para "reinraizar" os mercados. Normalizando a dependência das mulheres, o sistema de proteção social comprometia as chances das mulheres de participar plenamente, em igualdade com os homens, na vida da sociedade. Institucionalizando as concepções androcêntricas da família e do trabalho, tornava-se natural a hierarquia de sexos e afastava toda contestação política. Ponto igualmente importante, ao valorizar o trabalho assalariado, o modo de proteção proposta pelo liberalismo "enraizado" obscurecia a importância social do care. (Fraser)

Não obstante, Nancy Fraser defender que a crítica ao sistema de proteção social colocou o movimento feminista diante de uma nítida ambivalência, pois ao criticar a manutenção das hierarquias, o discurso feminista dominante em prol da igualdade no mercado de trabalho foi subsumido pelo discurso desregulamentador do neoliberalismo:

> Poderíamos dizer que tal ambivalência do feminismo foi resolvida, nesses últimos anos, em favor da mercantilização. Insuficientemente atentos/as à ascensão do fundamentalismo de mercado, os/as feministas da corrente dominante terminaram por fornecer razões que justificam um novo modo de acumulação do capital, largamente dependente do

trabalho remunerado das mulheres. Porque as mulheres de todas as classes, origens éticas e nacionalidades afluíram para os mercados de trabalho de todo o planeta, a ideologia do "salário familiar" está dando lugar à norma mais recente e mais moderna do lar com duas pessoas remuneradas. Pouco importa que esse novo ideal se concretize por uma redução dos níveis salariais, uma precarização do emprego, um recuo do nível de vida, um aumento significativo no tempo gasto com o trabalho remunerado em relação ao gasto no lar, na multiplicação de postos duplos (e mesmo, com frequência, de postos triplos ou quádruplos) e de um aumento do número de lares dirigidos por uma mulher. A ideologia neoliberal conseguiu transformar uma mula em cavalo de corrida ao se apropriar da crítica feminista do "salário familiar".
Essa crítica fornece daqui em diante uma boa parte do "novo espírito do capitalismo", quer dizer, a matéria simbólica e ética que permite embelezar o novo "capitalismo flexível", conferindo a ele uma significação superior e um peso moral. Ao conferir às lutas cotidianas uma significação ética, o discurso feminista atrai as mulheres das duas extremidades da escala social: em uma extremidade, as mulheres das classes médias, determinadas a quebrar o teto de vidro; em outra, as mulheres interinas, trabalhadoras em tempo parcial, assalariadas de baixa renda, empregadas domésticas, trabalhadoras do sexo, imigrantes, trabalhadoras em zonas francas industriais e clientes em estabelecimentos de microcrédito, em busca não somente de renda e segurança material, mas também de dignidade, de bem-estar e de uma liberação da autoridade tradicional. Nas duas extremidades, o sonho de emancipação das mulheres é sacrificado no altar do capitalismo. Em consequência, a crítica do "salário familiar" formulada pelos/as feministas se tornou compatível com a mercantilização. Outrora, capaz de andar no sentido da proteção social, ela serve mais e mais a intensificar a valorização do trabalho assalariado levada adiante pelo neoliberalismo. (Fraser, 2011)

Sob o neoliberalismo, no entanto, a tendência é a ampliação da informalidade do trabalho feminino, da invisibilidade dessa informalidade e o aprofundamento das hierarquias de gênero nas relações de trabalho, pois, como aponta Raewyn Connell, a política neoliberal bloqueia medidas que poderiam dar peso e escala ao incremento da mudança social obtido por meio de medidas de garantia de igualdade de oportunidades. O neoliberalismo, para essa autora, se tornou o principal veículo contemporâneo de conservadorismo social. (Connell, 2010, p. 35)

Nesse quadro, igualmente se aprofundam os mecanismos de classificação social relacionados à raça. Seja em virtude do escravismo da população de origem africana, seja por meio da segregação de migrantes, ou pela tomada de territórios de populações classificada como cultural ou etnicamente inferiores, o racismo ganha novos contornos sob o império neoliberal. Como apontaremos a seguir, duas de suas dimensões são a ampliação da violência estatal e dos mecanismos de criminalização especialmente voltados para populações específicas, através de um discurso de inferiorização e de constituição de inimigos públicos racialmente determinados, bem como a expropriação de territórios de populações igualmente racializadas e tidas como obstáculos ao progresso. Na América Latina, o racismo tem cor e etnia e está voltado contra as populações originárias e afrodescendentes, cuja subsunção ao mercado de trabalho capitalista se dá de forma altamente explorada, majoritariamente informal e hierarquicamente inferior. Nesse sentido, os índices oficiais são prodigiosos ao demonstrar os baixos salários da população negra no Brasil, a precariedade do trabalho que exercem, e os maiores níveis de desemprego dessa população. Quando não subsumidas ou não totalmente subsumidas à economia capitalista, essas populações praticam um trabalho invisível e não tem assegurados, senão por meio de forte ação política, direitos coletivos, econômicos, sociais e culturais.

Não obstante, o processo de constituição do sistema-mundo gerou uma diferenciação entre centro e periferia do capitalismo que também reverbera nas maneiras igualmente diferenciadas de consolidação do neoliberalismo na historicidade concreta. Portanto, como fase do modo de produção capitalista, o neoliberalismo tem diferentes comportamentos no centro e na periferia. Nesse sentido, segundo Carlos Eduardo Martins, em sua configuração real e histórica, o neoliberalismo está muitas vezes em contradição com os princípios doutrinários que o informam, e aponta que, ao contrário do que anunciou, ele se definiu: 1) pelo aumento da intervenção do Estado na economia, dos déficits públicos, da dívida pública, das taxas de juros e de seu peso no PIB; 2) por sua articulação com o territorialismo, e consequente negação do anunciado globalismo ou cosmopolitismo, pois na atual fase de um sistema mundial fisicamente integrado e sem áreas que lhe sejam externas, a expansão do capitalismo requer a violação de áreas internas ao moderno sistema mundial, da soberania dos Estados nacionais, e em última instância do próprio sistema interestatal, assim como profundas ameaças à autodeterminação dos povos, destruição dos princípios da soberania popular e da ordem democrática; 3) pela desigualdade com que se impõem os princípios da concorrência, abertura comercial e flexibilidade cambial; 4) pelos desequilíbrios financeiros e comerciais; 5) por seu ataque ao Estado de Bem-Estar Social e aos instrumentos histórico-morais desenvolvidos pelos trabalhadores para a reprodução de sua força de trabalho, por meio da flexibilização das leis trabalhistas, da abertura dos mercados internos à livre circulação de capitais e mercadorias, e da interdição da ampliação da cidadania e ordem democrática para espaços supranacionais. (Martins, 2011, p. 146-149)

Outro efeito diferenciado do neoliberalismo na periferia do capitalismo é o que David Harvey denominou "acumulação por desapossamento", caracterizada pela apropriação privada de bens ou recursos que se encontravam até o momento (ao menos relativamente) fora do mercado e que, portanto, não eram ou não haviam sido transformados em mercadorias. Trata-se dos chamados "bens comuns sociais" (por exemplo, as empresas e os serviços que deixaram de ser público-estatais para se converterem em particulares a partir de meados do século XX) e dos denominados "bens comuns da natureza" (os "recursos naturais"). Para Seoane, Taddei e Algranati, se as reformas neoliberais de primeira geração — sob o Consenso de Washington de princípios dos anos noventa — supuseram a privatização de boa parte dos primeiros, as seguintes gerações de políticas neoliberais aprofundaram a mercantilização dos segundos. A exploração dos bens comuns da natureza tornou-se o centro do modelo econômico proposto para a América Latina na nova divisão internacional do trabalho que trouxe a "globalização neoliberal" e que supôs uma reprimarização da estrutura produtiva da região. Desse modo, a acumulação por desapossamento desses bens aos povos e às comunidades, que até então eram seus detentores e cuidadores, implicou um complexo e amplo processo de mudanças regressivas, de reformas legais, de implementação de políticas públicas, de iniciativas das corporações e associações empresariais, de projetos de organismos internacionais e de uso da violência estatal-legal e paraestatal-ilegal orientados a garantir sua mercantilização (especialmente por meio da privatização), para, ao final, possibilitar sua apropriação privada e exploração capitalista intensiva, de caráter transnacional na ampla maioria dos casos, e orientada à exploração das "mercadorias" obtidas para sua venda-consumo no mercado mundial. Sob crescente controle das corporações transnacionais, muitas vezes em associação com capitais locais, orienta-se massivamente a produção em termos do mercado externo, por meio de uma integração subordinada ao mercado mundial e às condições fixadas pela globalização neoliberal. Trata-se de um verdadeiro processo de "pilhagem", cuja aplicação implica o deslocamento das populações originárias, a destruição de suas condições de vida e a depredação do ambiente, afetando ao conjunto da vida no território e se projetando no plano nacional e internacional. (Seoane *et al.*, 2010, p. 8-9) As populações afetadas por esse processo, além de perderem as condições materiais de desenvolverem seu trabalho e atividade econômica de modo tradicional, comunitário e mais igualitário, tendem a perder seus vínculos culturais e a tornarem-se mão de obra barata e informal num mercado de exploração de trabalho precário e superexplorado.

Os mesmos autores apontam que a lógica neoliberal implica também um profundo processo de "des-democratização" e reconcentração do poder da autoridade política, com crescente restrição das próprias formas da democracia representativa liberal. Privatiza-se a capacidade estatal de regulação social e da chamada "soberania nacional" frente aos poderes políticos, econômicos e militares internacionais detidos pelas grandes corporações transnacionais, colocando em questão de maneira crescente a "autonomia" e "independência" nacional dos países do Sul. Configura-se, deste modo, um novo imperialismo, ou um processo de recolonização ou de neocolonialismo. (Seoane *et al.*, 2010, p. 10)

Por fim, o neoliberalismo de guerra tende a militarizar as relações sociais e aprofundar políticas repressivas orientadas para a penalização do protesto e das organizações populares e, em geral, à criminalização dos setores pauperizados e excluídos, por meio de reformas legais que outorgam maior poder às forças policiais e à justiça penal à custa das liberdades e dos direitos democráticos, pela intervenção das forças armadas no conflito social interno e pela promoção ou amparo a ação de grupos parapoliciais ou paramilitares. Amparado na luta contra o terrorismo ou justificado na defesa da segurança cidadã, esse processo se inscreve no intento de refundar o "pacto social por apatia". Experiências nesse sentido puderam ser vistas nos processos políticos recentes na Colômbia, Peru e México, e agora ensaiam uma profunda retomada no Brasil. (Seoane *et al.*, 2010, p. 64-66)

Nesse contexto, a reforma trabalhista recentemente aprovada, sob um golpe de Estado que objetiva um avanço mais acelerado do padrão neoliberal de acumulação capitalista, facilita a ampliação da reprodução de relações de trabalho não salariais, menos juridicamente protegidas, coercivas e autoritárias e fortalece o instrumental de superexploração do trabalho em relações salariais. Assim o faz, pelo menos, da seguinte maneira:

1) Primeiramente, pelo que não fez, ou seja, promover uma alteração estrutural da legislação trabalhista no sentido de dar respostas às expressões da colonialidade nas relações de trabalho, aí incluindo--se eventuais alterações constitucionais para, por exemplo, enfrentar a questão da competência criminal da Justiça do Trabalho, visando trazer para a esfera do sistema de justiça trabalhista a apuração dos crimes de redução a condição análoga à de escravo, tráfico de pessoas, maus-tratos e demais crimes contra a organização do trabalho. É de

se questionar o motivo de mesmo os projetos de desenvolvimento que ganharam espaço na América Latina entre o fim dos anos 1990 e início dos anos 2000, com especial ênfase para o Brasil, não terem se ocupado de alterar a estrutura dessa legislação, que sobreviveu a ditaduras, à primeira onda neoliberal do continente e aos planos neodesenvolvimentistas dos governos de centro-esquerda. Mais recentemente, foi na Venezuela onde se promulgou uma mais avançada "Lei Orgânica do Trabalho, dos Trabalhadores e das Trabalhadoras", que merece mais atenção do juslaboralismo brasileiro, e que pode ter importante relação com a crise atualmente vivida por aquele país.

2) Em segundo lugar, pela redução do patamar mínimo de direitos para os trabalhadores assalariados no geral, entre outros, pelo seguinte: universalização da terceirização para qualquer atividade desenvolvida no âmbito do empreendimento econômico e criação de relação de emprego precária denominada de "trabalho intermitente" (que ademais desconfigura os critérios consolidados de caracterização da relação jurídica de emprego, especialmente quanto à pessoalidade e não eventualidade); obstáculos à caracterização de grupo econômico e rompimento com a regra de solidariedade empresarial; supressão das horas *in itinere*; elisão do pagamento de horas-extras por meio da compensação de jornada; ampliação da jornada para o contrato de trabalho por tempo parcial com possibilidade de prestação de jornada extraordinária; autorização de jornada em escala de 12/36 horas; dispensa de autorização para jornada suplementar em trabalho insalubre; dispensa do pagamento integral de intervalo intrajornada suprimido; não previsão de pagamento de horas-extras para o teletrabalho; redução do número de verbas trabalhistas integrantes da remuneração; prevalência de regras negociadas em acordos ou convenções coletivas sobre regras legais; facilitação da condenação do trabalhador por dano moral contra a empresa; desqualificação de regras sobre duração do trabalho e intervalos como normas de saúde e segurança no trabalho; facilitação da demissão em massa; previsão de plano de desligamento voluntário; violação ao princípio da ubiquidade ao autorizar o estabelecimento de cláusula compromissória de arbitragem

para trabalhadores com maior remuneração e curso superior; criação de comissão de representantes como modo de enfraquecimento da atuação sindical; facultatividade da contribuição sindical; criação de obstáculos à edição de súmulas por parte do Tribunal Superior do Trabalho; criação de obstáculos à concessão dos benefícios da justiça gratuita; criação de facilidade para condenação do trabalhador ao pagamento de honorários periciais e de sucumbência; exigência de mais formalidades para a petição inicial trabalhista e facilitação da extinção do processo sem resolução de mérito pelo juiz; criação de obstáculos tácitos ao direito de postulação direta pelo trabalhador (mitigação do *jus postulandi*); facilitação da condenação dos trabalhadores por litigância de má-fé como parte ou testemunha; proibição de desistência da ação pelo reclamante depois de oferecida contestação; ampliação de penalidades ao reclamante que não comparecer à audiência inaugural e vinculação da propositura de nova demanda ao pagamento de custas da demanda anterior; criação de obstáculos à declaração de revelia do reclamado; possibilidade de homologação de acordo judicial sem realização de audiência;

3) Elisão da relação de emprego de pessoas físicas ou jurídicas prestadoras de serviços em salões de beleza (legalização da pejotização nesse setor da economia, com forte composição feminina e LGBTQI+, por meio da Lei n. 13.352, de 27 de outubro de 2016);

4) Mitigação do que o juslaboralismo define como "princípio da proteção", assim como da presunção relativa da hipossuficiência dos trabalhadores no contrato de trabalho;

5) Tendência à precarização do trabalho, com redução das contratações assalariadas, aumento da jornada de trabalho, facilitação do aumento da intensidade do trabalho e redução do fundo de consumo do trabalhador (de que é mecanismo a redução de direitos sociais);

6) Expansão de formas não salariais de contratação, como, por exemplo, contratação de microempreendedores individuais, autônomos, cooperativas, para funções antes exercidas por trabalhadores assalariados;

7) Deletérios efeitos sobre a população negra, trabalhadores rurais, trabalhadores domésticos, trabalhadores em atividades extrativistas, mulheres, comunidades tradicionais e migrantes, todos historicamente submetidos a relações precárias de trabalho subordinado, indicando o acirramento das relações coloniais de trabalho no país;

8) Ampliação do efeito meramente simbólico das tímidas normas antidiscriminatórias sobre as relações de trabalho, ainda que a reforma tenha feito expressa menção à discriminação racial, somando-se ao já previsto a respeito da discriminação contra as mulheres nos contratos de trabalho;

9) Retirada de prerrogativas dos órgãos de fiscalização do trabalho e do judiciário trabalhista, o que tendencialmente somar-se-á à flexibilização das leis trabalhistas e desregulação das relações de trabalho para mitigar o próprio sistema de justiça e intervenção estatal nessas relações;

10) Impacto direto na arrecadação do sistema de previdência, pela redução do número de trabalhadores assalariados e precária fiscalização das contribuições de outros segurados, especialmente dos trabalhadores autônomos;

11) Consequente impacto na fruição de outros direitos sociais além daqueles diretamente ligados ao direito ao trabalho, porque dele dependentes.

Neodesenvolvimentismo

Como forma de responder ao avanço neoliberal acelerado desde o início dos anos noventa do século XX, alguns processos políticos na América Latina, especialmente na Argentina governada pelos Kirchner e no Brasil governado pelo Partido dos Trabalhadores, lograram propor como alternativa o regresso a certa regulação econômica e gestão social sem modificar a matriz da estrutura social, por meio do que se denominou "neodesenvolvimentismo". Esse recupera a ideia do crescimento econômico para promover o desenvolvimento e propõe para o Estado nacional um papel de regulação e de orientação do processo econômico resgatando certa importância para o mercado interno e para a promoção de outros setores produtivos. A prioridade da exploração e exportação dos bens comuns aparece complementada com uma maior regulação estatal e com a tentativa de apropriação estatal de uma parte dos benefícios da mesma orientada para sustentar outros setores econômicos da atividade privada e as políticas de contenção social. Busca recuperar a legitimidade do Estado e da democracia representativa liberal, reestabelecer o monopólio estatal do "fazer político" e as representações partidárias como as únicas mediações legítimas da soberania popular delegada. Essa relegitimação do Estado foi buscada na sua possibilidade de recuperar o controle do espaço público, redefinindo e restringindo a ação autônoma dos movimentos sociais e configurando processos de integração político-estatal de frações das classes subalternas ou de parte de seus quadros dirigentes. Este modelo, no entanto, tem sido extremamente criticado pela promoção da depredação do meio ambiente, pelas restrições que impõe no processo de democratização do público-político e pelos limites que mostra para modificar o padrão de distribuição de renda sob a égide neoliberal. (Seoane *et al.*, 2010, p. 65) Esse modelo também não logrou criar obstáculos ao processo de desapossamento, mas com ele se articulou em nome da produção de *commodities* voltadas ao mercado externo, ocasionando migrações forçadas e aumento da violência em regiões de expansão da fronteira agrícola e de mineração. Para o universo do trabalho, esse modelo contou com poucos avanços na legislação trabalhista e acabou por não ampliar o conjunto dos direitos dos trabalhadores. Em sentido oposto, admitiu a flexibilização da legislação trabalhista, ainda que em um grau menor que o pretendido pelo projeto neoliberal, e perdeu a chance de promover mudanças jurídicas estruturais no sentido de combater a permanência das disparidades sexuais e raciais nas relações de trabalho.

Por fim, o "neodesenvolvimentismo" deu certa prioridade aos processos de integração econômica entre os países latino-americanos, na busca por uma inclusão em melhores condições no marco global e em eventuais acordos de livre comércio (Seoane *et al.*, 2010, p. 66).

Mudanças constitucionais e economia do bem-viver

Frutos de lutas antissistêmicas e buscando alternativas tanto ao neoliberalismo quanto ao neodesenvolvimentismo, os processos políticos e constitucionais ocorridos na Venezuela, na Bolívia e no Equador entre o final da última década do século XX e a primeira década do século XXI ressaltam um projeto de transformação orientado para a redistribuição, socialização, democratização e descolonização, nos terrenos do poder, das riquezas, da cultura e da ecologia.

Economicamente, nesses países, tem-se buscado nacionalizar e estatizar os setores mais importantes vinculados à exploração dos bens comuns da natureza, para reverter a apropriação pública de seus benefícios ao desenvolvimento de um regime de políticas sociais universalista e de distribuição progressiva da renda, assim como para financiar a particular modalidade adotada para a política pública de nacionalizações e crescimento do setor estatal público da economia. Mais do que processos de mudanças nas constituições, tendo por pressuposto a convocação de assembleias constituintes democrático-participativas, esse projeto visa promover uma transformação democratizadora da matriz liberal-colonial do Estado-nação latino-americano com base nos programas de democracia participativa, comunitária e decolonial que têm conduzido o acionamento dos movimentos sociais — e sobretudo as organizações indígenas —, no passado recente, assim como ampliar processos de organização e ativação dos movimentos e das organizações populares que reforçam suas capacidades de gestão coletiva ou comunitária dos assuntos comuns. (Seoane *et al.*, 2010, p. 64)

Essas mudanças constituintes parecem inclinar-se mais para uma política de "desconexão", enfatizando a relevância de uma integração entre o Sul — em princípio América Latina — que vá além do puramente econômico e/ou comercial e que se guie por princípios de complementaridade, solidariedade e reciprocidade, e não sobre a expectativa de lucros das partes. (Seoane *et al.*, 2010, p. 66)

É neste terreno e neste contexto que emerge o que o economista equatoriano Alberto Acosta chama de economia do bem-viver, cujo valor básico é a solidariedade e a crítica ao livre mercado, ao canibalismo econômico e à especulação financeira, por se entender que as relações de produção, de troca e de colaboração devem propiciar a suficiência, e não apenas eficiência, e a qualidade, apoiadas na reciprocidade. Este modelo de economia é fundamentalmente baseado na harmonia entre trabalho e natureza e por isso busca o reconhecimento em igualdade de condições de todas as formas de trabalho, seja ele produtivo ou reprodutivo, e busca incluir a igualdade de gênero e os direitos reprodutivos no espaço do trabalho. Para tanto, condena qualquer forma de precarização laboral e de desemprego, seja de proletários ou de pequenos comerciantes e artesãos informais, por se reconhecer o trabalho como um direito e um dever social. O trabalho humano, por sua vez, não é encarado como um caminho para produzir mais, mas sim para viver bem, em harmonia com a comunidade e a natureza, sendo indispensável prever a redução do tempo de trabalho e sua redistribuição para aumentar o tempo dedicado às atividades criativas e à redefinição coletiva das necessidades axiológicas e existenciais do ser humano em função de necessidades ajustadas às disponibilidades da economia e da natureza. Disso resulta buscar atingir um patamar de mudanças sociais e econômicas em que não esteja pautada a oposição à exploração da força de trabalho e a defesa da força de trabalho e da recuperação do tempo de trabalho excedente para os trabalhadores, mas sim a defesa da vida contra os esquemas de produção antropocêntricos, causadores da destruição do planeta por meio da degradação ambiental e de continuar a luta para eliminar as desigualdades de gênero, étnicas, intergeracionais, entre outras. (Cf. Acosta, 2013, p. 129-176)

Partindo desses pressupostos, Acosta propõe a incorporação criativa de múltiplas instituições de produção e troca indígenas, baseadas na reciprocidade, na solidariedade e na correspondência, profundamente enraizadas nos costumes e práticas cotidianos. Estas instituições pressupõem um modo de vida que transcorre em função da sociedade, onde o indivíduo está ligado ao ambiente social, e onde a comunidade, com todos os seus indivíduos, está em estreita relação com a natureza. Muitas destas práticas poderiam ser resgatadas e aplicadas para a construção de uma nova economia que se encontre a serviço da humanidade e integrada harmonicamente com a natureza. Dentre essas relações econômicas próprias das comunidades indígenas sul-americanas que podem servir de inspiração para se pensar novos modelos econômicos e novas formas de trabalho, Acosta menciona as seguintes: 1) *Minka* (*minga*): instituição de ajuda recíproca no âmbito comunitário, que garante o trabalho desenvolvido para o bem comum da população e feito para atender às necessidades e interesses coletivos da comunidade (por exemplo, na execução de obras de interesse comum). Trata-se de um mecanismo de trabalho coletivo que permite superar e enfrentar o descaso e a exclusão do sistema colonial e que tem ajudado as comunidades a potencializar sua produção, incentivar seu trabalho e promover a poupança. É também um poderoso ritual cultural e cerimonial de convocação e coesão das comunidades, e um espaço de intercâmbio de normas socioculturais; 2) *Ranti-Ranti*: forma de intercâmbio, que faz parte de uma cadeia que leva a uma série interminável de transferências de valores, produtos e jornadas de trabalho, apoiada no princípio de dar e receber sem determinar uma classificação de tempo, ação e espaço, relacionado a certos valores da comunidade em relação à ética, à cultura e ao conteúdo histórico. Trata-se de realizar uma atividade de forma solidária, "primeiro você e depois eu"; 3) *Makimañachina*: acordo entre indivíduos para realizar um trabalho específico de qualquer tipo, que não envolva remuneração salarial, no qual a única condição é que aqueles que receberam ajuda em seu trabalho retribuam-na em outra oportunidade à pessoa que a concedeu; 4) *Makipurarina*: conjugação de forças para fazer um trabalho que beneficie a muitos, unindo-se entre si ou iguais, e que serve para unir forças e fortalecer os laços comunitários. Por meio deste compromisso se pode ajudarem qualquer trabalho que não envolva necessariamente toda a comunidade, como no caso da *minka*. Através deste mecanismo se pode avançar em atividades previamente iniciadas por familiares, amigos, vizinhos ou amigos de outras áreas; 5) *Uyanza*: instituição de apoio social e reconhecimento às famílias que deram sua força de trabalho como préstimo. O credor dessa força de trabalho tem a obrigação moral de reconhecer esse apoio através de uma doação, seja uma porção da colheita ou algum outro presente; 6) *Chukchina, chalana* ou *challina*: coletados restos das colheitas, a que têm direito todas as pessoas que fizeram parte do processo de produção, fornecendo sua força de trabalho no *makimañachina*, mas também os órfãos, viúvas e outras pessoas que não possuem o produto e a quem é dado uma pequena porção de produtos agrícolas em solidariedade à situação limitada que estão passando no momento. Assim, nada é desperdiçado; 7) *Uniguilla*: atividade destinada à troca de alimentos entre pessoas para complementar a alimentação e os utensílios, permitindo melhorar a dieta com produtos vindos de outras áreas. Esta atividade parte do conhecimento do calendário agrícola e é especialmente utilizado para complementar e abastecer as despensas nas temporadas em que não há colheita ou a produção é deficiente; 8) *Waki*: concessão de terras cultiváveis ao se sair do terreno, em favor de outra comunidade ou família que possa nele trabalhar. Envolve a distribuição dos produtos cultivados entre ambas as comunidades ou famílias e o cuidado e criação de animais; 9) *Makikuna*: ajuda que envolve toda a comunidade, família ampliada, amigos, vizinhos. Espécie de apoio moral no momento em que mais se precisa de uma família. Essa ajuda pode ser pedida, mas também obedece a situações inesperadas e emergenciais. (Acosta, 2013, p. 150-153)

Temos aqui exemplos de relações de trabalho solidárias, recíprocas e de corresponsabilidade entre os indivíduos, entre as comunidades e entre eles e a natureza que passaram longe do modo como se construiu o direito do trabalho cujo eixo articulador foi a relação de emprego, portanto relação jurídica de trabalho subordinado prestada por sujeitos abstratamente considerados e tendo em vista o objetivo de estabelecer mediações para a realização do capitalismo. Não obstante, em um contexto de crises e de busca de alternativas, essas instituições econômicas não subsumidas pelo modo de produção capitalista e ainda existentes na prática cotidiana de vários povos podem e certamente têm forte potencial para servir de inspiração para novos pactos jurídicos protetivos do trabalho humano em profundas dimensões.

Considerações finais

Neste texto, buscamos contribuir ao debate de nossa atual conjuntura em termos de direitos econômicos, sociais e culturais, especialmente tendo em vista o direito humano ao trabalho.

Nossa viagem entre a conjuntura e a estrutura buscou articular o largo tempo das determinações históricas do modo de produção capitalista, apreendido por uma abordagem decolonial da modernidade, com a temporalidade de menor duração da conjuntura latino-americana, a partir dos incômodos trazidos pelos recentes eventos político-jurídicos no Brasil, especialmente as alterações legislativas quanto às relações de trabalho (Reforma Trabalhista).

A partir do pressuposto de que o modo de produção capitalista se desenvolve de modo desigual no sistema-mundo cindido entre centro e periferia, buscamos articular as contribuições de Aníbal Quijano e da Teoria da Dependência para mostrar os mecanismos articuladores dessa diferença no que diz respeito às relações de trabalho, sejam elas salariais ou não salariais. Com isso, evidencia-se a ineficácia de uma legislação de regulação das relações de trabalho que ignora as especificidades sócio-históricas dessas relações na periferia.

Também buscamos articular essa dimensão estrutural com a conjuntura de desenvolvimento e difusão do neoliberalismo no continente, buscando mostrar suas consequências e os embates que trava com projetos que lhe são alternativos: o neodesenvolvimentismo e as mudanças constitucionais baseadas na proposta da economia do bem-viver. As crises geradas por essa conjuntura, lastreadas em estruturas de difícil superação, encontram no projeto do bem-viver um contraponto não eurocêntrico e decolonial apto a se constituir em alternativa ao avanço do neoliberalismo e às deficiências da proposta neodesenvolvimentista. Para tanto, é preciso propor novos institutos de regulação das relações de trabalho, de matriz comunitária, solidária, equitativa e harmônica entre os sujeitos e a natureza, cuja inspiração pode vir de práticas correntes nas comunidades originárias e tradicionais do continente latino-americano.

Referências

ACOSTA, Alberto Acosta. *El buen vivir:* SumakKawsay, una oportunidad para imaginar otros mundos. Barcelona: Icaria Editorial, 2013.

ALVES, José Eustáquio Diniz. *Análise de conjuntura:* teoria e método. Disponível em: http://www.ie.ufrj.br/aparte/pdfs/analiseconjuntura_teoriametodo_01jul08.pdf. Acesso em: jun. 2013.

BALDI, César Augusto. Descolonizando o ensino de Direitos Humanos? *Hendu — Revista Latino-Americana de Direitos Humanos.* v. 5. n. 1, p. 8-18, nov. 2014. Disponível em: http://periodicos.ufpa.br/index.php/hendu/article/view/1913. Acesso em: maio 2017.

BARRETO, José-Manuel. *Human Rights from a Third World Perspective:* Critique, History and International Law. Newcastle Upon Tyne: Cambridge Scholars Publishing, 2012.

CANOTILHO, José Joaquim Gomes. Problemas fundamentais da Teoria da Constituição. *In: Direito Constitucional e Teoria da Constituição.* 7. ed. Coimbra: Almedina, 2003. p. 1343-1363.

CASTRO-GÓMEZ, Santiago; GROSFOGUEL, Ramon (org.). *El Giro Decolonial:* Reflexiones para una diversidad epistémica más allá del capitalismo global. Bogotá: Siglodel Hombre, 2007.

CONNELL, Raewyn. Understanding neoliberalism. *In:* BRAEDLEY, Susan; LUXTON, Meg (ed.). *Neoliberalism and Everyday Life.* Montreal: McGill-Queen's University Press, 2010. p. 22-36.

DELGADO, Maurício Godinho. *Capitalismo, trabalho e emprego:* entre o paradigma da destruição e os caminhos da reconstrução. 2. ed. São Paulo: LTr, 2015.

DUSSEL, Enrique. *20 Teses de Política.* São Paulo: Expressão Popular, 2007.

DUSSEL, Enrique. *16 tesis de economía política:* interpretación filosófica. México: Siglo XXI Editores, 2014.

FRASER, Nancy. Mercantilização, proteção social e emancipação: as ambivalências do feminismo na crise do capitalismo. *In: Revista Direito GV.* v. 7. n. 2. São Paulo: Fundação Getúlio Vargas, dez. 2011. p. 617-634. Disponível em: http://www.scielo.br/scielo.php?script=sci_arttext&pid=S1808=24322011000200011-&lng=en&nrm-iso. Acesso em: fev. 2018.

HERRERA FLORES, Joaquín. *A (re)invenção dos Direitos Humanos.* Florianópolis: Fundação Boiteux, 2009.

MARTINS, Carlos Eduardo. *Globalização, dependência e neoliberalismo na América Latina.* São Paulo: Boitempo, 2011.

MOREIRA, Vital. *Trabalho digno para todos:* Cláusula laboral no comércio externo da União Europeia. Coimbra: Coimbra Editora, 2014.

SÁNCHEZ RUBIO, David. *Filosofía, Derecho y liberación en América Latina.* Bilbao: Editorial Desclée de Brouwer, 1999.

SANTOS, Boaventura de Sousa; MENESES, Maria Paula (org.). *Epistemologias do Sul.* Coimbra: Almedina, 2009.

SANTOS, Boaventura de Sousa. *Refundación del Estado en América Latina:* Perspectivas desde una epistemología del Sur. Lima: Instituto Internacional de Derecho y Sociedad, 2010.

SEONAE, José; TADDEI, Emilio; ALGRANATI, Clara. *Recolonización, bienes comunes de la naturaleza y alternativas desde los pueblos*. Buenos Aires: Diálogo de los Pueblos y Grupo de Estudios sobre América Latina y el Caribe (Geal), 2010. Disponível em: http://www.ibase.br/userimages/liv_ibase_dialogo_web.pdf. Acesso em: jan. 2018.

SOUZA, Herbert José de. *Como se faz análise de conjuntura*. 3. ed. Petrópolis: Vozes, 1985.

VICIANO PASTOR, Roberto; MARTÍNEZ DALMAU, Rubén. Crisis del Estado social en Europa y dificultades para la generación del constitucionalismo social en América Latina. *In: Revista General de Derecho Público Comparado*. n. 22. Madrid: Iustel, Dez. 2017. Disponível em: http://www.iustel.com/v2/revistas/detalle_revista.asp?id_noticia=419540&d=1. Acesso em: dezembro de 2017.

WANDELLI, Leonardo Vieira. *O Direito Humano e fundamental ao trabalho:* fundamentação e exigibilidade. São Paulo: LTr, 2012.

Sobre os(as) autores(as)

ABIGAIL SILVESTRE TORRES ■ Assistente Social. Possui graduação em Serviço Social pela Pontifícia Universidade Católica de São Paulo — PUC-SP (1990), Mestrado em Serviço Social pela PUC-SP (2001) e Doutorado em Serviço Social, Políticas Sociais e Movimentos Sociais pela PUC-SP (2009-2013). Pesquisadora do Núcleo de Estudos e Pesquisas em Seguridade e Assistência Social (NEPSAS) da PUC-SP. Linha de pesquisa: Seguridade Social e Assistência Social. Docente de pós-graduação. Atua como consultora em gestão social, principalmente nos seguintes temas: política pública de assistência social, políticas públicas para a infância e adolescência e controle social.

ANDREA ALMEIDA TORRES (*IN MEMORIAM*) ■ Assistente Social. Graduada em Serviço Social pela PUC-SP em 1995. Mestrado (2001) e Doutorado (2005) pela mesma universidade. Especialista em Direitos Humanos e Desenvolvimento pela Universidad Pablo de Olavide — Espanha (2001). Foi professora na Universidade Federal de São Paulo (Unifesp): Curso de Serviço Social e na Pós-graduação em Serviço Social e Políticas Sociais — Campus Baixada Santista. Coordenou o Grupo de Estudos, Pesquisa e Extensão em Sociedade Punitiva, Justiça Criminal e Direitos Humanos na Unifesp/BS. Teve experiência profissional na área sociojurídica. Foi membro da direção do Conselho Regional de Serviço Social (CRESS/SP-2011-14). Coordenou a Linha de Pesquisa: Trabalho Profissional, Ética e Direitos Humanos.

Aurea Satomi Fuziwara ■ Assistente Social. Pesquisadora sobre Ética e Direitos Humanos, transita nas análises sobre o trabalho social com o segmento infanto-adolescente e a proteção de seus direitos. Desenvolveu em sua tese de doutorado uma concepção sobre *sociabilidade de resistência* a partir da inserção em experiências artísticas por coletivos com perspectiva anticapitalista. Docente universitária em Serviço Social e Políticas Sociais, também realiza formação nestas áreas, com Conselhos de Direitos da Criança e do Adolescente, Conselhos Tutelares e rede de atendimento à criança, ao adolescente e à família.

Carla Agda Gonçalves ■ Pós-doutora (2020) em Serviço Social pela Universidade Estadual Paulista Júlio de Mesquita Filho/ Campus de Franca (Unesp). Doutora (2013) e Mestre (2006) em Serviço Social pela Pontifícia Universidade Católica de São Paulo (PUC-SP). Especialista (2003) em Violência Doméstica contra Criança e Adolescente (VDCA) pela Universidade de São Paulo (USP, 2003). Graduada em Serviço Social pela Unesp. Tem experiência como profissional e pesquisadora na área de Serviço Social, atuando e pesquisando principalmente os seguintes temas: Saúde, Serviço Social, Educação Superior. Pesquisadora bolsista do PNPD/Capes (2019-2020) com ênfase para Educação Superior, Serviço Social e Formação. Pesquisadora bolsista CNPq (2010-2012) tema: Educação e formação profissional. Pesquisadora bolsista CNPq (2004-2006) tema: Serviço Social e Saúde. Vice-coordenadora (2016-2018) e Tutora Acadêmica (2013-2016) da Residência Multiprofissional em Saúde e Área da Saúde do HC/UFG, local onde se encontra como docente. Atualmente é Vice-líder do Grupo de Estudos e Pesquisa Formação Profissional em Serviço Social (GEFORMSS — DGP/CNPq). Membra do Grupo de Estudos e Pesquisas sobre Política de Saúde e Serviço Social (QUAVISSS — DGP/CNPq) e do Grupo de Estudos e Pesquisas sobre Estado, Desenvolvimento e Desigualdade (GEPEDD — DGP/CNPq). Docente da Universidade Federal de Goiás (UFG) e do Programa de Pós-graduação em Serviço Social (PUC-Goiás). Docente convidada (2019-2020) do Programa de Pós-graduação em Serviço Social (Unesp/Campus Franca).

Douglas Antônio Rocha Pinheiro ■ Professor da Faculdade de Direito e do Programa de Pós-graduação em Direito (Mestrado/ Doutorado) da Universidade de Brasília. Doutor em Direito, Estado e Constituição pela Universidade de Brasília, com estágio doutoral na *Università degli Studi di Firenze*, Florença-Itália (Bolsista PDSE — Capes), e na *Universidad de La Rioja*, Logroño-Espanha (Bolsista Fundación UR); Mestre em Direito, Estado e Constituição pela Universidade de Brasília. Ex-professor da Universidade Federal de Goiás (2008-2016). Líder do Grupo de Pesquisa "Estudos Qonstitucionais" (CNPq — UnB).

Gabriel Alexandre Gonçalves ■ Doutorando em Geografia pela Universidade Estadual Paulista Júlio de Mesquita Filho/ Campus Presidente Prudente (Unesp). Mestre em Geografia pelo Desenvolvimento Territorial e América Latina e Caribe Unesco/IPPRI (Instituto de Políticas Públicas e Relações Internacionais) e Escola Nacional Florestan Fernandes (ENFF), vinculado à Unesp (2017). Graduado em Geografia pela mesma universidade — FCT/Unesp (2008). Atuou nos cursos do Programa Nacional de Educação na Reforma Agrária (Pronera) de Agroecologia e Geografia. Membro do Centro de Estudos da Geografia do Trabalho (CEGET). Membro pesquisador convidado do NEPEDH (Núcleo de Pesquisa e Direitos Humanos) vinculado à Pontifícia Universidade Católica de São Paulo (PUC-SP). Militante do Movimento dos Atingidos por Barragens (MAB). Tem experiência na área de Geografia, com ênfase em Geografia Humana e Movimentos Sociais, debatendo os temas: Água, Movimentos Sociais, Direitos Humanos, Educação Popular. Docente na rede municipal da prefeitura de São Paulo.

Heloisa Gonçalves Alexandre ■ Assistente Social. Trabalhadora de CAPS AD III. Mestranda do Programa de Serviço Social e Políticas Sociais da Unifesp-BS. Especialista em Saúde Coletiva pela mesma universidade. Parte da Coordenação do GEPEX-DH.

MARIA LIDUÍNA DE OLIVEIRA E SILVA ■ Assistente Social. Mestre e Doutora em Serviço Social pela Pontifícia Universidade Católica de São Paulo (PUC-SP). Graduada em Serviço Social (1987) e em Pedagogia (1993) pela Universidade Federal do Pará (UFP). Coordenadora do Programa de Pós-Graduação em Serviço Social e Políticas Sociais/Unifesp. Docente do curso Serviço Social/Unifesp e da Comissão de Projetos Pedagógicos e Acompanhamento da Unifesp/PROGRAD. Tutora do PET Educação Popular. Coordenadora da Comissão de Monitoria da Prograd/Unifesp. Participa do Grupo de Estudos e Pesquisas sobre Formação e Exercício Profissional (GEFESS), sob a liderança da Profa. Dra. Alzira Maria Baptista Lewgoy, vinculado à UFRGS. Membro do Conselho Gestor da Uapi/BS. Avaliadora de curso presencial Serviço Social (SINAES).

PRISCILA FERNANDA GONÇALVES CARDOSO ■ Assistente Social (1995), mestra (1999) e doutora (2006) em Serviço Social pela Pontifícia Universidade Católica de São Paulo. Professora Associada da Universidade Federal de São Paulo (Unifesp) no curso de Serviço Social e no Programa de Pós-graduação em Serviço Social e Políticas Sociais. Membra da coordenação do Grupo Temático de Pesquisa Ética, Direitos Humanos e Serviço Social da ABEPSS (2019-2020 e 2021-2022). Membra do Grupo de Estudos e Pesquisas Fundamentos do Serviço Social: ética, trabalho e formação profissional e do coletivo Materna Ciência (Unifesp). Pesquisadora com artigos publicados na área dos Fundamentos do Serviço Social, com ênfase na formação e ética profissional, bem como maternagem e violência obstétrica.

RENATO FRANCISCO DOS SANTOS PAULA ■ Assistente Social. Graduado em Serviço Social pela Faculdade Paulista de Serviço Social (FAPSS-SP). Mestre (2005) e doutor (2013) em Serviço Social pela Pontifícia Universidade Católica de São Paulo (PUC-SP) com reconhecimento de grau acadêmico pela Universidade Católica Portuguesa (UCP). Diretor do Campus Cidade de Goiás da Universidade Federal de Goiás — UFG (2017-2021). Líder do Grupo de Estudos e Pesquisas sobre Estado, Desenvolvimento e Desigualdade (GEPEDD/ DGP/CNPq). Autor do livro: *Estado Capitalista e Serviço Social:* o neodesenvolvimentismo em questão. Campinas: Papel Social, 2016.

VITOR SOUSA FREITAS ■ Professor Assistente de Direito do Trabalho, Direito Processual do Trabalho e Prática Jurídica Trabalhista da Universidade Federal de Goiás — Regional Goiás. Advogado. Doutorando em Direito, Estado e Constituição na Universidade de Brasília (UnB). Mestre em Direito Agrário (2012), Especialista em Direito Constitucional (2011) e Bacharel em Direito (2009) pela Universidade Federal de Goiás. Coordenador da Regional Centro-Oeste da Rede para o Constitucionalismo Democrático Latino-americano no Brasil. Desenvolve estudos e pesquisas nos seguintes temas: Trabalho, Natureza e Direitos na América Latina, Novo Constitucionalismo Latino-americano, Pensamento decolonial.

WEDERSON RUFINO DOS SANTOS ■ Assistente Social. Graduado pela Universidade de Brasília (UnB) em 2007. Mestre em Política Social pela UnB, em 2009. Doutor em Sociologia também pela UnB, em 2014. Assistente Social do quadro efetivo do Instituto Nacional do Seguro Social (INSS) desde dezembro de 2012. Foi Coordenador-geral de Promoção dos Direitos da Pessoa com Deficiência, da Secretaria Nacional dos Direitos da Pessoa com Deficiência/Ministério dos Direitos Humanos entre junho de 2015 e setembro de 2017. Foi Chefe da Divisão do Serviço Social do INSS (setembro de 2013 a junho de 2015). Atualmente é professor do Instituto de Ensino Superior de Brasília (IESB) no curso de Serviço Social. E também professor substituto no Departamento de Serviço Social da Universidade de Brasília.

DIREITOS HUMANOS E
CONCEPÇÕES CONTEMPORÂNEAS

Jefferson Lee de Souza Ruiz

312 páginas
16 x 23 cm
ISBN 978-85-249-2292-3

A luta por direitos é um momento da luta de classes, inserido na dinâmica histórica que nos leva da emancipação política à emancipação humana. A sociedade capitalista em sua face contemporânea nos coloca nos limites da barbárie, ameaçando os direitos conquistados, cinicamente denominados tal processo de flexibilização. O trabalho de Jefferson Lee constitui uma reflexão precisa e profunda sobre os direitos humanos e uma contribuição valorosa para estudantes, pesquisadores e militantes, do Serviço Social e de outras áreas do conhecimento.

DIREITOS HUMANOS EM TEMPOS DE

PANDEMIA DE CORONAVÍRUS

Maria Betânia do Nascimento Santiago

Ana Maria de Barros (Orgs.)

224 páginas
16 x 23 cm
ISBN 978-65-5555-050-4

Este livro apresenta uma leitura de diferentes problemas que se tornaram ainda mais desafiadores no contexto da pandemia de covid-19. Assumindo a exigência de pensar os Direitos Humanos nesse cenário, as autoras e autores discutem temas diversos, tais como: racismo institucional, preconceito contra LGBTQI+, violência contra a mulher no âmbito doméstico e na forma de violência obstétrica institucional, política cultural brasileira, cultura policial e formação, justiça restaurativa, problemática da proteção animal, assim como centralidade da atuação dos mecanismos internacionais para a salvaguarda dos Direitos Humanos.